KB252759

세계사 오류 사전

세계사 오류 사전

오류의 가지에서 진실의 뿌리를 찾는다!

조병일 | 이종완 | 남수진 지음

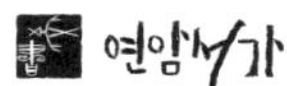

연암서가

지은이

| 조병일 |
서울대 중문과와 동 대학원 중문과를 졸업하였다. 〈모택동 전기〉에 공동 저자로 참여했으며, 〈중국 어업 협정 관련 법전〉을 번역했다. 현재는 〈명청(明淸) 제국 흥망사〉를 집필 중이다.

| 이종완 |
고려대 노문과를 졸업했다. 주간신문사 취재 기자를 거쳐 자유기고가로 활동하고 있다. 현재는 세계사 관련 저서의 기획 및 저작 활동을 하고 있으며, 지은 책으로는 〈세계사 지식인 사전〉이 있다.

| 남수진 |
한양대 독문과를 졸업하였다. 출판사 기획·편집부에서 10여 년 동안 근무했으며, 주로 역사물 기획을 담당했다. 현재는 교육 관련 기업 홍보실에서 재직하고 있다.

세계사 오류 사전

2010년 2월 15일 초판 1쇄 발행
2010년 3월 30일 초판 2쇄 발행

지은이 | 조병일·이종완·남수진
펴낸이 | 전명희
펴낸곳 | 연암서가
등 록 | 2007년 10월 8일(제396-2007-00107호)
주 소 | 경기도 고양시 일산동구 장항동 591-15 2층
전 화 | 031-907-3010
팩 스 | 031-932-8785
이메일 | yeonamseoga@naver.com

ISBN 978-89-94054-04-9 03900
값 12,000원

모든 사람들을 영원히 속일 수는 없다

링컨

진리의 강물은 오류의 운하를 통해 흐른다

타고르

오류의 가지에서 진실의 뿌리를 찾는다

인문서에 밝은 독자라면, 이 책의 목차를 보고 약간 고개를 갸웃거릴 지도 모른다. '이거 어디선가 본 것 같은데…' 하고 필진에게 의심의 눈초리를 보낼 지도 모른다. 고백하건대, 이 책은 정말 '어디선가 본 것'이고 다른 사람이 찾아낸 것을 적절하게 '가공'한 것임을 부인하지 않는다. 그럼에도 불구하고 이 책을 출판하는 이유는 단 하나이다. 오류의 날줄을 엮다보니 거기에서 진실의 씨줄을 발견했기 때문이다.

수많은 역사의 사기꾼들은 자신의 입맛에 따라 진실을 은폐하고 호도하고 제멋대로 가공했다. 우리는 수세기 동안 이들의 농간을 눈치채지 못했지만, '오류의 사냥꾼'들은 달랐다. 그들은 사기꾼들의 위선과 거짓을 응징하기 위해 타임머신을 타고 역사의 현장을 누비고 다녔다. 지금 이 순간에도 그들은 역사의 사기꾼들을 포획하기 위해 눈을 밝히고 지난 흔적을 추적하고 있을 것이다.

　이 책은 '오류의 역사'가 어떻게 그 시대에 안착했는지, 한번쯤 짚어보는 것이 어떨까 해서 기획되었다. 사실 이 책을 엮는 동안 필진이 역사의 뒤안길을 취재하거나 귀중한 역사 자료를 새롭게 발굴한 것은 없다. '오류의 사냥꾼'들이 추적한 흔적을 주워담으면서 무엇이 오류였는지를 촘촘히 정리한 것에 지나지 않는다. 다만 이렇게 한 권의 책으로 엮어보니 하나의 바람이 가슴 한구석에 자리잡고 있음을 밝히지 않을 수 없다.

　과연 '오류의 강물'을 '진실의 바다'로 인도할 수 있을까? 물론 이 책을 엮은 필진의 오만과 착각이겠지만, 그런 바람을 숨길 수 없는 것도 사실이다. 다시 한 번 고백하건대, 이 책이 '오류의 사냥꾼'들의 피와 땀이 서려 있는 명저(名著)에 누가 되지는 않았는지 그저 송구스러울 뿐이다.

필진을 대신해서

조 병 일

참고문헌

ㄱ

ㄴ

간디는
비폭력 평화주의자였다?

인도의 자유를 위해서라면 백만 명의 생명이 희생된다고 해도
나는 결코 움츠리지 않을 것이다.
간디 Mohandas Gandhi, 인도의 민족운동 지도자

간디는 20세기의 성인(聖人)과 같은 인물이다. 유럽인들은 인도라는 거대한 대륙을 이끈 그의 인품이나 지도력에 아낌없는 찬사를 보냈다. 그러나 이런 찬사는 어디까지나 지성인들의 시각이었지, 권력자들에게 간디는 눈엣가시 같은 존재였다. 그런 이유 때문인지 유럽의 제국주의자들은 간디를 노벨 평화상 수상자 명단에서 번번이 제외시켰다. 당시의 노벨상은 유럽과 미국 이외의 수상자는 단 한 명도 없었다. 그렇다면 우리가 익히 알고 있는 간디는 정말 비폭력을 옹호한 평화주의자였을까?

오늘날 간디에게 붙는 수많은 수식어들, 이를테면 비폭력의 기수, 위대한 영혼, 인도의 아버지 등의 말은 대부분 간디의 말년의 기록을 바탕으로 지어진 것이다. 간디를 평화주의자라고 부르는 것도 그의 나이가 한참 들어선 후의 일이다. 후대 사람들은

간디의 저 숭고한 명성에 가려 그를 '시비
걸 수 없는 위인'으로 남겨 놓았다.

　적어도 젊은 날의 간디는 평화주의자도,
비폭력주의자도 아니었다. 젊은 시절의 간
디는 그 누구보다도 힘의 논리를 앞세웠던
인물이었다. 그는 평화주의자이기는 했어도
때로는 폭력 사용을 적극 지지하기도 했다.
간디는 힌두교도와 이슬람교도간의 싸움이
한창 진행되고 있을 때, 공개적으로 이슬람
교도에게 보복의 칼날을 세웠고 힌두교도의
죽음에 몇 배 이상으로 이슬람교도를 죽여야 한다고 강조했다.
그의 평화 사상은 인도 대륙을 지배하고 있는 종교관을 따라잡지
못했다.

인도의 하층민에게 간디는
평화의 사도가 아니었다

　말년에 와서 그의 종교관은
다소 온화한 성격을 띠었으나 그의 종교관이 바뀐 것은 아니었
다. 간디는 인도의 골칫거리였던 종파 싸움에서도 비종교주의를
내걸고 힌두교와 이슬람교가 하나되기를 간절히 외쳤다. 그러나
정작 그 자신은 자기 아들이 이슬람 여성과 결혼하겠다는 것을
한사코 반대해 종교간 화해를 기원했던 많은 이들을 실망시켰다.
　간디는 1차 세계대전 당시 적극 참전하려고 했으나 질병에 걸
려 그만 입대를 포기해야 했다. 그는 1차 세계대전에서 영국의

간디는 현대 의학이 급속도로 발전했음에도 불구하고 영국의 현대 의학을 혐오했다. 현대 의학을 너무 싫어한 나머지 그의 아내가 폐렴에 걸렸을 때 영국인 의사들이 그녀를 살리기 위해 페니실린 주사를 놓는 것조차 허락하지 않았다. 간디는 자기 민족을 억압하는 영국인의 치료를 거부했던 것이다. 결국 그의 아내는 죽었지만 그는 원칙을 지킬 수 있었다. 그러나 간디는 자신에게는 너무도 관대했다. 그는 아내가 죽은 지 얼마 뒤에 학질을 심하게 앓았다. 그때 그는 그토록 혐오했던 영국인 의사에게 자신의 치료를 부탁하면서 말라리아 특효약인 키니네를 투약하도록 허락했다. 또한 장염에 걸렸을 때도 그는 영국인 의사에게 수술까지 받았다.

전쟁 개입을 지지했다. 인도가 영국의 식민지 합병이 되었을 때는 영국 장교의 지시에 불복하여 인도 시위 군중에게 발포를 거부했던 인도 군대를 지지하지 않았다.[1]

간디는 적어도 노동자들이나 계급 평등을 염원한 이들에게는 그다지 환영받을 만한 위인이 아니었다. 간디는 스스로 주장했던 이상들과 달리 성(性)을 대하는 태도에서도 이중적인 모습을 드러냈다.[2] 간디는 농업 노동자들에 대한 빈약한 대우를 유감으로 여겼으면서도 토지 개혁을 지지하지 않았다. 그는 고된 노동에 비해 낮은 임금을 개탄했지만, 산업에서의 권력 재분배에 대해서는 아무런 제안도 하지 않았다. 그는 인도의 최하층 계급 인민들에 대한 박해를 비난했지만 카스트 제도를 반대하지는 않았다. 그는 여성 학대를 개탄했으면서도 성별 사회조직을 지지했다.

간디는 가능한 한 광범위한 인도인들이 참여하는 운동을 이끌어내기 위해서, 그리고 어떤 특정한 사회적 이해 관계를 피하기 위해서 여러 모로 열심히 뛰어다녔다. 그러나 그는 정치적으로 영국 지배 권력과 자신이 이끄는 운동 세력 사이에서 중심을 잡지 못했으며, 그의 연기는 대중적이었을 뿐 아니라 늘 정치 무대의 중심에서 이루어졌다.

참고문헌

차기벽, 〈간디의 생애와 사상(2005)〉

김삼웅, 〈역사를 움직인 위선자들(1996)〉

아시아네트워크, 〈우리가 몰랐던 아시아(2003)〉

1 간디는 당시 상황을 이렇게 설명했다. "발포 명령에 불복종하는 병사는 그가 했던 서약을 파기하고 범죄적 불복종이라는 죄를 범하는 셈이다. 나는 병사들에게 불복종을 요구할 수 없다. 왜냐하면 내가 권좌에 있을 때, 아마 나도 이들과 같은 병사들을 활용하게 될 것이고 그때에도 그들이 똑같은 행동을 하지 않을까 두려워해야 할 것이기 때문이다."

2 간디는 '성적 욕망 억제'라는 지독한 강박관념에 시달린 듯한데 이를 타파하기 위해 젊은 아가씨를 옆에 재우면서 자신의 욕망을 실험하기도 했다. 젊고 싱싱한 아가씨가 그의 '금욕주의'의 실험 대상으로 전락한 것이다.

갈릴레이

갈릴레이 재판의 명분은 '이단'이 아니라 교회의 '불복종'이었다

오직 성서와 신의 계시만이 우리의 경건한 요구에 답을 줄 것이다.
갈릴레이 Galileo Galilei, 이탈리아의 물리학자

물리학자로서 갈릴레이는 천재였다. 그는 모든 '무게 있는 것'들과 관련되는 운동과 추락, 충격의 법칙들을 설명하는 '역학의 학문'을 창시한 인물이다. 그러나 천문학자로서 갈릴레이는 불행한 사람이었고, 코페르니쿠스의 이론 논쟁에 뛰어들면서 이를 제대로 증명하지 못해 대실수를 저질렀다. 당시 갈릴레이의 최대 적은 대학강단의 교수들이었지 교회 설교단의 수도사들이 아니었다.[1] 그는 종교재판이 끝난 뒤에도 여전히 충실한 신자였으며, 결코 무모한 혁명가가 아니었다. 그런데도 후대의 많은 사람들은 갈릴레이가 가톨릭의 박해를 견디다 못해 스스로 코페르니쿠스의 우주론을 철회했다고 알고 있다. 과연 갈릴레이는 가톨릭 교회에 박해를 받으면서도 끝까지 자신의 주장을 지키려고 애쓴 과학자였을까?

　　갈릴레이 재판은 아마 과학사에 있어서 가장 유명한 일화로 기록될 것이다. 그것은 또한 가장 왜곡된 일화들 중 하나이기도 하다.

　　1610년대의 갈릴레이는 유명하고 존경받는 과학자였다. 가톨릭 교회측은 갈릴레이를 상당히 관대하게 대했다. 그의 학문은 예수회 수사들로부터 특별 대우를 받았고, 그는 토스카나 대공의 공식적인 궁정 천문학자이자 철학자이기도 했다.[2] 당시 갈릴레이가 코페르니쿠스의 우주론을 연구하고 있다는 사실은 로마에도 잘 알려져 있었다.

가톨릭 교회는 갈릴레이의 학문을 존경하고 우대했다

　　또 교회는 갈릴레이가 그 이론에 대해 연구하는 것을 반대하지도 않았다. 다만 갈릴레이

1　갈릴레이가 오십이 넘은 나이에 뒤늦게 코페르니쿠스의 이론을 공개적으로 지지하게 된 것은 교회에 대한 두려움 때문이 아니라 다른 물리학 교수들의 비웃음을 살까 두려웠던 것이다.

2　갈릴레이의 〈천문대화〉가 출간되기 전에 우르바누스 교황은 갈릴레이를 자신의 절친한 친구이며, 그를 존경한다고 말했다. 갈릴레이가 로마를 방문했을 때도 교황은 그를 직접 여섯 차례나 알현할 수 있는 기회를 주었고, 그것도 한 시간 이상 지속되었다.

가 그것을 절대의 진리라고 주장하는 것은 바라지 않았다. 그러나 갈릴레이는 1610년 이후 여러 해에 걸쳐 증명도 하지 못한 채 코페르니쿠스의 이론이 절대적 진리라고 주장했다. 그는 천문학에 관해 수년 동안 집필한 것을 바탕으로 〈천문대화〉라는 책을 1632년에 출판하였다.

그런데 이 저서에는 표면상 천동설을 지지하면서도 실질적으로는 지동설을 주장하고 있었다. 그런 절대적인 주장이 갈릴레이에게 관대했던 교회를 자극했다. 교회는 그의 주장을 가설로 인정했지 결정적인 진리로 받아들이지 않았다. 그럼에도 불구하

갈릴레이 신화에 관한 세 가지 오류

첫째, 갈릴레이는 망원경을 최초로 발명한 인물이 아니다. 망원경을 만든 최초의 사람은 1608년 안경 제조업자인 네덜란드인 리페르세이다. 네덜란드에서 만들어진 망원경이 벨기에에서 판매되고 있다는 소식은 당시 베네치아에 살던 갈릴레이에게까지 전해졌다. 그는 곧바로 같은 모양의 망원경을 만들어서 천체를 관찰하여 많은 새로운 사실을 알아냈다. 둘째, 갈릴레이는 낙하 실험을 위해 피사의 사탑 꼭대기에서 저울추를 던진 적이 없다. 이 이야기는 갈릴레이의 전기 작가인 비비아니(Viviani)가 쓴 글에 나오는데, 그 이외에는 어떤 기록에도 나오지 않는다. 이 사건이 꽤 유명했던 일이라면 당시 다른 사람의 기록이 있어야 하지만, 그 당시에 저술된 어느 책에도 피사의 사탑에서 갈릴레이가 한 실험에 대한 기록은 없다. 셋째, 갈릴레이는 '그래도 지구는 돈다'라는 말을 남기지 않았다. 이 말은 한 낭만적인 전기 작가가 꾸며낸 이야기다. 그의 재판 기록에도 그런 말은 없고, 그가 직접 쓴 편지에도 없다. 이 말은 그로부터 100년 후 프랑스 신부 이라이유가 쓴 〈문학논쟁〉에 나오는데, 이 역시 작가가 직접 지어낸 말이거나 다른 사람의 말을 모방한 것이다.

고 갈릴레이는 절대적 진리에 대해 강력하게 주장함으로써 종교 재판에 회부되었다.

1633년 2월 갈릴레이는 로마에 도착해 종교재판소의 감옥 대신 토스카나 대사관이 자리잡은 메디치 저택에서 묵었다. 첫 번째 심문을 받은 뒤에는 수감되었지만, 그것도 교황청 정원이 내다보이는 방 다섯 개가 있는 집에다가 집사와 하인이 한 명씩 딸려 있었다. 갈릴레이는 재판을 받는 도중 사태가 자신에게 불리하게 돌아가고 있다는 것을 깨달았다. 그가 생각했던 것보다 교회측의 태도는 완강하고 강력했다. 게다가 자신이 주장했던 절대적 진리에 대한 과학적 논증을 종교재판관에게 제시하지 못하게 되자, 비로소 그는 두려움을 느꼈다. 아마 그는 코페르니쿠스의 우주론을 강력히 주장했던 조르다노 부르노(Giordano Bruno)를 떠올렸을 것이다.[3] 그리고 마침내 1633년 6월, 갈릴레이는 선서를 하고 나서 자신은 코페르니쿠스를 옹호할 생각이 없었음을 맹세한다. 그리고 코페르니쿠스의 학설을 포기하겠다는 내용의 서약서를 큰 소리로 암송하고 서명한다.

그때 그에게 내려진 판결은 '감옥에서 금고형을 받으며 3년 동안 매주 한 번씩 일곱 편의 회죄(悔罪) 시편을 암송할 것'이었다. 그러나 갈릴레이는 감옥에 있지 않았고, 트리니타 델 몬테에

3　조르다노 브루노는 이탈리아의 철학자로, 그는 이단을 심판하는 종교재판에서 코페르니쿠스의 지동설을 끝까지 주장했다가 결국 1600년에 화형에 처해졌다.

있는 대공의 별장과 시에나 대주교의 저택, 그리고 아르체트리 농장과 피렌체의 집에 있었다. 회죄 시편 암송은 칼멜 수녀원 소속의 수녀인 자신의 딸 마리 셀레스타에게 맡겼다.

갈릴레이는 감옥 대신 대주교 저택에서 학문 활동을 계속했다

결국 갈릴레이는 교회에 제대로 저항 한 번 해보지 못하고 굴복한 것이다. 물론 고령의 나이에 건강도 좋지 못했지만 무엇보다 그는 죽음에 대한 두려움이 앞섰던 것이었다. 당시 기록을 보면, 갈릴레이는 애당초 압력을 받기 전에 먼저 자신의 주장을 철회했다. 갈릴레이가 유죄가 된 것은 '불복종'이라는 죄목에 따른 것이지 '이단'이라는 죄목 때문은 아니었다. 또한 갈릴레이는 앞으로 태양 중심의 우주론을 우주의 현실이라고 가르쳐서는 안 된다고 금지당하기는 했으나 천문학적, 수학적인 가설로 주장하고 논의하는 것까지 금지당한 것은 아니었다.

갈릴레이가 재판 기간 중에 감옥에 있었고 고문을 받았다는 따위의 말은 다 후세에 만들어낸 이야기에 불과하다. 갈릴레이는 재판받는 동안 이단심문소의 수인 처지였으나, 독방에 들어갈 필요는 없었다. 바티칸 궁전 안에 주거를 할당받고 자기 하인의 시중까지 받았다. 갈릴레이는 재판이 끝나기도 전에 피렌체 대사관으로 돌아가는 것을 허락받았다. 법정은 갈릴레이에게 형식적인 금고형을 선고했지만 갈릴레이는 실제로 감옥에 들어가지도 않았고, 재판이 끝나자마자 로마를 떠날 수 있었다. 그로부터 한동안 시에나 대주교 밑에서 지내다가 만년의 몇 년은 피렌체 근교에 살면서 연구를 계속했다. 그곳에서 집필한 최후의 대저작이 〈두 개의 과학에 관한 대화〉로서 갈릴레이는 이 저서로 기계 물리학의 기초를 세웠다.

그런데 문제는 갈릴레이가 교회와 대립함으로써 오히려 과학에 큰 해를 끼쳤다는 점이다. 자신이 그처럼 증명도 하지 못한 채 고집스럽게 자신의 주장이 절대적 진리라고 하지 않았다면, 코페르니쿠스의 학설은 별 다른 문제없이 자리를 잡았을 것이다. 이미 예수회 소속 항해자들은 포교를 위한 항해에 유용한 코페르니쿠스의 천문학을 은밀하게 이용하고 있었다. 그 후 50년 동안 모든 학자들은 코페르니쿠스의 우주를 인정했다. 바티칸도 결국 1757년에 자신의 잘못을 인정했다.

참고문헌
장 피에르 랑탱, 〈과학의 숨겨진 이야기(2000)〉
헬 헬먼, 〈과학사 속의 대논쟁(2000)〉
윌리엄 쉬어, 〈갈릴레오의 진실(2006)〉

게르니카

스페인의 게르니카는
독일공군의 신무기 실험장이었다?

그림은 아파트를 장식하기 위해 만들어지는 것이 아니다.
그것은 적에 대한 공격과 방어를 위한 전투 수단이다.
피카소 Pablo Picasso, 스페인 화가

스페인 내전은 1936년 7월 17일 프랑코 장군이 모로코의 수비대를 이끌고 우파 보수세력과 합세하여 정통 좌파정부를 타도하기 위해 일으킨 쿠데타이다. 독일과 오스트리아는 프랑코 정권을 스페인의 정통 정권으로 승인하고 적극적인 군사원조와 의용군을 파병했다. 특히 100대의 정예 폭격기를 프랑코에게 지원했는데, 독일 공군의 콘도르 부대 소속의 하인켈과 융커 폭격기가 바스크 주의 게르니카 읍을 무자비하게 폭격하여 2,500여 명의 사상자를 냈다. 이것이 피카소의 그림에도 잘 나타나 있는 '게르니카'의 참상이다.

인구 7,000명의 소도시 게르니카는 바스크 지방의 옛 수도였다. 1937년 4월 26일 스페인 내전이 한창이던 전선은 게르니카로부터 겨우 16킬로미터 떨어진 지점에 형성됐다. 그때까지 게르니카는 공습을 받은 적이 없었으므로 대공 방위시설이 전혀 없었다. 히틀러의 콘도르 비행단으로 이뤄진 43대의 전폭기가 소이탄과 고성능 폭탄을 투하하며 집중 공격을 가했을 때, 이 지역을 접수하기 위해 애쓰던 프랑코조차도 참혹한 게르니카 공습 소식을 접하고 격노했다고 한다. 세계를 경악시킨 게르니카 학살사건은 전 세계적으로 논란거리가 되었다. 이 사건에 대해 각국의 비난이 거세게 일자 국가주의자들과 독일은 자신들의 만행을 은폐하기에 급급했다. 그들은 이 사건을 바스크 분리주의자들의 소행이라고 주장했으나 그것은 전혀 설득력이 없었다.

피카소는 게르니카가 독일 공군에게 무차별 폭격을 당했다는 소식을 전해듣고 한 달 반만에 대벽화 '게르니카'를 완성했다.

게르니카 학살은 처음부터 계획된 것이 아니었다

독일은 공습 지역의 판단 착오로 빚어진 일이라고 발표했는데, 공중 폭격의 실효성을 실험하기 위한 것이 아닌가 하는 의문이 끊임없이 제기되었다. 그렇다면 게르니카의 공습은 정말 독일 공군의 신무기 실험장이 되었던 것일까?

이런 주장이 제기된 것은 영국의 군사학자 토머스가 그의 저서 〈스페인 내란〉을 통해서였다. 토머스는 이 저서에서 나치스가 최신 폭격기의 성능을 민간인에게 시험해 보려고 하였으며, 독일군 총사령관 괴링도 뉘른베르크에서 그 사실을 시인했다고 서술하였다. 또한 괴링은 히틀러가 스페인 내전에 개입했을 때부터 스페인을 신무기 실험장으로 활용할 계획이었다고 밝혔다. 하지만 실제로 뉘른베르크 전범재판에서는 독일이 스페인에 폭격기를 투입한 것에 대해 괴링의 암시만 지적되었을 뿐 게르니카에 대해서는 전혀 언급되지 않았다.

최근 조사에 따르면 민간인 주거 지역이나 교회에 폭탄이 투여된 것이 독일군 조종사들의 의도인지 아닌지는 확인할 수 없지만, 게르니카의 경우 처음부터 계획된 것은 아니었다는 사실이 밝혀졌다. 즉 게르니카를 독일 공군의 무기 실험장으로 활용하지 않았다는 것이다. 그런데 이보다 더 비참하고 참혹한 학살이 많았는데도 어떻게 게르니카만이 맹목적인 폭격의 상징이 된 것일까. 사실 다른 지역에서 자행된 학살을 놓고 봤을 때 게르니카 학살사건은 빙산의 일각이었다. 게르니카의 피해 인원은

2,000여 명인데 이는 다른 전쟁의 참상에 비하면 너무도 적은 숫자였다. 게르니카 학살이 대외적으로 알려진 것은 피카소라는 거장이 있었기 때문이었다.

학살의 참상을 고발한 피카소의 걸작 '게르니카'

피카소는 스페인 내전 중 게르니카가 독일의 무차별 폭격으로 폐허가 되었다는 소식을 듣자, 그림으로 이 참상을 고발할 것을 생각했다. 마침 그 해에 열리기로 예정된 파리만국박람회의 스페인관(館) 벽화 제작을 의뢰받은 피카소는 한 달 반만에 대벽화 '게르니카'를 완성했다.

이 작품은 파리만국박람회를 비롯하여 구미 여러 나라에서 순회전을 가졌다. 그러나 스페인이 프랑코 체제가 되자 공화파 지지자였던 피카소는 그림 반입을 거부하고, 1939년 스페인의 민주주의가 회복된 후 스페인에 전시하겠다면서 이 작품을 뉴욕 근대미술관에 무기한 대여 형식으로 빌려주었다. 피카소는 프랑코의 독재가 계속되는 한 조국과 화해할 수 없다고 생각한 것이다. 그 후 이 그림은 1981년에 스페인에 반환되어 마드리드의 프라도 미술관에 소장되었다가, 보관상의 문제로 1992년 소피아왕비 미술센터로 옮겼다. 이 그림은 전쟁의 참상, 민중의 분노와 슬픔을 격정적으로 표현한 작품으로, 20세기의 기념비적 회화로 평가받고 있다.

참고문헌

러셀 마틴, 〈게르니카, 피카소의 전쟁(2004)〉

남경태, 〈종횡무진 서양사(1999)〉

게티즈버그

게티즈버그 연설은 웹스터의 말을 링컨이 인용한 것이다

국민을 위해 만들고, 국민에 의해 만들어진,
국민을 위해 책임을 지는 정부가 되어야 한다.
웹스터 Daniel Webster, 미국의 정치가

"국민의, 국민에 의한, 국민을 위한 정부는 이 지구에서 결코 멸망하지 않을 것이다."

미국 게티즈버그에서 링컨 대통령이 한 2분 연설은 세계에서 가장 유명한 연설 중의 하나로 꼽히고 있다. 민주 정치의 이상을 간결하고 명확하게 표현한 것으로서 흔히 인용되는 것이 바로 링컨의 게티즈버그 연설이다. 그러나 이 말은 링컨이 순수하게 지어낸 말이 아니다.

1863년 11월 18일, 백악관을 떠나기 전 링컨의 머리 속에는 게티즈버그에서 할 연설문이 다 정리되어 있었고, 마지막 손질만이 남아 있었다. 링컨은 그 어느 때보다도 연설문의 단어를 신중하게 선택했다. 긴 말보다는 짧은 말을, 라틴어에서 유래한 말보다는 앵글로 색슨 언어에서 유래한 말을 찾았다. 링컨은 남북

전쟁 당시 최대 격전지였던 게티즈버그 봉헌식의 의미를 잘 알고 있기 때문이었다. 혹자는 이 날의 연설이 즉흥적으로 이루어졌다고 하지만, 링컨은 봉헌위원회 회장에게 초청을 받았을 때부터 이 날의 연설을 치밀하게 준비해왔다[1]. 링컨은 연설 전날 밤 11시쯤 연설문 초안을 완성하자 다른 집에서 묵고 있던 시워드 국무장관을 찾

펜실베이니아 주 게티즈버그에 있는 링컨의 게티즈버그 연설 기념비.

아가 초안을 보여주고는 한 시간 동안 조언을 들었을 정도였다.[2]

링컨의 연설문을 자세히 들여다보면, 링컨 역시 이 연설 속에서 '그'라는 표현이 말해주듯이 스스로 이 말을 인용하고 있음을 나타내고 있다. 그렇다면 이 유명한 말은 어디에서 인용한 것일까?

1861년 링컨의 메시지, '국민의 정부, 국민을 위한 민주주의'

이 말은 1380년

1　링컨은 이 연설을 매우 중요하게 여겨 게티즈버그 묘지의 조경을 맡은 윌리엄 썬더스를 백악관으로 불러 전투 당시의 상황을 상세히 전해들었다. 또한 실제로 한 번도 가보지 못한 게티즈버그의 지형을 자세히 묻고 의논했다.

2　시워드(William Seward)는 훗날 러시아로부터 알래스카를 사들인 사람으로, 한때 링컨과 라이벌이었던 정치가였으나 인격적으로 그에게 감복했던 인물이다.

출판된 영국의 종교개혁가 존 윈크리프의 구약성서 서문에 최초
로 등장한 뒤 미국의 정치가 다니엘 웹스터(Daniel Webster)에
의해 소개되었다. 링컨은 이 말을 웹스터의 말에서 인용한 것이
다. 링컨은 정치에 입문했을 때부터 웹스터를 무척 존경하고 있
었다. 웹스터는 보호관세 제정, 운송시설 개발 등을 통해 기업을
장려하고 국가 자원을 개발해야 한다고 주장한 인물이다. 링컨
은 일리노이 주와 서부 전체가 경제 개발에 연방정부의 원조를
절실히 필요로 하고 있었기 때문에 웹스터가 속한 휘그당에 입
당하기도 했다. 또 다른 링컨 연구가는 이 말이 시어도어 파카의
설교문에서 민주주의를 '모든 사람의 정부, 모든 사람에 의한 정
부, 모든 사람을 위한 정부'라고 지적한 것을 링컨이 인용한 것으

게티즈버그는 미국 펜실베니아 주 남부에 있는 도시로, 남북전쟁 당시
최대 격전지였다. 1863년 11월 19일, 남북전쟁에서 희생된 용사들의
국립묘지가 만들어졌고, 봉헌식이 엄숙히 거행되었다. 그때 링컨의 연설에 앞서
당시 하버드대 총장인 에버렛이 두 시간 동안 장황한 연설을 하였다. 그의 뒤를
이어 링컨이 연설을 하기 위해서 단상에 올라갔다. 링컨은 불과 2분도 채 안 되
는 2백여 낱말로 간단히 연설을 끝마쳤다. 링컨의 짧은 연설이 끝났을 때 그곳에
모인 9,000여 명의 청중은 박수도 치지 않고 조용히 연설의 의미를 음미하는
듯했다고 한다. 링컨은 청중들의 무반응에 자신의 연설이 실패작이라고 판단했
지만, 다음날 언론은 에버렛의 두 시간의 연설보다 링컨의 2분 연설이 더 감동적
이었다고 보도했다. 게티즈버그 연설을 연구한 게리 윌스는 "이 연설은 링컨이
10년 간 생각해 온 것들을 정리한 결정체"라고 말했다.

로 지적하기도 한다. 링컨도 게티즈버그 연설이 있기 2년 전인 1861년, 국회에 보낸 메시지에서 미합중국을 '국민의 정부, 국민을 위한 민주주의'라는 구절로 표시한 적이 있다.

참고문헌

데이비드 도날드, 〈링컨(2003)〉

게리 윌스, 〈게티즈버그 연설 272 단어의 비밀(2004)〉

고대 올림픽

고대 올림픽은 뇌물과 부정으로 얼룩진 프로 스포츠였다

인생에서 가장 소중한 것은 승리한다는 것이 아니라
정정당당히 최선을 다하는 일이다.

쿠베르탱 Pierre Coubertin, 근대올림픽 창시자

현대 올림픽이 금전으로 얼룩졌다고 비난하는 사람들은 곧잘 고대 올림픽의 순수성에 대해 말하곤 한다. 그러나 고대 올림픽도 결코 순수한 아마추어 무대가 아니었다. 올림픽 역사에서는 사력을 다하다가 경기 중 사망한 레슬링 챔피언 아르히키온 같은 영웅 이야기가 회자되지만, 고대 올림픽은 속임수와 스캔들, 도박, 부정으로 가득 찼다. 선수들은 점술가와 마법사를 찾아가 승리를 위한 마법의 약물을 구했고, 상대방이 지도록 저주의 주술을 요구하기도 했다.[1]

1　올림픽 역사상 1호로 기록된 부정 사례는 기원전 388년 데살리의 권투선수 에우폴러스이다. 그는 상대 선수 3명에게 모두 뇌물을 먹여 거짓으로 다운당한 척하는 수법으로 승리를 움켜 쥐었다.

　폴리스는 제전이 시작되기 전에 부유한 시민의 기부금으로 우수한 경기자의 훈련을 돕고, 각종 경기의 승리자에게는 세금 면제나 연금 및 상금 수여가 이루어졌다. 예를 들면, 기원전 600년경에 아테네의 정치가 솔론은 올림픽 경기에 출전한 아테네의 승자에게 500드라마크라는 상금을 주었다. 이 금액은 병사가 2년 간의 병역으로 얻을 수 있는 액수였다. 당시에는 올림피아 제전 이외에 연간 300개의 작은 경기가 열렸는데 선수는 경기 대회에 전전하며 상금을 벌어들였다. 또한 다른 도시에 매수되어 국적을 속이는 부정도 있었다. 기원전 380년 경기에서 크레타 출신의 장거리 선수가 우승했는데 이오니아의 에페소스 시에 매수된 그는 에페소스 시민이 아니라고 주장하자, 크레타 시민이 그를 추방해 버리기도 했다. 또한 육상 챔피언 아스틸로스가 이탈리아 남부의 크로톤을 떠나 시라쿠사의 대표로 출전하자, 고향 사람들은 그의 동상을 부수고 그의 집을 교도소로 만들었다. 고대 올림픽 제전에는 연령을 속이는 부정도 있었다. 고대 올림픽은 청소년 올림픽을 따로 열었는데 나이가 많은 자가 나이를 속이고 청소년 경기에 참가하려다가 제명당하기도 했다.

올림픽 우승자에게는
막대한 돈과 특전을 부여했다

선수들이 각종 부정을 무릅쓰면서까지 우승을 하려고 했던 것은 폴리스의 명예를 위해서였지만, 선수 개인에게도 많은 돈과 명예가 걸려 있기 때문이었다. 각 폴리스에서는 우승을 독려하기 위해 승리자에게 막대한 특전을 부여했다. 승리자의 우승을 기념해 동상을 세워 주기

고대 올림픽은 정치적으로도 자유로울 수 없었다

올림픽은 신전 도시 올림피아가 있던 엘리스라는 폴리스가 주최했는데, 본래는 피사라는 폴리스에서 열렸다. 피사는 올림픽의 주최권을 되찾기 위해 엘리스와 전쟁을 벌였다가 도리어 패해 완전히 폐허가 되고 말았다. 평화의 상징인 올림픽 때문에 전쟁까지 벌인 셈이다. 또한 정치가들은 올림픽을 정치적으로 이용했다. 폴리스의 권력자는 호화 찬란한 일행을 이끌고 올림피아에 행차해 자기 세력을 과시하고, 음유 시인을 시켜서 자신의 공적을 찬양하는 시를 낭독하게 했다. 그들이 다른 폴리스의 우승자를 돈으로 매수해 자기 폴리스 출신이라 속이려는 것도 정치적인 목적이 있기 때문이었다. 또한 악명을 떨치는 권력자를 타도하자는 정치 연설을 듣고 흥분한 군중들이 그 권력자의 숙소를 습격해 약탈했다는 일화도 있다.

도 하고, 아테네에서는 상금과 더불어 평생 공짜 식사도 제공했다. 또한 다른 경기에도 초대되어 막대한 돈을 벌 수 있는 직업선수로서 자리를 굳힐 수도 있었다. 타소스 섬의 테아게네스는 올림픽에서 두 번 우승한 만능 선수로, 그가 평생 받은 상이 1,400개라는 전설 같은 이야기도 전해지고 있다.

올림픽에는 다른 목적을 가지고 찾아오는 사람들도 많았다. 약 4만 명 이상이 모이는 올림픽 축전이야말로 광고하기에 더없이 좋은 자리였다. 당시에는 책이 없던 시절이었으므로 시인이나 평론가들은 자신의 명성을 높이기 위해 군중 앞에서 자신의 작품이나 사상을 들려주었고, 화가나 조각가들은 자신의 작품을 전시해 이름을 알리고 작품을 사 줄 사람을 찾았다.

참고문헌
마르코 카타네오, 〈유네스코 세계고대문명(2004)〉
김복희, 〈고대 올림픽의 세계(2004)〉

공자
....

공자는 야합(野合)으로
태어난 사생아였다?

숙량흘과 안정재는 니구(尼丘)에서 치성을 드렸고,
야합하여 공자를 낳았다.
최적(崔適)의 〈사기탐원(史記探源)〉 중에서

공자는 중국의 역대 위인들 중에 가장 으뜸 가는 학자로 꼽히지만, 그에게는 논란도 끊이지 않고 있다. 논란의 중심은 그의 철학적 사상보다는 출생에 맞춰져 있다. 문헌상 기록에 나타난 공자의 출생에 대해서 '야합이생(野合而生)'이라는 말을 쓴다. 이 말은 남녀가 은밀하게 통하여 아이를 낳았다는 뜻이다. 다시 말해 공자의 부모가 정식으로 결혼하지 않은 동거 상태에서 공자가 태어났다는 것이다. 최적의 〈사기탐원(史記探源)〉이나 대사학자 사마천(司馬遷)도 공자의 출생에 이의를 제기하고 있다. 사마천은 공자의 일대기인 〈공자세가(孔子世家)〉에서 이렇게 기록하고 있다.

"공구(孔丘)가 태어나고 그의 아버지인 숙량흘이 죽자 방산에 묻었다. 방산은 노나라 동쪽에 있는 땅이다. 그 후 공자가 자신의 아버지 무덤이 어디에 있는지 물었으나, 어머니 안정재는 가르쳐 주지 않았다."

이 기록을 근거로 후대의 학자들은 공자의 어머니가 아들인 공자에게 아버지 무덤의 위치를 가르쳐주지 않은 것으로 생각하게 되었다. 즉 공구의 아버지는 안정재와 야합하여 공자를 낳았고, 이를 수치스럽게 여긴 어머니 안씨가 공자에게 아버지에 관한 언급을 회피하고 아무런 답변을 하지 않았다는 것이다. 그러나 이런 해석은 자의적이라는 견해도 있다. 공자의 어머니가 아버지의 무덤에 관해 언급을 회피할 하등의 이유가 없고, 게다가 공자가 정식으로 혼례를 치른 부모에게서 태어난 합법적인 적자라는 것이다.

공자의 부모 나이 차이가 야합을 부르게 된 원인이 되었다

그럼에도 불구하고 일각에서는 여전히 공자의 출생에 강한 의혹을 제기하고 있다. 설사 공자의 부모가 정식으로 혼례를 치른 부부 사이였다는 것을 인정한다고 해도 여전히 '야합'의 의혹을 배제할 수 없다는 주장이다. 그 근거로 일부 학자들은 공자의 부모인 숙량흘과 안정재가 혼인할 당시 두 사람의 나이 차이가 많았음을 지적한다. 숙량흘의 나이는 이미 고령의 노인이었으나 어머니 안씨는 성년을 채 넘기지 못하였다. 일반적인 부부의 결합으로 보기에는 두 사람의 나이 차이가 너무 컸기에 그들의 결합을 '야합'으로 간주할 수밖에 없다는 것이다. 그러나 이에 대한 반론도 제기되고 있다. 양옥승은 〈사기지의(史記志疑)〉를 통해 당시 공자의 아버지가 경제적인 사정으로 혼례 절차를 다소 소홀히 여겼음을 지적하면서, 이에 불만을 품은 주위 사람들이 간소화된 혼인 과정을 구실 삼아 유언비어를 퍼뜨렸을 가능성을 제기했다.

고대 성(性) 문화를 연구하는 학자들은 '야합' 현상이란 본래 고대로부터 이어지고 있는 혼인 방식의 일종이라고 보고 있다. 당시에는 야합의 풍속이 허용되었으며, 자연스러운 섭리였다는 것이다. 그래서 반문명적이며 퇴폐적으로 보는 오늘날의 관점과는 달리 다산(多産)과 풍요를 상징하는 풍속으로 받아들였다. 야합의 풍속은 춘추시대에만 국한된 것이 아니라 사실상 전국시대에도 상당히 유행하고 있었다. 그러나 당사자인 공자는 이러한 풍속에 대해 매우 비판적인 태도를 보였으며, 솔선수범하여 좋지 않은 풍속을 타파하기 위해 부단한 노력을 기울였다. 그가 돌아가신 부모의 묘를 합장하려고 했던 것도 일부일처제를 표방하기 위한 대외적인 명분 획득이 자리 잡고 있던 것이다.

참고문헌
송희식, 〈인류의 정신사(2001)〉
현공숙, 〈인물세계사(1999)〉
양훼이, 〈중국역사 오류사전(2005)〉

교토를 보호하기 위해
나가사키에 원폭이 투하되었다?

우리는 전쟁의 고통을 최소화하기 위해,
수천만의 미국 젊은이의 생명을 구하기 위해 원자폭탄을 사용했다.

트루먼 Harry Truman, 미국의 정치가

미국이 일본에 원폭 투하를 결정했을 때 후보지로 떠오른 도시는 고쿠라, 히로시마, 나가타, 교토 등이었다. 원폭을 어디에 투하할지 논의했던 '임시 위원회'에서는 총 4곳의 목표물을 제시하면서 목표물의 우선 순위를 다음과 같이 밝혔다.[1] 고쿠라는 규슈에 있는 군수품 공장지대, 히로시마는 혼슈 내의 일본 해군 호송함대의 주요 집결지, 나가타는 대규모 제철소와 정유소, 그리고 연료 저장고가 있는 항구 도시, 교토는 군수공장이 있는 오래된 도시로 각각 후보지가 선정되었다. 이 위원회의 목표 선정 기준은 지름 5킬로미터의 원을 그릴 수 있을 만큼 넓은 도시일 것,

---

1 1945년 발족한 이 위원회는 육군장관, 맨해튼 프로젝트 소속 과학자, 육군 참모총장 등 당시 미국의 전략을 움직이는 총책임자들로 구성되었다.

원폭의 폭풍이 최대한 효과를 발휘할 수 있는 지형일 것, 아직 공습 피해를 받지 않은 도시일 것 등이었다.

일본 최대 도시인 도쿄와 오사카가 제외된 것은 세 번째 이유 때문이었다. 곧 도쿄나 오사카는 이미 B-25 폭격기를 통해서 초토화가 되어 있었기 때문에 원폭 투하 선정 지역에서 제외되었다. 미군은 원폭 투하를 결정하면서 인류 역사상 최초의 핵무기 위력을 정확히 측정하고 싶었던 것이다. 그래서 이미 공습이 시작된 도시는 선정 기준에서 제외되었는데, 나고야와 고베 역시 폭격의 피해가 컸던 만큼 원폭 투하 지역에서 제외되었다.

그런데 여기서 교토가 제외된 데는 뜻밖의 이유가 있었다. 교토는 일본의 고도(古都)로서 미군은 늘 교토를 가장 먼저 원폭 투하의 적정지로 생각했다. 대도시라는 지형적인 조건 이외에도 시가지가 넓고 삼면이 산으로 둘러싸인 분지이므로 원폭의 폭풍이 최고의 효과를 발휘할 수 있을 것이라고 여겼다. 또한 이 지역에는 지식인이 많이 거주하고 있어서 그 피해가 일본 정부에 제대로 전달되리라고 믿었다.

교토는 문화재 보호를 위해 원폭 투하지역에서 제외된 것이 아니다

그런데 원폭 투하 명령이 내려지기 나흘 전인 7월 21일, 교토는 목표에서 제외되었다. 일설에 따르면 당시 미국 하버드 대학 미술관의 동양부장으로 있던 워너 박사가 일본의 고도인 교토와 가마쿠라, 나라만은 폭격하지 말아달라고 미국 정부와 군부에 강력하게 호소한 덕분이라는 것이다.[2] 결국 원폭 투하 결정이 내려지기 사흘 전인 7월 21일에 스팀슨 육군장관의 반대로 교토는 목표에서 제외되었다

그러나 이런 사실은 훗날 미군 사료가 공개되면서 전혀 사실 무근이라는 것이 드러났다. 미군의 문서 어디에도 문화재 보호를 위한 폭격 금지라는 것은 나오지 않았다. 사실은 교토가 제외된 것은 문화재 보호를 위해서가 아니라 전후를 대비한 정치적 판단 때문이었다. 소련과의 대립을 예상

교토가 원폭 투하 지역에서 제외된 것은 문화재 보호를 위해서가 아니라 전후를 대비한 정치적 판단 때문이었다.

했던 미국은 자칫 교토를 폭발시킴으로서 일본의 분노를 사서 소련 쪽에 전후 상황이 유리하게 전개될 것을 두려워했던 것이다. 대신에 미군은 나가사키를 원폭 투하 지역에 넣었다. 히로시

---

2 일본 정부는 1955년 워너 박사가 사망하자 그 은혜를 기려 그에게 훈장을 추서했다.

마 폭격 직후에 트루먼은 즉각 성명을 발표하여 히로시마에 원폭이 투하되었음을 발표하면서 일본이 무조건 항복을 하지 않으면 이와 같은 원폭이 계속 투하될 것이라고 경고했다. 하지만 일본 내각은 일본 육군의 본토 결전 주장에 의해 시간을 낭비하고 말았고, 마침내 미국은 제2의 원폭을 투하하기로 결정했는데 목표 지역은 고쿠라였다. 그러나 고쿠라는 구름에 가려 시야가 보이지 않았고, 설상가상으로 연료가 부족하여 오키나와로 가는 길목에 있는 네 번째의 목표물인 나가사키로 날아갔다. 그렇게 해서 히로시마와 나가사키에 원폭을 투하하게 된 것이다.

결국 워너 박사의 미담은 허구에 불과했고 미군의 문화재 배려 차원도 사실 무근이었던 것이다. 원래 워너의 이야기는 전시에 일본인 사이에서 소문으로 떠돌던 것인데, 미군 점령군이 일본인에게 친미 감정을 유포하기 위해 적절히 활용했던 것이다.

참고문헌
이창위, 〈일본제국 흥망사(2005)〉
강형기, 〈향부론(2002)〉

구텐베르크

구텐베르크는
성서보다 면죄부를 먼저 찍었다

구텐베르크의 인쇄술은 신의 최고의 은총이다.
그 덕분에 독일이 로마의 족쇄로부터 풀려날 것이다.

마틴 루터 Martin Luther, 독일의 종교개혁가

지난 1천 년 동안 인류에게 가장 큰 영향력을 미친 사람과 발명품을 말하라면, 구텐베르크와 그의 인쇄기를 꼽을 수 있다. 그의 인쇄술을 통해 인류는 비약적인 발전을 일구어낸 것은 누구도 부인할 수 없다. 하지만 그것은 표면상의 결과일 뿐 애초에 그가 의도한 것은 아니었다. 구텐베르크가 인쇄술에 집착했던 가장 큰 이유는 돈을 벌기 위해서였다. 구텐베르크는 부잣집에서 태어나 좋은 교육을 받았지만 귀족은 아니었다. 하지만 그는 철저한 신분제 사회 앞에서 굴복할 만큼 야심 없는 청년이 아니었다. 돈이 될 만한 것을 찾던 젊은 시절, 그가 생각해낸 것은 인쇄술이었다. 한마디로 구텐베르크는 무슨 거창한 사명감이나 호기심이 있어서가 아니라 돈도 벌고 상류 사회의 일원이 되기 위해 인쇄 사업에 뛰어든 것이다. 구텐베르크는 사업가적 기질이 뛰

어난 인물일 뿐이며, 단지 여러 상황들이 톱니바퀴처럼 맞물려져 그를 시대의 영웅으로 빚어낸 것이다. 그것은 그가 인쇄술을 발명하고 성서를 찍어내기까지의 과정을 보면 여실히 드러난다.

그는 어렸을 때부터 보석 세공과 유리 가공업에 종사하며 금속활자와 번지지 않는 잉크에 대한 기술을 익혔다. 구텐베르크는 당시 최대 규모를 자랑하던 아헨의 대성당에 있는 성물(聖物)을 보면서 돈을 벌 영감을 얻는다. 이때부터 그는 무언가 대량 생산을 할 생각을 하였는데, 그게 바로 인쇄술이었다.

구텐베르크는 인쇄기의 돈벌이 수단으로 '면죄부'를 선택했다

구텐베르크는 인쇄기를 발명하자마자 곧바로 돈이 될만한 '면죄부'에 활용했다. 이것은 구텐베르크의 인쇄 기술이 종교개혁이나 사회변혁 이념과는 무관하게 철저히 이익 창출에 의한 것임을 알 수 있다.

그러나 면죄부로 별로 재미를 보지 못했던 구텐베르크는 이번에는 성서의 출판에 이르게 된다. 당시 성서의 출판은 니콜라우

구텐베르크가 살았던 15세기 유럽은 르네상스의 한복판에 있었으며 종교개혁을 코앞에 두고 있었다. 그리고 구텐베르크의 인쇄술은 이러한 역사의 흐름에서 어마어마한 역할을 담당하게 되었다. 구텐베르크는 면죄부와 성경을 인쇄해서 명성을 쌓았다. 그 당시는 대량 생산할 인쇄물이라야 이런 종교적인 것들뿐이었다. 이렇듯 초기에 구텐베르크의 인쇄술은 가톨릭의 권위를 강화하는 역할을 했다. 그런데 시간이 지날수록 상황은 정반대로 흘러갔다. 면죄부가 역효과를 일으키고 성경이 대중화되면서 결국 종교개혁이 일어나게 된 것이다. 아이러니한 것은 구텐베르크는 살아서는 구교로부터 면죄부를 다량으로 찍게 하여 총애를 받았고, 죽어서는 신교로부터는 성경을 대량 인쇄할 수 있어서 영웅 칭호를 들었다.

스가 이미 10년 동안 주창해온 개혁 사업이었다.

처음에는 그도 그렇게 거창한 작업을 염두에 두지 않았을 것이다. 당시 그의 활판 인쇄술은 난산 끝에 세상에 나왔는데, 1455년 발간된 금속활자본 라틴어 성서의 가격은 800플로린이었다.[1] 하위 성직자의 3년 급여와 맞먹었지만 베끼는 데만 5년에서 20년이 걸리는 필사본보다는 훨씬 쌌다. 성서의 성공적인 인쇄에도 불구하고 그는 큰돈을 벌지 못했다. 결국 재정난과 소송까지 당

---

1 구텐베르크의 인쇄기를 통해 인쇄된 최초의 책은 42행 라틴어 성경이다. 이 인쇄물은 유럽 전역으로 신속히 퍼졌다. 이탈리아에서는 1464년에 최초의 인쇄소가 설립되었고, 베니스는 주요한 인쇄 중심지가 되었다. 구텐베르크 성경은 1760년 추기경 마지랭의 문고에서 발견되었기 때문에 마지랭 성경이라고도 한다.

구텐베르크의 42행 성서

해 인쇄 기술과 장비를 자본주인 푸스트에게 넘겨야 했다.

　구텐베르크 사후 활판 인쇄술은 빠르게 전파돼 1500년에는 260개 도시에서 인쇄기가 돌아가며 지식 혁명을 낳았다. 종교개혁을 촉발시킨 마틴 루터의 '95개조 반박문'도 그의 인쇄술 덕분이었다. 성서의 번역 활자본이 나오면서 문맹과 맹목적인 복종이 사라지고 지식 독점구조가 깨졌다.

참고문헌
김상운, 〈세계를 뒤흔든 광기의 권력자들(2005)〉
김현종, 〈유럽인물열전(2002)〉

그린란드는
살기 좋은 푸른 땅이다?

그린란드(Greenland)는 세계에서 가장 큰 섬이며, 가장 추운 지역 중의 하나이다. 이 섬은 전 국토의 약 85%가 빙상으로 덮여 있다. 빙상의 표면은 내륙으로 들어가면서 점차 해발 고도를 더하여 최고점은 3,300미터에 달한다.

지구상에서 가장 큰 이 섬의 이름은 실제와는 너무 다르다. 얼음이 없는 곳에서도 이끼류, 양치류, 자작나무와 같이 몇 안 되는 빈약한 식물만이 겨우 살고 있다. 그렇다면 어떻게 이런 섬의 이름이 그린란드가 되었을까?

그린란드를 처음 발견한 사람은 986년 전설적인 바이킹 에릭 더 레드(Eric the Red)이다. 그는 살인죄로 아이슬란드에서 추방당한 뒤 자신이 머물던 곳을 찾다가 이 섬을 발견했다. 처음에는 이 섬의 이름을 '에릭의 땅(Eric's land)'으로 지었다가 이주민을

바이킹은 그린란드와 아이슬란드, 그리고 아메리카를 최초로 발견한 유럽인으로 알려져 있다.

끌어 모으기 위해 다시 그린란드로 개명하였다. 그가 이 섬을 그
린란드라고 지은 이유는 마치 녹음이 우거진 땅처럼 꾸며서 사
람들이 이주하고 싶도록 만들기 위한 것이었다. 실제로 에릭은 3
년 간의 추방 기간 동안 그린란드의 해안을 탐험한 뒤 아이슬란
드로 돌아온다.

그 뒤 에릭은 지원자들을 끌어 모은 뒤 다시 이 섬으로 돌아와
정착했다. 처음에 그를 따라온 지원자들은 이미 나쁜 기후에 익
숙해진 탓에 이 섬에 도착한 뒤에도 그리 놀라지 않았다. 그러나
에릭의 말대로 이 섬에는 푸른 땅은 어디에도 보이지 않았다. 이
섬은 1261년까지 노르웨이가 지배했으나, 그 후 약 300년 동안

일반 사람들의 관심 밖에 있었다. 16세기 이후 북서항로의 개척자들이 다시 이 섬을 발견하였고, 1721년 선교사인 한스 에게데가 고트호브에 식민지를 개척함으로써 오늘날 덴마크령의 기초를 닦았다. 그린란드라는 이름이 실상과 전혀 달랐어도 이 이름은 고쳐지지 않았다.

참고문헌

루이스 기번, 〈탐험의 역사(2004)〉

에드위 플레넬, 〈정복자의 시선(2005)〉

'일곱 마리 양을 먹은 늑대' 동화는 앞부분이 삭제됐다

독일의 동화작가 그림 형제는 1812년 유럽의 구전동화와 민담을 모아 〈어린이와 가정을 위한 옛날이야기〉를 간행했다. 그림 형제는 이 동화집을 여러 차례 수정 보완하여 '백설공주' '헨젤과 그레텔' '잠자는 숲 속의 미녀' 등이 수록된 개정판을 1857년에 출판했다. 이 개정판에는 우리에게도 익히 잘 알려진 '늑대와 일곱 마리 새끼 양'도 수록되어 있다. 그림 형제는 대부분의 동화를 창작한 것이 아니라 여러 민담과 전래동화를 정리하거나 개작한 것으로, 원래의 모습과는 이야기 전개가 다르다. 작가의 의도대로 새로 고쳐 쓴 부분이 있는가 하면 첨삭한 부분도 상당수 있다. 그림 형제의 대표작인 '늑대와 일곱 마리 새끼 양'도 예외가 아니다. 독일의 저명한 민속학자는 여러 텍스트를 비교 검토한 결과 이 전래동화의 앞부분을 삭제한 사실을 밝혀냈다.

“어미 양이 밖에 나간 사이 늑대가 어미 양이라 속이고 일곱 마리 새끼 양을 모두 잡아먹었다. 이 사실을 안 어미 양은 잠이 든 늑대의 배를 갈라 새끼 양을 모두 구하고 그 안에 돌을 가득 넣었는데, 잠에서 깬 늑대는 물을 마시려다가 우물에 빠져 죽었다.”

대충 이런 이야기가 ‘늑대와 일곱 마리 어린 양’의 기둥 줄거리다. 그렇다면 그림 형제가 삭제한 앞부분은 어떤 내용을 담고 있을까? 독일의 민속학자가 복원한 ‘늑대와 일곱 마리 새끼 양’의 앞부분은 우리가 전혀 생각지도 못한 뜻밖의 내용을 담고 있다.

양이 먼저 늑대 새끼 일곱 마리를 이유 없이 괴롭혔다

“옛날에 아빠 늑대와 엄마 늑대, 그리고 일곱 마리 쌍둥이 새끼 늑대가 살고 있었다. 어느 날 아빠 늑대는 일하러 나가고 엄마 늑대는 새 이불을 사기 위해 동굴을 나섰다. 엄마 늑대는 일곱 마리 늑대 새끼에게 누가 와도 동굴 밖으로 나오지 말라고 타이른다. 엄마 늑대가 나가고 잠시 뒤 동굴 밖에서 늑대 새끼들을 유혹하는 목소리가 들려온다. 그것은 바로 양의 목소리였다. 그러나 새끼 늑대들은 엄마 목소리가 아닌 것을 알아차리고 동굴 속에서 꼼짝도 하지 않는다. 화가 난 양은 숲 속에서 가장 현명하다고 소문난 부엉이를 찾아가서 목소리 수업을 받는다. 그리고 다시 굴로 찾아가 어미 목소리를 내며 새끼 늑대들을 굴 밖으로 나오게 한다. 양은 굴 밖으로 나온 새끼 늑대들을 뿔로 들이받아 나무 위로 내던졌다. 이런 사실을 뒤늦게 한 늑대는 똑같은 방법으로 양에게 복수극을 펼친다.”

그 뒤로는 우리가 잘 아는 '늑대와 일곱 마리 새끼 양'과 같다. 그렇다면 왜 양은 아무 죄도 없는 새끼 늑대들을 괴롭혔을까? 그리고 그림 형제는 왜 하필 앞부분을 삭제했을까? 동화의 원형을 복구한 민속학자는 이렇게 주장했다. "양은 우리 속에 갇혀 인간에게 사육되는 존재다. 반면 늑대는 자유롭게 산에서 사는 존재다. 양은 자유와 해방을 갈망한 나머지 늑대가 자기에게 아무런 피해를 입히지 않아도, 자기에게 없는 것을 가진 늑대를 시기하고 미워하게 된 것이다."

이 이야기에서 앞부분이 잘린 것은 결코 우연이 아니다. 그림 형제는 앞부분을 잘라버림으로써 늑대를 악의 전형으로 만들었고, 그 결과 늑대는 '천성적으로 악한' 존재가 되었다. 선의 전형인 양은 악을 없애기 위하여 늑대를 죽인다. 선을 지키기 위해 벌인 살생은 정당방위지 결코 비난받을 일이 아니었다. 치열한 경쟁사회인 자본주의 사회에는 늑대처럼 '천성적으로 악한' 인간이 존재한다는 사실을 그림 형제는 말하고 싶었던 것이다. 이 동화는 당시 사회 분위기를 적절하게 반영하기 위해 앞부분을 삭제했던 것이다.

참고문헌
박은봉, 〈세계사 뒷 이야기(1994)〉

'나의 투쟁'은 히틀러가
감옥의 독방에서 홀로 썼다?

대중은 작은 거짓말보다 큰 거짓말에 더 잘 속는 법이다

히틀러 Adolf Hitler, 독일 나치스의 지도자

히틀러의 〈나의 투쟁〉은 나치즘의 경전으로 1천만 부 이상 팔린 초대형 베스트셀러이다. 이 책은 히틀러가 뮌헨 반란사건으로 5년의 징역형을 받은 뒤 란츠베르크 감옥에서 서술한 것으로 알려져 있다.[1] 히틀러의 사상을 보여줄 수 있는 초기 저서로 정치활동과 권력 사상, 반(反)유대주의적 세계관을 피력하면서, 동유럽의 유대인들을 추방한 뒤 그곳에 게르만족의 대제국을 건설한다는 구상을 제시하고 있다. 〈나의 투쟁〉이 의미하는 것은 히틀러의 초기 사상을 엿볼 수 있는 저작물이라는 데 그치지 않는다.

---

1 뮌헨반란사건은 1923년 11월 8일 히틀러가 600명의 무장돌격대(SA)와 함께 뮌헨 뷔르가브로이 하우스를 습격, 바이마르공화국에 대항하여 일으킨 반란으로 '맥주홀폭동'이라고도 한다.

무엇보다 히틀러가 이 책을 서술했다고 하는 징역 기간은 훗날 국가사회주의자들에게 의해 신화화되었기에 그 의미는 더욱 컸다. 과연 히틀러의 말대로 그는 온갖 고초를 참아가면서 이 책을 감옥에서 구상하고 저술했을까?

히틀러가 감방 생활을 한 것은 실제로 8개월에 불과하다. 그것도 아주 호화로운 방에 기거했고, 죄수로서는 상상할 수 없을 정도로 최상급의 대우를 받았다. 겉으로는 독방이라고 하나 면회객이 언제든지 방문할 수 있었으며, 히틀러 또한 자유롭게 거처를 옮길 수 있었다. 책과 신문도 마음대로 볼 수 있었고, 징역 기간 동안 내내 함께 체포되었던 다른 죄수들과 같이 있었다.

〈나의 투쟁〉은 나치스의 제3인자라고 할 수 있는 루돌프 헤스의 도움으로 출간될 수 있었다.2) 이 책의 인쇄에 앞서 반유대주의자의 대부격인 슈템플레가 책의 내용을 손질했고, 부분적으로 다시 고쳐 쓰기도 했다.

> **'나의 투쟁'은 나치스의 일급 참모들이 수정 보완한 합작품이다**

제목 자체도 히틀러가 처음 지었을 때는 〈거짓과 어리석음과 비겁함에 대한 4년

간의 투쟁〉이라는 것을 인쇄 직전에 국가사회주의 전속 출판사에서 〈나의 투쟁〉으로 수정했다. 이처럼 〈나의 투쟁〉은 히틀러가 짧은 징역 기간 등안에 서술했다고 볼 수 없으며, 또한 그의 단독 작품으로도 평가할 수 없다. 헤스와 슈템플레의 도움뿐만 아니라 나치스의 정책을 수정 보완하는 전문가들이 여럿 참여한 집단 창작품인 것이다. 히틀러 역시 이 책이 갖는 의미를 각별하게 여겨 당시 나치스의 전문가들이 참여하는 것을 반대하지 않았다.

이 책은 출판 당시 1만 부 정도 팔렸으나 히틀러가 정권을 잡은 뒤에는 독일 가정 어느 곳에나 한 권이 있을 정도로 엄청난 판매 부수를 기록했다. 1933년 히틀러가 집권한 뒤 이 책은 교과서로 독일의 모든 학교에서 쓰였고, 신혼 부부들에게 반드시 선물

---

2 헤스는 뮌헨반란 이후 오스트리아로 도망갔다가 히틀러가 수감되었다는 소식을 듣고 자수하여 같은 형무소에서 히틀러의 개인 비서 노릇을 했다. 이때 옥중에서 히틀러가 구술하는 〈나의 투쟁〉을 받아서 필기하였다.

할 정도로 대중적인 인기를 누렸다. 그러나 1946년 전쟁이 끝난 뒤 연합군사령부는 이 책의 판권을 독일 바이에른 주정부에 넘겼고, 주정부는 이 책의 판매를 금지시켰다.

참고문헌
홍사중, 〈히틀러(1997)〉

나폴레옹이 러시아 원정에서 패배한 원인은 추위 때문이 아니었다

나의 실패와 몰락에 대하여 책망할 사람은 나 자신밖에 없다.
내가 나 자신의 최대의 적이며, 비참한 운명의 원인이었다.

나폴레옹 Napoleon Bonaparte, 프랑스 황제

나폴레옹의 운명을 결정지은 것은 1812년의 러시아 원정이었다. 전투병력과 지원병력을 합쳐 60만 명이 넘는 병력을 이끌고 러시아로 들어간 나폴레옹은 이 싸움에서 패배하고 말았다. 일반적으로 나폴레옹이 참패한 이유는 1812년 겨울에 불어닥친 동장군 때문이라고 알려져 있다.

나폴레옹은 러시아 원정에 실패하고 파리에 돌아오자마자 러시아 원정의 패인을 러시아의 혹독한 추위 때문이었다면서 12월 3일에 발표한 공고문에서 이렇게 주장했다.

"추위가 갑자기 심해져서 11월 14일에서 15일 사이의 밤에는 영하 16도 이상 떨어졌다. 길이 얼음판이 되어 기병, 포병, 보급품을 나르는 말들이 밤마다 무더기로 넘어져 죽었다. 수백이 아니라 수천이 죽었다."

1812년 나폴레옹이 러시아 원정을 계획할 당시에는 영국을 고립시키기 위해 대륙봉쇄령이 내려져 있었고, 유럽의 어떤 나라도 영국과 무역을 하지 못하도록 압력을 가하고 있었던 상황이었다. 이 무렵 유럽은 악천후로 농사는 흉작이었고, 지리한 전쟁으로 인해 최악의 실업률을 보이고 있었다. 유럽의 중심이었던 프랑스는 상황이 더 악화되었는데 기업은 하루가 멀다하고 도산했고, 장기간의 징병과 전쟁으로 국민들의 불만은 하늘을 찔렀다. 나폴레옹은 이런 극심한 국내 상황을 러시아 원정으로 만회하려 했던 것이었다.

러시아 원정 때의 날씨는 평년보다 더 따뜻했다

나폴레옹이 러시아 원정에서 참패한 것은 지독한 추위가 아니라 자신의 실수 때문이었다. 사실 러시아 원정 기간 동안 날씨는 보통 때보다 추웠던 게 아니라 오히려 더 따뜻했다. 전해져 내려오는 날씨 자료에 따르면, 나폴레옹 원정대가 후퇴하기 시작했던 10월 키예프의 평균 기온은 영상 10도였고, 11월 말에도 강은 전혀 얼지 않았다.[1] 11월 말이었는데도 기온은 영상이었던 것이다. 나폴레옹 전기에서는 이때 러시아군이 쏜 유탄포가 얼어붙은 강을 깨서 나폴레옹군의 퇴로가 막혔다고 나와 있지만, 실제로는 강이 얼지 않았다. 그럼에도 불구하고 나폴레옹의 러시아 원정이 동장군 때문에 실패했다고 알려진 이유는 무엇일까? 바로 나폴레옹의 변명과 시간차 추위 때문이었다.

그 당시 추위가 심했던 것은 사실이지만 그것은 한참 뒤의 일이었다. 나폴레옹군이 러시아에서 퇴각하면서 물자 손실이 많았던 것은 무엇보다도 계획이 잘못되었기 때문이지 추위 탓이 아니었다. 그리고 진짜 큰 추위는 그 해 12월에 닥쳐왔다. 러시아의 대참패가 있고 한참 지나 실제로 큰 추위가 찾아온 것이다. 뒤늦게 귀향한 몇몇 병사들이 그 매서운 추위 얘기를 해서 사람들은 나폴레옹의 변명을 사실로 믿었다. 그러니까 귀향한 프랑스군의 증언들이 나폴레옹의 공고문의 신빙성을 뒷받침해 주었던 것이다. 1812년 나폴레옹의 러시아 원정 실패의 속사정은 나폴레옹의 보급 실패에 의한 패배였지, 동장군에 의한 패배가 아니었다.

러시아 원정으로 60만 대군 가운데 겨우 4만 명만이 살아서 귀환했고, 그 가운데 다시 전투에 나설 수 있을 만큼 온전한 병사는 1천 명에 지나지 않았다. 나폴레옹은 전쟁의 천재이기도 했지만, 변명에도 천재였다.

참고문헌
에릭 두르슈미트, 〈날씨가 바꾼 전쟁의 역사(2006)〉
최용범, 〈13인의 변명(2002)〉

1　1812년 당시 헬싱키 중앙 기상 연구소의 기록에 따르면, 그 해 겨울은 오히려 평년보다 뒤늦게 찾아왔으며 평소보다 더 따뜻했다.

나폴레옹 2

나폴레옹은 키가 작지 않았다

살아 있는 졸병이 죽은 황제보다 훨씬 가치가 있다.
나폴레옹 Napoleon Bonaparte, 프랑스 황제

　나폴레옹에 대한 신체적인 언급은 그의 사후에서도 호사가들에게는 대단한 가십거리였다. 앵그르의 그림 〈옥좌에 앉은 나폴레옹〉에는 그의 그림이 그려져 있는데, 신과 같은 근엄한 표정과는 달리 나폴레옹의 모습은 우스꽝스럽게 묘사되고 있다. 옥좌에 멋들어지게 앉아 있는 나폴레옹의 두 다리는 바닥에 깐 융단 위에 붕 떠 있는 것이다. 얼마나 키가 작았으면 그렇게 그렸을까? 그러나 실제로 나폴레옹의 키는 그처럼 작지 않았다. 당시 프랑스인의 보통 키인 169센티미터였다. 게다가 그는 평소 알려진 대로 어깨가 떡 벌어진 체격도 아니었다.

　전 유럽의 유일 권력으로 자리 잡은 나폴레옹의 황실 근위병들은 프랑스의 정예부대였다. 그들의 체격은 당시 성인 남성의 평균 체격을 크게 웃돌았다. 체격 좋은 황실 근위병들에 파묻혔

앵그르의 그림 〈옥좌에 앉은 나폴레옹 1세〉.

던 나폴레옹은 상대적으로 키가 작아 보였던 것이다. 또 그는 머리카락도 거의 없어 대머리에 가까웠고, 목도 매우 짧았다. 그래서 키가 더욱 작아 보였다. 그러나 나폴레옹의 키가 작다고 알려진 데는 그의 부검 때 퍼진 소문 때문이었다.

워털루 전투의 패배 이후 세인트헬레나 섬으로 유배된 나폴레옹은 1821년 사망했다. 나폴레옹의 사망 직후 그를 부검한 의사는 나폴레옹의 키가 158센티미터였다고 밝혔다. 부검의는 나폴레옹의 신장을 옛 프랑스 측량 단위인 피트로 기록했기 때문이었다. 이에 따르면 그의 키는 5피트 2인치이다. 이를 영미식 피트 단위로 환산하면 158센티미터가 된다. 하지만 옛날 프랑스에서 쓰이던 피트의 길이는 지금의 영미식 피트의 길이와는 약간 차이가 난다. 즉 옛날 프랑스 측량 제도 하에서의 5피트 2인치는 영미식으로 환산하면 5피트 6인치(169센티미터)에 해당되는 것이다. 프랑스의 측량 단위로 계산된 나폴레옹의 키가 영국의 피트 단위로 잘못 전달되면서 169센티미터인 나폴레옹이 무려 11센티미터나 키가 작아지게 된 것이다.

참고문헌
최용범, 〈13인의 변명(2002)〉
홍진경, 〈인간의 얼굴, 그림으로 읽기(2002)〉

나폴레옹 법전의
원래 이름은 민법전이다

나의 진정한 명예는 40번 싸운 전승이 아니다.
영원히 사라지지 않는 것은 나의 민법전이다.

나폴레옹 Napoleon Bonaparte, 프랑스 황제

프랑스의 나폴레옹 법전은 함무라비 법전, 로마의 유스티니아
누스 법전과 함께 세계 3대 법전이라고 불리고 있다. 프랑스혁명
이후 프랑스 전국에 통용될 법전을 만드는 것을 목표로 작업에
착수하여 1804년 2,281개조의 '프랑스 민법전'이 완성되었다.
이 법전의 올바른 이름은 〈민법전(Code Civil)〉인데 나폴레옹이
정복 사업을 펼치면서 1807년에 이를 나폴레옹 법전이라고 바꾸
었다.

그러나 이 법전은 나폴레옹이라는 명칭의 의미와는 달리 나폴
레옹이 기여한 바는 거의 없다. 나폴레옹이 집권하던 시기에 편
찬되었고, 나폴레옹이 이 법전에 유달리 애착을 갖게 되어 법전
의 기초도 나폴레옹이 작성한 것으로 알려져 있는데, 이는 잘못
알려진 사실이다. 주요 편찬자는 트롱세, 프레마뇌 등의 법학자

들이었다.

　나폴레옹의 뛰어난 용병술은 법전을 만드는 데서도 잘 드러난
다. 초법적인 행위로 권력을 잡은 나폴레옹은 정통성을 유지하
기 위해 법에 밝은 참모들을 등용했다. 그의 참모들 중 최측근은
제2통령이었던 캉바세레스다. 그는 판사 출신으로 프랑스 최고
의 법 이론가였고 온건파였다. 그의 가장 큰 힘은 세심한 행정 처
리능력과 온화한 성격이었다. 그는 다른 권력자들처럼 1인자를
꿈꾸지 않은, 천성적으로 2인자 체질이었다. '책임은 주되 권력
은 주지 않는다'는 원칙을 고수했던 나폴레옹이 캉바세레스를 신
뢰한 것도 이 때문이었다. 캉바세레스의 법률적 지식은 현행법
과 상충하는 나폴레옹의 여러 가지 결단들을 현실화하는 데 큰
기여를 했다. 나폴레옹의 무모한 행위에 합법이라는 옷을 입혀

나폴레옹 법전은 근대 시민법의 모델이 되었다

　총 2,281조로 이루어진 이 법전은 소유권의 절대성, 계약 자유의 원
칙, 과실 책임주의 등 근대 시민법의 기본 원리로서 각국 민법전의 모
범이 되었다. 이 법전의 특성은 시민 사회의 성격을 규정해 놓은 것을 들 수 있
다. 또한 소유의 절대권을 규정하는 조항은 봉건제의 폐지를 의미하여 시민 사회
성립의 기초가 되었고, 계약 자유의 원칙 규정은 자본주의 발전과 자유로운 소유
권 유통의 전제가 되었다. 개인주의와 자유주의를 기본 사상으로 하여 법 앞의
평등, 소유권의 불가침, 개인의 자유, 신앙 및 계약의 자유 등 자유권적 기본권을
보장하고 있다. 이 법전은 근대 시민법의 기본 원리로서 간결한 문체와 함께 각
국의 시민법에 큰 영향을 끼쳤다.

주는 그의 능력은 매우 탁월했다. 나폴레옹 법전 초안을 만든 입법부의 수반 불레 역시 뛰어난 참모였다. 그는 탁월한 정치 감각과 역동적인 성격으로 나폴레옹을 보필했다. 법령 정비가 끝난 후에는 장관들의 업무를 세밀하게 조사해 보고하는 역할까지 수행했다.

참고문헌
이저 월로치, 〈나폴레옹의 싱크탱크들(2001)〉
N.S.류지, 〈영웅 나폴레옹(1998)〉

남북전쟁은
노예해방 전쟁이 아니었다

나는 어떤 방법으로든 백인과 흑인이 정치적으로
평등하게 되는 것을 찬성하지 않으며, 찬성했던 적도 없다.
링컨 Abraham Lincoln, 미국의 정치가

후대 역사가들은 미국 남북전쟁의 원인 중의 하나로 노예제 폐지에 따른 남부의 반발이 직접적인 계기가 되었다고 주장해 왔다. 이런 주장이 확대되어 몇몇 학자는 남북전쟁을 노예 해방 전쟁이라는, 당시로는 보기 드문 인권에 초점을 맞추기도 했다. 그러나 남북전쟁이 발발할 무렵에는 남과 북, 그 어디에도 인권이나 노예 해방에 대한 주장은 없었다. 링컨이 노예제 폐지를 주장한 것도 유럽 열강의 참여를 배제하기 위한 전략적인 선택이었으며, 그조차 노예 폐지를 강력하게 주장하지 않았다. 애초에 링컨은 노예 폐지론자가 아니며 다만 더 이상의 노예제를 확장하지 않고 점진적으로 전국적인 노예제 폐지를 실현하려는 태도였다. 따라서 그는 전쟁 목적을 노예제 문제보다는 미합중국의 와해 방지에 두었다. 그런데 어떻게 남북전쟁이 노예 해방전쟁

남북전쟁은 노예해방을 위한 전쟁이 아니라 미국 경제의 주도권을 잡기 위한 경제전쟁이었다.

이라는 이름을 얻게 되었을까? 아마 그것은 단편적으로는 스토의 소설 〈톰 아저씨의 오두막〉이 역할을 했는데, 스토는 이 소설에서 노예제도를 격렬하게 비난했다.

링컨은 작가 스토를 가리켜 '전쟁을 승리로 이끈 아가씨'라고 일컬으며 이 소설을 격찬했다. 이런 일화들이 남북전쟁에 깊게 스며들어 노예 해방전쟁이라는 그럴 듯한 명분을 제공하기에 이르렀다. 그러나 남북전쟁은 남과 북의 경제 주도권을 둘러싼 경제전쟁이었다. 미국이 영국으로부터 독립한 후 한때 쇠퇴했던 노예제도는 19세기 목화 경작이 융성해지면서부터 다시 남부 사회의 경제적 기반을 형성하게 되었다. 따라서 노예를 필요로 하는 목화 경작 지역인 남부의 여러 주와 산업 자본주의가 성행하던 북부 사이에 세력 균형의 문제가 생겼다. 남부는 면화 농업이

주류였고 북부는 기계 제품을 수출하는 것이 주류였다. 이들이 서로 미국 경제의 주도권을 잡으려다가 대립이 생긴 것이다. 그러한 형세 속에서 북부에서는 공화당이 급속히 세력을 확장하여 1860년의 대통령 선거를 통해 링컨을 대통령에 당선시켰는데, 이것이 남북전쟁의 직접적인 단서가 되었다. 결론적으로 남북전쟁은 노예해방을 위한 전쟁이 아니라 남과 북이 미국 경제의 주도권을 잡기 위한 경제전쟁이었던 것이다.

참고문헌
앨런 브링클리, 〈있는 그대로의 미국사(2005)〉
유종선, 〈한 권으로 보는 미국사 100장면(2001)〉

뉴턴은 숫자 조작의 명수였다

현대 과학의 측정 방법으로는 허용할 수 없는 날조들이
뉴턴에 의해 이루어졌다.

웨스트폴 Richard Westfall, 미국의 과학자

뉴턴은 과학사에서 매우 중요한 위치를 차지하는 인물이다. 그러나 그의 이면에는 어두운 면도 곳곳에서 발견되고 있다. 뉴턴은 '숫자 조작'에서는 그 누구도 따라올 수 없는 천부적인 재능을 지닌 선수였다. 그는 관찰 값이 자신의 이론에 맞지 않으면 이론에 맞는 값이 나올 때까지 다른 변수들을 조작하면서 실험을 되풀이했다.

1687년에 발표한 뉴턴의 저서 〈자연철학의 수학적 원리〉는 근대 과학의 목적과 방법을 확립한 책으로 인정받고 있다. 그러나 이 저서는 실제 측정 결과가 그의 상상의 이론과 맞지 않을 때는 자신의 이론을 정당화하기 위하여 자료를 조작하는 것을 서슴지 않았다. 역사학자인 웨스트폴(Westfall)은 그의 저서 〈뉴턴과 그의 조작 요소들〉에서 뉴턴이 실험을 할 때 숫자를 인위적으로 조

작했다는 사실을 그의 사후 300여 년이 지난 후에 비로소 밝혀냈다.[1] 뉴턴의 만유 인력 이론 속에 있는 변수간의 상관 관계를 자신의 이론과 합치되도록 조작했다는 것이다. 그리고 더욱 놀라운 일은 그가 조작한 사실을 동시대의 어느 누구도 알지 못할 만큼 교묘하게 이용했다. 당시 그것은 뉴턴에게는 일종의 게임과도 같은 것이었다. 어떤 비평가가 한두 개의 숫자가 다른 것과 일치하지 않는 것 같다는 사실을 찾아낼 때마다 뉴턴은 조수에게 또다시 '숫자와 놀 시간'이라고 말하곤 했다. 즉 뉴턴은 좀더 잘 맞는 새로운 숫자를 찾아내기 위해 안간힘을 썼다. 뉴턴은 그가 조작한 데이터와 자기 이론의 정당성을 옹호하기 위하여 미려한 수사학적 언어들로 그의 저서들을 채웠다. 뉴턴은 또한 권력욕과 명예욕의 화신이기도 했다. 그의 야욕은

1　웨스트폴은 가장 유명한 뉴턴 학자 중의 한 명으로, 인디애나 대학교의 과학사와 과학철학사 교수를 지냈다. 그는 1977년과 1978년에 과학협회장을 지냈고, 〈결코 쉬지 않는(Never at Rest)〉으로 파이저 상을 수상했다. 말년에는 근대 과학의 보호를 위한 프로젝트를 진행하여 600명이 넘는 과학자들의 업적에 관한 데이터베이스를 만들었다.

현대적 미적분을 최초로 발견한 라이프니츠(Leibniz)를 축출하기 위하여 영국 최고의 과학 클럽인 왕립협회의 회장 직분을 악용하였다. 이와 같은 행위는 말로는 공정한 절차를 역설하면서 실상은 그의 권력을 이용하여 그의 학문적 경쟁자를 매장시키려는 의도를 가진 사악한 행위였다.

참고문헌
리처드 웨스트폴, 〈프린키피아의 천재(2001)〉
하인리히 창클, 〈과학의 사기꾼(2006)〉

뉴턴이 말년에
정열을 쏟은 것은 연금술이었다

뉴턴이 진실로 열중했던 것은 연금술이었다.
그는 진실한 과학 시대를 연 사람이라기보다는 최후의 마술사였다.

케인즈 John Keynes, 영국의 경제학자

뉴턴의 저작물 중에 연금술과 관련된 저작이 있다는 것을 아는 사람은 드물다. 20세기 들어와서야 뉴턴이 직접 쓴 연금술 관련 저작들이 알려지기 시작했다. 뉴턴은 정통 과학자답지 않게 연금술에 무척 심취해 있었다. 만유인력의 근원을 찾아 현대 과학을 본 궤도에 올려놓은 그도 '현자의 돌'을 찾는 매력에서는 벗어나지 못했던 것이다. 많은 학자들은 뉴턴이 연금술에만 심취하지 않았다면 물리학은 보다 획기적으로 발전했을 것이라고 생각한다. 그러나 뉴턴의 역학이 탄생한 17세기 후반에도 많은 과학자들은 연금술이 가능하다고 믿고 있었다.

뉴턴이 연금술을 접하게 된 것은 그가 학부를 졸업한 다음이었다. 그 당시에는 화학과 연금술의 구분이 모호했었다. 뉴턴이 심취한 연금술 관련 책들은 오랜 시기에 걸쳐 연금술의 대가들이 만든 것으로, 뉴턴은 이를 토대로 그 자신도 많은 연금술 저작을 남겼다. 뉴턴이 연금술에 심취해 있었다는 것은 그가 심각한 정신 장애를 겪었다는 데서도 증명된다. 그는 친구들이 자기를 음해하려는 음모를 꾸민다고 비난했던 적도 있으며 잠을 자는 데 큰 어려움을 겪는다고 호소하기도 했다. 훗날 그 이유를 뉴턴의 머리카락에서 발견했다. 그의 머리카락에서 다량의 수은을 찾아낸 것이다.

뉴턴은 1660년대부터 1690년대까지 지속적으로 연금술에 흥미를 가지고 있었다. 1686년 〈프린키피아(Principia)〉를 쓴 지 20년 후 그 책의 결론을 덧붙였는데 거기에서 뉴턴은 자연계에 존재하는 힘의 범위는 광범위하다는 말을 적었고, 화학적 현상들은 이미 오래 전에 실험 노트에 써 놓았던 것들이었다. 그리고 이 책을 쓴 후에 집필한 연금술 관련 기록들이 그의 전체 연금술 기

런던 경매장에 나온 뉴턴의 연금술 원고

1936년 런던에서 열린 경매에서 리밍턴 경이 가보로 내려오는 방대한 양의 자료를 경매에 내놓았다. 그 중에는 바로 뉴턴이 손수 작성한 원고도 있었다. 뉴턴의 조카가 리밍턴 백작 집으로 시집간 후로 그 원고들이 대대로 백작 가에 전해져 내려왔던 것이다. 그때 그 원고를 낙찰받은 사람은 유명한 경제학자 케인즈(Keynes)였다. 케인즈는 자신이 구입한 원고를 보고 매우 놀랐다. 그것은 수학이나 물리학에 관한 것이 아니라 바로 연금술에 관한 내용이었기 때문이었다. 이로써 뉴턴이 연금술에 무척 심취해 있었다는 것이 세상에 밝혀졌다.

록 중 절반 정도를 차지하고 있었다. 뉴턴이 물론 철광석으로 금을 만들 수 있다고 믿지는 않았지만, 금이 '발효'될 수만 있다면 다른 물질로 변할 수 있다고 주장했다. 이에 대해 뉴턴을 옹호하는 사람들은 그가 정말로 연금술을 믿은 게 아니라 그저 재미로 연금술을 갖고 놀았다고 주장하고 있다. 그런데 지금도 납득할 수 없는 것은 그 '놀이'라는 것이 지나친 데가 없지 않다. 그의 연금술 노트에는 백만 단어 이상이 적혀 있기 때문이다.

참고문헌
와츠 와커, 〈괴짜의 시대(2005)〉
이종호, 〈과학으로 파헤친 세기의 거짓말(2004)〉

니트로글리세린의 발명자는 노벨이 아니다

가난하지만 꿈을 가진 사람들에게 도움을 주고 싶다.

노벨 Alfred Nobel, 스웨덴의 발명가

니트로글리세린은 단 한 방울로 거대한 쇳덩이를 날릴 수 있는 무서운 액체 폭탄이다. 뇌관이 따로 없으며 다이너마이트의 주원료로 사용되고 있다. 그래서인지 많은 사람들은 니트로글리세린을 노벨이 발명한 것으로 알고 있다. 그러나 니트로글리세린을 처음 발명한 사람은 1847년 이탈리아의 소브레로(Sobrero)이다.[1]

산업혁명이 한창이던 19세기 니트로글리세린은 산업 현장에서 매우 유용하게 사용되었다. 그러나 이 니트로글리세린은 너무 까다롭고 예민해서 다루기가 무척 힘이 들었다. 물리적인 충

---

1 소브레로(Sobrero)는 글리세린에 질산을 작용시킴으로써 고도의 폭발성을 지닌 기름 상태의 액체(니트로글리세린)를 발견하였다.

격을 조금만 가해도 쉽게 폭발했기 때문이었다. 그것은 광산이나 채석장에서 꽤 유용하게 이용되고 있었지만, 자주 예상치 못한 참사를 일으켰다. 노벨의 공장에서도 사고가 발생해 많은 사람들이 목숨을 잃었다. 그럼에도 불구하고 이미 니트로글리세린의 위력에 매료된 사람들은 이것이 위험한 물질임을 알면서도 사용을 멈추지 않았다. 그에 비례하여 사상자의 수도 부쩍 늘어났다. 니트로글리세린을 한창 사용하고 있을 당시 노벨은 군수공장에서 아버지를 돕고 있었다. 화학을 전공했던 노벨은 공장을 살리기 위해 니트로글리세린에서 위험 성분을 제거하는 화약 개발에 매달렸다.

마침내 노벨은 1866년 니트로글리세린을 규조토(硅藻土)에 흡수시키면, 비교적 안전하면서도 폭발력은 그대로 유지된다는 사실을 발견했다. 이 물질의 폭발을 유도하는 데 유용하게 쓰이는 뇌관을 개발해 니트로글리세린의 이용을 한층 편리하게 해준 것이다. 이것이 오늘날 다이너마이트로 발전한 것이다.[2] 당시 다이너마이트는 화약으로 이용될 뿐 아니라 증기를 흡입하면 혈관

---

2 다이너마이트(dynamite)라는 이름은 노벨이 그리스어의 '힘'을 뜻하는 디나미스(dinamis)를 따서 붙인 것이다.

이 확장되는 작용을 이용하여 혈관확장제, 협심증(狹心症)의 치료 등 의료용으로도 쓰였다.

참고문헌
프리츠 푀크틀레, 〈노벨(2000)〉
G.I.브라운, 〈발명의 역사(2000)〉

ㄷ

다비드
단두대
달러
대헌장
독립기념일
드라큘라

ㄹ

다비드

다비드의 〈알프스를 넘는 나폴레옹〉은 조작된 그림이다

초상화와 내가 닮고 안 닮고는 의미가 없다.
위대한 화가가 상상력을 발휘하여 그림에 생명을 불어넣으면 된다.

나폴레옹 Napoleon Bonaparte, 프랑스 황제

나폴레옹 하면 떠오르는 그림이 있는데, 바로 자크 루이 다비드(Jacques Louis David)가 그린 〈알프스를 넘는 나폴레옹〉이다. 주황색 망토로 온몸을 휘감은 나폴레옹이 앞발을 치켜 든 백마에 올라타고 있는 이 그림은 역사 교과서는 물론 양주병에도 이 그림이 그려져 있다. 1800년 나폴레옹이 알프스를 넘어 북이탈리아로 쳐들어가 마랭고에서 승리를 한 것은 사실이나, 이 그림은 조작된 것이다.

다비드는 그림을 통해 나폴레옹을 멋지게 미화시키는 데 가히 천재적인 솜씨를 발휘했다. 이는 나폴레옹의 요구와도 무관하지 않았다. 나폴레옹은 다비드에게 자신의 모습을 스페인의 국왕 카를로스 4세의 초상과 비슷하게 그려달라고 주문했다. 또한 "앞발을 든 말 위에 앉은 평온한 모습을 그려줬으면 좋겠다"라고

다비드의
〈알프스를 넘는 나폴레옹〉

들라로슈의
〈알프스를 넘는 나폴레옹〉

요구했다. 그래서 다비드는 그림을 그리기 위해 나폴레옹에게 모델을 서달라고 요청했지만 나폴레옹은 화가의 '천재적 상상'에 맡긴다는 애매한 말로 대답을 대신했다. 나폴레옹이 모델 서기를 거부하자 다비드는 하는 수 없이 자신의 제자를 모델로 하여 그림을 그렸다.

그림 속의 말은 당나귀였고, 백마는 알프스를 넘지 못했다

그렇게 해서 완성된 그림이 〈알프스를 넘는 나폴레옹〉이다. 초상화 속 나폴레옹은 검은색 옷에 주홍색 망토를 걸치고 씩씩한 모습으로 말에 올라타 있다. 그러나 나폴레옹이 백마를 타고 알프스를 넘는 이 그림은 역사적 사실과는 일치하지 않는다. 앞발을 든 늠름한 말은 실제로 알프스를 넘지 않았다. 나폴레옹이 알프스를 넘을 당시 그는 백

나폴레옹과 흥망을 함께 했던 다비드의 몰락

다비드는 나폴레옹에게 중용되어 예술적으로나 정치적으로 미술계 최대의 권력자로 화단에 많은 영향을 끼쳤다. 나폴레옹보다 스무 살이나 나이가 많았던 그는 프랑스혁명이 일어났을 때 40대 초반이었다. 당시 그는 자코뱅 당원으로 혁명에 몸을 던졌다. 그러나 로베스피에르의 실각과 함께 그만 감옥에 갇히는 신세가 되고 말았다. 다비드가 다시 화려하게 부활할 수 있었던 것은 나폴레옹의 비호가 있었기 때문이었다. 그러나 '황제의 비호를 받는 화가'라는 영광 뒤에는 '권력에 아첨하는 배신자'라는 수치스런 꼬리표가 따라다녔다. 나폴레옹 시대의 종말과 더불어 입지가 좁아진 다비드는 국내에서 쫓겨나 국외로 망명했고, 결국 1825년 벨기에에서 77세의 나이로 사망했다.

마를 타지 않았고, 병사들과 함께 넘지도 않았다.

　역사의 기록에 따르면, 험한 산길에 강한 당나귀가 말 대신 알프스를 넘었던 것이다. 또한 나폴레옹은 프랑스 병사들이 알프스를 다 넘어간 후에 현지 가이드의 안내를 받으며 당나귀를 타고 알프스를 넘어갔다. 이렇게 나폴레옹이 알프스를 넘는 모습은 다비드와 동시대의 화가인 폴 들라로슈에 의해서도 그려졌는데 폴 들라로슈가 그린 그림은 다비드의 그림보다 역사적 사실에 더 가깝다. 이 그림은 나폴레옹이 몰락한 뒤 1850년에 그린 것으로, 나폴레옹은 당나귀에 편안히 앉아 있으며 그 옆에는 한 늙은이가 당나귀를 이끌고 알프스를 넘는 아주 평범한 그림이다.

참고문헌
김광우, 〈다비드의 야심과 나폴레옹의 꿈(2003)〉
박지향, 〈영웅 만들기(2005)〉

단두대
······················

기요탱 박사는
단두대로 처형되지 않았다

죄인의 사회적 신분이나 위치에 상관없이,
같은 종류의 위법행위는 같은 종류의 형벌로 처벌하여야 한다.
기요탱 Joseph Guillotin, 프랑스 의학자

프랑스혁명 당시 사형을 집행하기 위해 목을 자르는 도구로 사용된 단두대는 누가 발명한 것일까? '기요틴'이라 불리는 이 단두대는 많은 사람들이 발명자 기요탱의 이름을 따온 것으로 알고 있다. 그러나 실제로 기요틴을 발명한 것은 그가 아니라 오래 전부터 프랑스 남부와 이탈리아에서 사용되고 있었다. 파리 대학 해부학 교수였던 기요탱은 사형수가 고통 없이 죽을 수 있도록 이 단두대 사용을 추천했을 뿐이다. 진짜 발명자는 지금까지도 누구인지 밝혀지지 않고 있다.

18세기 후반의 프랑스는 혁명이 한창 진행되던 시기로 거의 매일같이 사형이 집행되고 있었다. 당시에는 단두대가 사용되기 전이라 형리(刑吏)가 낫으로 사형수의 목을 베었는데, 간혹 형리의 실수로 처참한 광경이 벌어지곤 했다. 이를 지켜본 기요탱은

국민회의에 죄수의 고통을 덜 수 있는 기계의 사용을 제안했다. 그것이 바로 단두대로 잘 알려진 '기요틴'이다.

기요틴은 도끼를 두 기둥 사이에 달아놓고, 그 밑에 죄수를 눕힌 뒤 사형집행관이 밧줄을 당기면 도끼가 떨어져 목을 자르게 되어 있는 장치다. 이 기요틴으로 루이 16세와 왕비 앙투아네트, 로베스피에르 등 수많은 사람들이 처형되었다. 심지어 기요탱 자신도 이 도구에 의해 처형되었다는 이야기가 있는데 이것은 잘못 전해진 것이다. 기요탱은 단두대에서 처형되지 않

단두대 이름을 왜 '기요틴'이라고 불렀을까?

사형수라도 고통 없이 죽을 권리가 있다고 주장한 기요탱 박사는 1789년 11월 외과 의사 루이가 고안한 기계를 사형수들의 목을 자르는 데 이용하자며 국민의회에 최초로 선보였다. 대혁명 이후 1791년 6월 국민회의는 기요탱 박사의 제안을 수용하여 초생달 모양의 칼날을 마름모꼴로 바꾸면서 악명 높은 단두대의 모습이 완성되었다. 이 단두대는 양과 시체들을 이용하여 임상 실험을 거치고, 1792년 4월 당시 최대의 절도범이었던 페르티에에게 처음 시도하였다. 처음에는 단두대의 이름을 이 기계를 고안한 앙투안 루이의 이름을 풍자해 '루이젯', '루이종'으로 불렀다가 나중에 '기요틴'이라 불리게 되었다. 당시 기요탱과 갈등을 일으켰던 국회 출입기자들이 그를 조롱하여 그런 이름을 붙이게 된 것이다. 그러나 당시 대중들은 이 단두대를 '국가의 면도칼'이라는 이름으로 더 잘 불렀다.

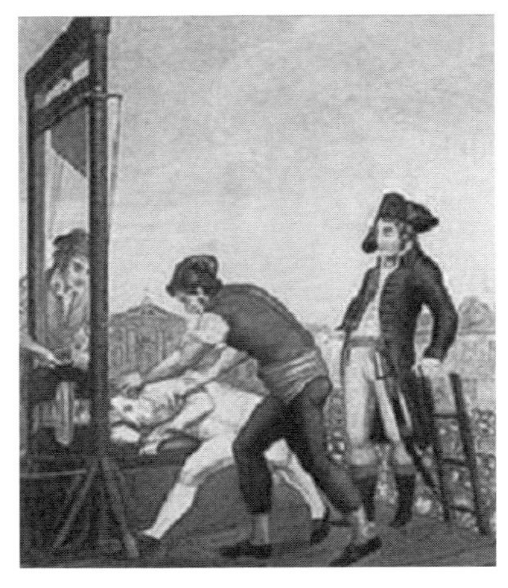

고 1814년 어깨에 난 종기 때문에 사망했다. 기요탱은 사망하기 전까지도 자신의 이름이 단두대의 별명으로 불리는 것을 강력히 반발했다. 그의 가족은 프랑스 법정에서 단두대가 자신의 성씨(姓氏)로 부르는 것은 부당하다고 소송을 제기했다. 이 재판은 수년 간 걸쳐 진행되었으나 결국 원고측이 패소했으며, 이를 계기로 훗날 기요탱의 자손은 성을 바꾸었다. 프랑스에서는 20세기 후반까지 사형 집행에 기요틴을 사용했는데, 너무 잔혹하다는 이유로 1981년에 와서야 폐지되었다.

참고문헌
김상운, 〈세계를 뒤흔든 광기의 권력자들(2005)〉
구드룬 슈리, 〈피의 문화사(2002)〉

달러의 기원은 미국이다?

달러는 현재 세계에서 가장 많이 유통되는 미국의 화폐 단위이다. 그러나 달러는 처음부터 미국에서 사용되지 않고 독일에서 통용되던 화폐 단위였다. 달러라는 말은 '요아힘스탈러(Joachimsthaler)'를 줄여 쓴 탈러(thaler)가 변형된 것이다. 요아힘스탈러는 보헤미아(체코) 세인트 요아힘스탈(요아힘의 골짜기라는 뜻)에서 은광이 발견되어 1517년에 만들어진 은화로, 이 탈러 은화는 독일뿐만 아니라 전 유럽에서 사용되었다. 그 이름도 달러(dalerr), 달라(dalar), 다알더(daalder), 탈레로(tallero) 등 여러 차례 철자가 변했다. 탈러 은화가 국경을 넘으면서 발음이 조금씩 변하게 되었는데 네덜란드에서는 '다렐', 스페인에서는 '다레라'가 되었다. 그런데 유럽에서 사용되던 탈러 화폐가 어떻게 미국으로 건너갔을까?

멕시코와 페루를 지배한 스페인은 다레라 은화를 식민지에서 만들어 사용했다. 미국에서는 은이 나오지 않는 대신 밀, 물고기, 담배가 많이 났다. 밀무역으로 이것을 스페인령 식민지에 수출하고 다레라 은화를 받았다.

미국은 영국에서 독립했을 때 길이나 무게의 단위는 영국의 것을 그대로 이어받았다. 그러나 영국의 화폐 단위인 파운드나 펜스는 그대로 쓰지 않았다. 영국의 식민지였던 자존심이 영국의 화폐 단위를 쓰지 않았다는 말이 있으나, 그 보다는 다레라 은화가 너무 많아서였다고 한다. 즉 다레라의 영어식 읽기인 '달러'를 미국의 화폐 단위로 사용했다는 것이다. 그런데 정작 달러의 기원이 된 독일은 1873년에 탈러에서 마르크로 화폐 단위를 바꾸었다.

참고문헌
배원준, 〈화폐로 배우는 세계의 문화(2004)〉

대헌장은 영국 서민들의
권익을 위한 문서였다?

일반적으로 모든 독점체는 대헌장에 반한다.
왜냐하면 신민의 자유뿐만 아니라 영국의 법에도 반하기 때문이다.

코크 Edward Coke, 영국의 법률가

오늘날 대헌장(Magna Carta)은 인간의 보편적 자유를 상징하는 대표적인 문건으로 인정받고 있다. 1215년 6월 15일, 잉글랜드의 존 왕은 러니미드 초원에서 폭정에 맞서 반란을 일으킨 신하들과 마주 앉았다. 그들은 왕에게 자신들이 작성한 '자유헌장'을 들이밀며 옥새를 찍으라고 요구했다. 이것이 바로 마그나카르타, 대헌장이다. 총 63절로 이루어진 대헌장은 전제 왕권에 대한 역사상 최초의 도전이었다. 마그나카르타는 이전에 발표된 유사한 헌장들과는 달랐다. 존 왕과 귀족들은 반란이라는 위기 상황을 대중의 정치적 지지를 위해 경쟁했다. 때문에 귀족들은 자신의 이익만을 쫓을 수 없었고, 일반 백성의 이익까지 아우른 내용의 헌장을 요구했다. 마그나카르타는 왕이 귀족을 대했던 방식을 비판하는 것이 아니라 국가 지배 전반에 대해 방향을 잡앉으며, 반란군은 존과 끝까지 싸워 가능한 한 많은 양보를 이끌어 내서 자신들의 요구를 수용하게 만들었다.

이런 역사적 상황 때문에 마그나카르타는 귀족은 물론 일반 백성들의 이익까지 고려한 자유헌장으로 알려져 있다. 서구 최초의 성문법을 탄생시킨 이 마그나카르타가 과연 일반 백성을 위한 권리장전이었을까?

대헌장은 철저하게 '귀족의, 귀족에 의한, 귀족을 위한' 문서였다

결론적으로 말하면 민주주의의 첫걸음이라는 대헌장은 대중의 권리와는 무관한, 왕권을 제한하려는 귀족·상인들의 권리장전이었다. 당시 영국인의 10%에 해당하는 귀족들만이 대헌장의 혜택을 누렸다. 대헌장은 귀족들의 권리를 한층 강화시킨 문서였으며, 이전과 특별히 다른 내용도 없었고 농노에게 돌아가는 혜택도 없었다. 단지 그때까지 전해져 내려오는 관습을 재확인했을 뿐이다. 자유민들에게는 재판청구권 정도로 극히 제한적인 의미만이 있을 뿐이었다. 즉 이 대헌장은 철저하게 '귀족에 의한, 귀족을 위한' 문서였다. 1215년에 영국인 가운데 자유민은 극히 소수에 불과했다.

"자유민은 같은 신분의 사람들에 의한 적법한 판결이나 법의 정당한 절차에 의하지 않고 체포나 구금될 수 없으며, 재산과 법익을 박탈당하지 아니하고 추방당하지 아니한다. 왕은 이에 대해 어떤 명령도 내릴 수 없다."

대헌장의 중심 내용인 이 조항도 따지고 보면 자유민의 권리를 위한 것이 아니라 왕권 견제를 통한 귀족들의 권익을 확대한 것이다. 따라서 대헌장은 봉건 체제의 문서일 뿐 근대적 의미의 권리장전이라고 할 수 없다. 또한 대다수의 영국인은 대헌장을 통해 단 하나의 권리도 더 얻어낸 게 없었다. 후대에 와서 대헌장이 칭송받고 있는 것 중의 하나는 군주정을 견제하고 있는 점인데, 실상 1215년 보통의 영국인은 군주정에 억압받고 있지 않았다. 보통의 영국

인을 억압했던 것은 군주가 아니라 귀족 영주들이었다. 대헌장이 군주정을 견제했다는 증거도 별로 없다. 오히려 영국에 진짜 전제 군주가 생긴 것은 대헌장 이후의 일이었다.

참고문헌
차병직, 〈인권(2006)〉
김현수, 〈이야기 영국사(2004)〉

독립기념일

미국의 독립기념일은 7월 4일이 아니다

1776년 7월 2일이 미국 역사상 가장 기념할 만한 날이 될 것이다.

애덤스 John Adams, 미국의 정치가

    미국이 1776년 7월 4일에 독립을 선언했다는 것은 너무 잘 알려진 일이다. 하지만 7월 4일은 독립을 선언한 날이 아니다. 역사적 기록을 살펴보면 대륙회의는 필라델피아에서 7월 2일에 독립선언문을 채택하였다. 2일 밤, 펜실베이니아의 〈이브닝 포스트〉는 다음과 같은 독립선언 기사를 실었다. "오늘 대륙회의는 식민지연합이 자유로운 독립국가임을 선언했다."

    하지만 미국인은 이런 역사적 사실을 무시했다. 19세기 학자는 7월 4일을 부정하는 존 애덤스의 편지를 발견했을 때 간단하게 편지 날짜를 바꾸어 버렸다. 애덤스는 1776년 7월 3일, 아내에게 보낸 편지에서 이렇게 예언했다. "1776년 7월 2일이 미국 역사상 가장 기념할 만한 날이 될 것이다." 그런데 이 편지에서 기록을 수정하기 위해 편지 날짜를 7월 5일로 고치고 2일은 4일로 바꾸어 버렸다.

7월 4일이 독립기념일로 굳어지게 된 것은 제퍼슨의 독립선언이 그 날 이루어졌기 때문이다. 이 선언이 문서로 발표되었을 때 선언 날짜는 7월 4일이었다. 미국 의회는 7월 8일까지 독립을 축하하지 않았다.

8일이 되어서야 의원들은 병사의 행진과 축포를 포함하는 공식적인 행사에 참가했다. 전국의 다른 지역 사람들은 훨씬 나중에 독립을 축하했다. 의회의 활동 상황이 전달되는 시기에 따라 축하 행사의 날짜가 달라졌던 것이다. 뉴욕에서 야영 중이던 워싱턴의 병사들은 7월 9일이 되어서야 독립선언 소식을 들었다.

독립선언의 채택과 서명은 동시에 이루어지지 않았다

1884년 역사가 멜런 체임벌린이 의회 일지를 살핀 결과 독립선언의 서명은 동시에 이루어지지 않았다는 사실을 발견했다. 몇몇 대표는 8월 2일보다 더 늦은 시점에 가서야 겨우 서명했다. 심지어 어떤 대표는 1781년이 될 때까지도 독립선언에 서명하지 않았다. 의회 의장인 존 핸콕(미국 독립선언문의 최초 서명자)과 사무총장인 찰스 톰슨만이 7월 4일에 서명했다.

독립선언이 의회에서 만장일치의 지지를 받았다는 믿음도 잘못된 사실이다. 사실 대여섯 명의 대표들은 혁명에 반대했다. 독립선언 문제에 대해 노스캐롤라이나는 오랫동안 자신들이 최초로 독립선언을 했다고 주장했다. 그들은 1775년 메클렌버그 독립선언이야말로 진짜 독립선언이라고 확신했다. 그러나 이 선언은 1800년까지 문서로 기록되지 않았고, 1820년까지 인쇄도 되지 않았다. 이 선언이 유명해진 것은 영국과의 갈등이 심화되던 1775년 5월에 마을 사람들이 영국 왕의 권위를 부정하는 결의를 했기 때문이었다. 하지만 그들이 그때 독립을 선언한 것은 아니었다.

조지아 주 사바나는 8월 10일까지 기다려야 했으며, 독립선언에
관한 소문은 2주가 지나서야 겨우 런던에 닿았다.

참고문헌
스테파니 드라이버, 〈세계를 뒤흔든 독립 선언서(2005)〉
리처드 솅크먼, 〈미국사의 전설, 거짓말, 날조된 신화들(2003)〉

드라큘라는
실제로 존재했던 인물이다

드라큘라는 역사상 존재했던 인물이다. 그러나 그는 소설이나 영화처럼 낮에 어두운 관 속에서 잠을 자지 않았다. 또한 생명을 유지하기 위해 순결한 처녀의 피를 빨아먹지도 않았다. 그는 루마니아의 트랜실바니아의 성에서 살았고, 인간의 모습을 한 악마처럼 보였으며 사람 죽이기를 좋아했다.

소설과 영화 속에 모티프가 된 인물은 블라드 체페슈이다. 체페슈는 루마니아어로 '꼬챙이'를 뜻하는데 이것은 전쟁 포로나 국내 범법자를 긴 꼬챙이를 이용해 잔인한 방법으로 처형했다고 해서 비롯되었다고 한다. 이처럼 체페슈는 소설의 모델이 될 정도로 잔혹한 인물로 알려져 있으나 루마니아에서는 오스만투르크 제국의 군대를 물리친 용장으로 알려져 있다. 블라드는 '드라쿨'이라는 이름도 가지고 있었는데 이는 '용(Dracul)'이라는 작위를 받은 그의 아버지를 영광스럽게 생각해 자신의 이름을 블라드 드라큘이라고도 했다고 한다. 여기에 루마니아어로 누구누구의 아들이라는 뜻의 '(e)a'를 붙여 블라드 드라큘라라고 불리게 된 것이다. 한편으로는 그가 전쟁 중 사용했던 문장에 용의 그림이 있었다는 데서 기인한다고도 한다.

드라큘라 생애의 황금기는 1460년 초 2만4천 명의 터키인을 죽였을 때이다. 그의 살해 방법은 매우 잔혹한 것으로 알려져 있는데, 굵은 가시가 박힌 큰 바퀴를 사람 몸 위로 지나가게 해 온몸에 구멍을 내기도 하였다. 또한 장대를 깎아 만든 창으로 항문을 찔러 입으로 나오게 하는 잔인한 처형도 서슴지 않았다. 이렇듯 그의 잔혹한 살해 방법에도 불구하고 루마니아 역사 속에서 그는 훌륭한 정치를 한 성군으로 칭송받고 있다. 그가 적과 용감히 싸워 나라를 지켰다는 사실 뿐 아니라 국내에서 악행을 저지르는 무리나 법을 어기는 사람들을 가차없이 처벌했고 항상 민중의 편에서 정치를 이끌었기 때문이다.

현재 루마니아 남부에서는 소설에 등장했던 드라큘라의 성으로 유명한 브란성이 있는데, 루마니아 정부는 이곳에 드라큘라 영주가 사용했던 고문 도구들을 비롯해 소설에 등

장하는 여러 가지 물건을 진열하고 드라큘라 영화를 상영하는 등 드라큘라 관광지로 개발하고 있다.

참고문헌

레이몬드 맥널리, 〈드라큘라 그의 이야기(2005)〉

프랑스 국가는
마르세유에서 유래하지 않았다

나가자, 조국의 아들 딸들이여! 영광의 날이 왔도다.
압제에 맞서서 피 묻은 깃발을 올려라.
〈라 마르세예즈〉 중에서

프랑스 국가(國歌)인 라 마르세예즈(La Marseillaise)는 마르세유가 아니라 스트라스부르에서 나온 것이다. 그곳에서 1792년 4월 26일 밤 공병대 중대장이자 아마추어 음악가였던 루제 드 릴(Rouget de Lisle)이 독일 제국에 대한 프랑스의 선전 포고를 기념하여 작사 작곡했다.

1792년 4월 프랑스가 오스트리아에게 선전 포고를 했다는 소식을 듣고 루제는 스트라스부르의 숙소에서 하룻밤 사이에 가사와 멜로디를 썼다. 이 노래 가사는 라인강변으로 출정하는 용사들의 심경을 그린 것으로 노래라기보다는 절규에 가깝다. 처음 이 노래가 나왔을 때만 해도 사람들의 반응은 그리 감동적이지 않았다. 실제로 장군들 가운데 이 새로운 곡을 진군가로 여긴 사람은 없었다. 이 곡을 만든 루제 역시 병사들 사이에서 곧 잊혀질 것으로 생각했다. 그러나 그로부터 2개월이 지난 후 이 노래의 사본이 마르세유에 전해졌다. 자원병들을 위한 송별회 참석자 가운데 한 사람이 마땅한 노래가 없어서 궁여지책으로 이 노래를 연주했는데 마르세유에서 단숨에 인기를 얻어 다음날 아침 도시 전체가 이 노래를 부르게 되었다. 마르세유 출신 의용군들이 즐겨 불렀기 때문에 '라 마르세예즈'로 통하게 되었고, 오늘날 프랑스의 국가가 되었다.

원래 이 노래의 제목은 〈라인군의 군가〉로, 1795년 7월 14일 국민의회는 이 노래를 프랑스 국가로 제정했다. 그러나 루이 18세의 제2왕정 복고 당시(1815)에는 혁명과 연관되었다는 이유로 금지되었다. 1830년 7월 혁명 후에 다시 공인되지만 나폴레옹 3세에 의해 다시 금지되고 1879년에야 다시 등장했다.

참고문헌
최내경, 〈프랑스 문화읽기(2002)〉
에릭 홉스봄, 〈만들어진 전통(2004)〉

러시아 10월 혁명은
11월에 일어났다

여러분은 러시아 혁명을 이룸으로써 새 시대를 열었습니다.
이제 사회주의 혁명의 새 아침이 밝아오고 있습니다.

레닌 Vladimir Lenin, 러시아의 혁명가

러시아의 10월 혁명이 일어난 날은 정확히 1917년 11월 7일이
다. 바로 이날 봉기가 시작되었고, 혁명군은 거의 무혈로 수도의
중요 거점들을 점령했다. 제2회 러시아 소비에트대회가 열린 7

일 심야까지는 임시정부의 거점인 동궁을 제외한 도시 전체가 볼세비키의 지배에 들어갔다. 소비에트대회는 멘세비키와 사회혁명당의 일부가 퇴장한 가운데 봉기를 승인하고 권력 장악을 결의하였다.

그런데 왜 이날의 혁명을 10월 혁명이라고 했을까? 당시 러시아에서는 통상적으로 러시아 구력을 사용하고 있었다. 바로 이때가 러시아 달력으로는 10월 25일이었던 것이다. 러시아가 유럽의 국가처럼 그레고리력을 사용한 것은 러시아 혁명 이후인 1918년부터였다.

참고문헌

존 리드, 〈세계를 뒤흔든 열흘(2005)〉

레닌은 스탈린에게 독살당했다?

나는 스탈린을 그 지위에서 제거하고
다른 사람을 임명하도록 동지들에게 제안한다.
레닌Vladimir Lenin의 유서 중에서

1924년 1월, 인류 최초로 공산주의 국가를 실현시킨 블라디미르 레닌이 모스크바 근교 고리키 별장에서 사망했다. 그는 네 번째 발작을 일으킨 끝에 52세의 나이로 눈을 감았다. 그의 사인은 뇌졸중으로 발표되었지만 항간에서는 독살설이 제기되었고, 1921년 반혁명분자가 쏜 탄환을 그대로 몸에 방치했던 것이 원인이었다는 주장도 나왔다. 그렇다면 레닌이 독살되었다는 근거는 어디에서 시작된 것일까?

독살설은 당시 제2인자인 스탈린으로부터 나왔다. 스탈린의 지시로 장기간 동안 소량의 독극물이 레닌에게 투입되었다는 것이었다. 레닌의 사인이 독살이라고 제기된 데는 훗날 밝혀진 레닌의 유서 때문이었다. 레닌은 사망하기 전에 유서를 써서 사후 공산당대회에서 이를 공개하도록 아내 크레프스카야에게 부탁

했다. 그러나 레닌의 유서
에는 스탈린에 대한 부정적
인 내용이 담겨 있어서 그
녀는 죽을 때까지 공개하지
않다가 1956년 스탈린 비
판 중에 공개되어 당시 소
련 시민들에게 충격을 던져
주었다.

　"스탈린은 거칠고 포악하
다. 이러한 결점은 우리 공
산주의자들에게는 용서받
을 수 있지만, 서기장이란
직책에 있어서는 용인할 수
없다. 그런 이유로 나는 스
탈린을 그 지위에서 제거하고 다른 사람을 임명하도록 동지들에
게 제안한다."

　1922년 겨울, 레닌은 죽음을 직감하고 '당 대회에 보내는 편
지'라는 제목의 짧은 글을 구술했다. '레닌의 유언'으로 알려진
이 편지에서 레닌은 스탈린의 본질을 정확히 꿰뚫었지만 당 지
도부는 큰 의미를 두지 않았다. 스탈린에 대한 지도부의 인식은
단지 행정 능력 덕분에 서기장에 오른 인물 정도에 지나지 않았
기 때문이다. 당시 레닌의 후계자로는 트로츠키가 가장 유력했
으며 지노비예프, 카메네프, 부하린 등이 뒤를 이었다. 그러나 스

탈린은 트로츠키, 지노비예프, 카메네프를 제치고 최고 권력을 손에 넣었다. 그는 먼저 지노비예프, 카메네프와 연합해 가장 강력한 적수였던 트로츠키를 물리친 뒤 그들마저 제거했다.

레닌의 사인은 매독이었다

2004년 한 의료 연구팀은 레닌의 사인은 매독이라고 발표했다. 이 연구팀은 2004년 '유럽신경학저널' 6월호에 게재된 논문을 통해 레닌이 이미 1917년 10월 혁명 전 유럽에 살면서 매독에 감염됐다고 밝혔다. 52세에 숨진 레닌은 광기에 시달리며 신체가 점점 쇠약해지는 병을 앓다가 세상을 떠났다. 사실 매독은 다른 병들과 증세가 비슷하기 때문에 진단하기가 쉽지 않다. 매독에 감염되면 처음에는 뇌를 포함해 전신에 궤양이 생기며, 열과 발진, 무기력증에 시달린다. 심할 경우에는 두통, 신경장애, 위통, 근육통을 앓기도 한다. 그러나 몇 년간 병세와 건강한 상태가 주기적으로 되풀이되며 꽤 오랫동안 별 증상 없이 지내기도 한다. 그러나 감염 후 20년 이상 지나 말기에 이르면, 환자는 우울증, 무기력증, 치매와 함께 기분이 수시로 바뀌기도 한다. 따라서 레닌은 이미 혁명이 발생하기 이전에 매독에 감염되었다는 것이다. 레닌은 수개월 간 이런 매독 증세와 유사한 불면증, 부분적 마비, 심한 두통, 주기적 발작에 시달렸다. 때때로 그는 다른 사람의 도움 없이는 걸을 수도 말할 수도 없는 상태였다.

참고문헌
안성일, 〈혁명에 배반당한 비운의 혁명가들(2004)〉
이완종, 〈10월 혁명사(2004)〉

로렌스

아라비아의 로렌스는
아랍의 영웅이 아니다

아랍을 부추기는 것이야말로
동방 전쟁에서 승리할 수 있는 가장 유효한 수단이다.

로렌스 Thomas Lawrence, 영국의 군인

영국의 거장 데이비드 린 감독이 만든 〈아라비아의 로렌스(1962)〉는 사막의 절경과 영웅의 열정을 담은 세기의 걸작이다. 이 영화의 중심에는 사막을 누비는 영국인 장교 로렌스가 있다. 그는 아랍인들의 독립과 외세 배척을 위해 아랍인들을 이끌고 연전연승을 거두며 아랍인들의 존경심을 얻는다. 그러나 아랍 반란이 끝난 직후, 영국이 아랍인과의 약조를 어기고 독립을 인정하지 않자, 로렌스는 장교를 그만두고 오토바이 사고로 불꽃 같은 인생을 마감한다. 이 영화의 기초가 된 것은 로렌스의 저서 〈일곱 가지 지혜의 기둥〉과 〈사막의 반란〉이었다.

그러나 그는 아랍의 영웅도 절친한 친구도 아니었다. 로렌스는 자신의 거짓말로 거짓된 역사를 완성한 인물이다. 로렌스에 대한 모든 이야기는 그의 입과 그의 저서로만 밝혀진 이야기일

뿐 다른 사람의 증언은 없다. 그에 대한 사진을 비롯해 몇몇 자료
가 있지만, 그가 아랍 반란의 선두를 지휘한 영국인 지도자라는
증거는 어디에도 없다. 결국 당시 아랍인들의 증언을 통해 사실
을 알 수 있을 뿐인데 아랍인들은 로렌스가 누군지도 모른다고
했다. 오히려 그는 아랍인을 속인 인물이다. 영화 속에 등장하는
로렌스의 활약상은 서구인의 관점에서 본 '미화'와 '허구'에 지
나지 않을 뿐이다.

　1차 세계대전 때 그는 아랍의 봉기를 옹호하지 않았다. 그가
남긴 편지를 보면 아랍인의 해방을 지원할 의사가 없었으며, 아
랍인의 단결을 지원하려는 그 어떤 시도도 하지 않았다.[1] 그가
아랍의 봉기를 옹호하는 척을 했던 것은 "동방에서 손쉽고 신속
하게 승리하기 위해서는 아랍의 도움이 필요했기 때문"이었다.
그런데 그런 그가 어떻게 아랍의 영웅이 되었을까?

로렌스는 반(反)아랍 정책을 주도한 중재자였다

아랍 반란의 주역은 파이
잘 왕자의 아버지인 후세인 왕 휘하에 있던 아랍 청년들이었다.
그런데 로렌스는 어떻게 파이잘 왕자와 만나 그의 군대를 이끌
고 선봉에 서서 반란을 지휘했을까? 이것 역시 거짓말이다. 파이
잘 군의 지휘관은 이라크 장교들이었으며, 모든 군단은 아랍인
들로 구성되어 있었다. 이런 자리에 로렌스는 낀 적도 없을 뿐더
러 그가 활약할 무대도 없었다. 아랍 반란의 모든 것은 아랍인들
끼리 이룩해낸 것이었다.

로렌스의 이야기를 알게 된 아랍인들은 이러한 '로렌스 신화'가 어디에서 나온 것인지 도무지 알 수 없다고 했다. 아랍 반란은 많은 아랍인들의 피와 땀으로 이루어진 것인데도 한 영국 장교가 영국으로 귀환한 날부터 아랍 반란의 모든 공로가 로렌스에게 돌아가 버릴 줄은 꿈에도 몰랐다는 것이다. 그렇다면 대체 로렌스는 누구인가? 그는 영국의 고고학자이자 중동 문명에 관심이 깊은 사람이었다. 그는 1차 세계대전에서 영국 외교사절단의 외교관을 맡았고, 아랍 반란의 경과를 영국에 계속 제공한 중재자였다. 그는 전쟁에 나선 적도, 일부 아랍 장교들의 눈에 띈 적도 없었다. 도리어 아랍인이 그를 기억하는 것은 반(反)아랍 정책의 지지자라는 것이다. 그는 후세인 왕에게 1921년 팔레스티나에 유대인들이 독립 국가를 갖도록 하는 '밸푸어 선언'을 인정하라고 협박한 인물이다.[2] 영국의 무력을 등에 업고 후세인 왕을 협박한 영국의 외교관, 이것이 아랍인들이 기억하는 로렌스의 전부이다.

슐레이만 무서는 〈아랍이 본 아라비아의 로렌스〉라는 저서를 통해 로렌스에 대한 허구를 낱낱이 고발하고 있다. 그러나 그의

---

1   로렌스는 자신의 상관에게 보낸 편지에서 아랍이 선택해야 할 최선의 과제는 '서로 시기하는 소규모 공국'으로 남아 있는 것이었다.

2   밸푸어선언(Balfour Declaration)은 1917년 11월 2일 영국 외무장관 밸푸어가 유대인이 팔레스타인에서 민족적 고향을 건설하겠다는 것을 지지한 선언이다. 이 선언은 1920년 산레모 회의에서 영국의 정식 정책으로 채택되었다.

이런 시도는 크게 성공하지 못했다. 데이비드 린의 영화 〈아라비아의 로렌스〉에서 로렌스의 이미지가 너무 확고하게 굳어져 있었기 때문이다.

영국은 아랍의 독립을 원치 않았다

영국은 아랍 반란의 전면에 나선 적이 없었다. 외교사절단 몇 명, 보급 물자, 전쟁 경과를 보고해 주는 종군기자 정도가 아랍에 대한 영국의 모든 지원이었다. 영국은 1차 세계대전 당시 터키와의 싸움에서 위기를 피하기 위해 일시적으로 아랍이 뒤를 치도록 만드는 것이 목적이었을 뿐 아랍의 독립을 생각하지 않았다. 파리강화회의에서 아랍의 독립을 철저히 무시한 것이나, 맥마흔 선언으로 아랍의 독립을 보장하고서도 밸푸어 선언을 하여 이스라엘 건국의 기초를 세우게끔 빌미를 줘 아랍인들을 기만한 것을 봐도 알 수 있다. 여기서 영국이 노린 것은 유대인의 여론을 연합국 측으로 끌어들이고 아울러 유대인의 팔레스타인 입식(入植)을 통하여 중동정책의 포석을 굳히려는 데 있었다.

참고문헌

리처드 솅크먼, 〈세계사의 전설, 거짓말, 날조된 신화들(2001)〉

이윤희, 〈에세이 세계사(1994)〉

유시민, 〈거꾸로 읽는 세계사(2004)〉

네로 황제는
로마에 불을 지르지 않았다

네로가 로마에 불을 질렀다는 얘기는 수에토니우스가 지어낸 것이다.
이 저술가는 역사를 기록한 것이 아니라 이야기를 기록했다.

반덴베르크 Philipp Vandenberg, 독일의 작가

역사 속의 인물 중에는 사관(史觀)이나 후대 역사가의 개인적인 판단에 따라 악인이나 폭군으로 매도되는 경우가 종종 있어 왔다. 폭군의 대명사처럼 각인되어 있는 네로도 그 중 한 사람일 것이다. 일반적으로 로마 역사에서 최악의 황제는 코모도스 황제를 꼽고 있는데 일반인들은 그를 몰라도 네로 황제를 모르는 사람은 거의 없다. 그렇다면 네로 황제는 왜 폭군으로 불리게 된 것일까? 그 근거는 세 가지를 꼽고 있다. 기독교 신자를 무자비하게 학살했고, 로마를 불태웠으며, 어머니와 아내를 죽인 패륜아이기 때문이다. 과연 네로는 그처럼 흉악한 폭군이었을까? 정작 로마가 불타고 있을 때 네로는 어디에 있었을까?

할리우드 영화 '쿼바디스'에서는 불타는 로마를 내려다보며 악기 반주에 맞춰 노래를 부르는 정신 이상자 같은 네로를 보여

주고 있지만, 역사가들의 연구에 의하면 당시 네로는 로마에 있지도 않았다.[1] 역사가인 타키투스(Tacitus)는 로마 대화재가 발생한 지 불과 수년 후에 쓴 책에서 불이 일어난 바로 그 시간에 네로는 화재 현장에서 80킬로미터나 떨어진 별장에 머물고 있었다고 기록했다.[2] 불이 타는 지옥 같은 광경을 신이 나서 바라보기는커녕 네로는 도시로 급히 달려가서 필사적으로 불길을 잡으려고 애썼다고 한다.

네로 황제가 훌륭한 새 도시를 건설하기 위해 스스로 로마에 불을 질렀다고 하지만, 그가 방화에 가담했다는 역사적인 증거는 어디에도 없다. 그보다 더 신빙성에 의심이 가는 부분은 이 이야기 가운데서 제일 유명한 대목, 즉 불타오르는 도시가 한눈에 내려다보이는 탑 위에 올라가서 네로가 바이올린을 켜댔다는 대목이다. 16세기까지 바이올린은 발명되지도 않았다. 어떤 사람들은 그가 리어(고대 로마의 수금)나 류트(서양 비파)를 켰다고 하는 사람도 있다.

네로는 기독교도를 박해하지 않았다

로마 대화재가 일어난 것은 네로가 황제로 즉위한 지 꼭 10년이 되었을 때였다. 네로는 대화재가 있기 전까지만 해도 로마인들에게 제법 평판이 좋았다. 그러나 로마 대화재 사건 이후 그에 대한 평판도 조금씩 바뀌기 시작했다. 공교롭게도 네로가 로마에 궁전을 지으려고 했던 곳이 새로운 궁전 부지와 화재 장소가 일치해 네로의 방화는 로마인들 사이에서 그럴 듯하게 퍼져갔다. 이런 소문이 빠르게 로마 전역으로 퍼져가자, 네로는 기독교인들이 불을 지른 것이라고 화살을 돌리고 기독교인들에 대한 학살을 자행하게 된다. 그러나 이 역시 확실하지가 않다. 초기 기독교는 아직 민중의 신망을 얻고 있지 못한 종파로 마술을 일삼는다는 혐의를 받고 있었다. 따라서 기독교도들은 네로와 로마의 속죄양으로 방화범의 누명을 씌우기에 안성맞춤의 존재들이었다. 사실 로마 대화재 이후 체포된 방화범들 중에는 광신적인 기독교 극단주의자들이 상당수 있었다. 그들이 처형된 이유는 '기독교 신자'라는 이유 때문이 아니라 어디까지나 사회의 안전을 위협한 '방화범'이었기 때문이었다. 그리고 당시 로마 이외 어느 곳에서도 기독교 신자들이 체포되거나 박해받았다는 기록은 없다. 즉 기독교 박해는 로마 시내에 거주하는 신자에게만 국한했고 또 단 한 차례로 끝났다.[3] 그럼에도 불구하고 네로는 어떻게 기독교 박해의 원흉으로 남게 된 것일까?

1　타키투스는 로마 제정시대의 역사가로 호민관 재무관 법무관을 거쳐 아시아주의 총독을 맡았다. 제정을 비판한 사서를 저술하였으며, 주요 저서로는 〈역사〉 〈게르마니아〉 등이 있다.

2　'쿼바디스'에서 네로 황제는 폭군으로 방탕하고 퇴폐적인 생활을 하면서 신흥종교인 기독교를 무자비하게 탄압하는 것으로 묘사되고 있다. 이 영화의 대성공 이후 네로가 등장하는 영화에서는 어김없이 미치광이 변태에다 살인을 즐기는 포악한 황제로 자리잡게 된다.

3　당시 네로가 기독교 신자들을 처형한 숫자는 최대 300명을 넘지 않을 것으로 역사가들은 추정하고 있다.

사실 네로 황제는 엄밀히 말해 기독
교 박해와는 관련이 없고 그의 모습은 역사적으로 지나치게 왜
곡되어 온 게 사실이다. 네로가 죽은 지 오랜 세월이 흐른 다음
원로원 출신의 타키투스는 네로에 대한 기록을 남겼는데, 바로
여기서부터 네로의 왜곡이 시작되었다. 네로는 생전에 전통적인
기득권 층을 무시하고 문화 정치와 친서민 정치를 적극적으로
펼쳤다. 그런데 이런 정책이 보수적인 기득권 층인 원로원 계급
에게는 눈 밖에 났던 것이다. 게다가 네로는 황제답지 않게 스포
츠와 노래 부르기를 너무 좋아했기 때문에 로마 귀족사회에서는
이를 매우 못마땅하게 여겼다.

네로가 포악한 황제로 평가받기 시작한 것은 기독교가 유럽에
서 국교로 자리잡기 시작하면서부터였다. 그 이전에는 기독교
신자들을 학살했던 사실은 네로의 평가에서 문제가 되지 않았

다. 네로에 대해 많은 연구를 했던 독일의 작가 반덴베르크는 "기독교가 국교로 자리잡은 4세기가 되어서야 초기 기독교의 순교자들을 둘러싼 이야기들이 나오기 시작했다. 네로가 로마에 불을 지르고 나서 기독교인들에게 죄를 덮어씌웠다는 이야기도 이때부터 나오게 된 것이다."

흉흉한 민심을 수습하기 위해서 희생양이 필요했던 것은 예나 지금이나 그리 다르지 않다. 당시 기독교인들은 불행하게도 거기에 말려들었고, 그것이 오늘날 네로를 기독교 박해의 원흉으로 몬 계기가 되었다. 후대의 기독교는 초기 순교자들의 삶을 미화하기 위해 역사적 신빙성이 빈약한 야사와 같은 사료들을 기본으로, 로마제국 말기부터 중세를 거쳐 지금까지 네로를 악마처럼 취급해오고 있는 것이다.

참고문헌

필리프 반덴베르크, 〈네로 광기와 고독의 황제(2003)〉

시오노 나나미, 〈로마인 이야기(1998)〉

권터 클라인, 〈역사의 지배자(2002)〉

로빈슨 크루소

소설 로빈슨 크루소에는 실제 모델이 있었다

이 섬에서 4년 4개월, 완전한 고독 속에서 살아간
스코트랜드 출신의 선원 알렉산더 셀커크를 기념하여.
칠레의 〈로빈슨 크루소 섬〉의 기념비에서

2000년에 상영된 톰 행크스 주연의 〈캐스트 어웨이〉는 무인도에서의 생활을 담은 현대판 '로빈슨 크루소'이다. 이 영화는 무인도에 표류한 주인공이 섬에서 홀로 살아가는 삶을 그리고 있다. 아마 이 영화를 본 사람이면 누구나 로빈슨 크루소를 떠올렸을 것이다.

많은 사람들이 로빈슨 크루소는 영국의 작가 다니엘 디포(Daniel Defoe)가 상상으로 그린 모험 소설로 알고 있으나, 실제로 이 소설에는 모델이 있었다.[1] 그 주인공은 스코틀랜드 출신의

---

1 1719년 다니엘 디포(Daniel Defoe)가 쓴 이 소설의 원제는 〈요크의 선원 로빈슨 크루소의 생애와 이상하고 놀라운 모험(The Life and Strange Surprising Adventures of Robinson Crusoe of York)〉이다. 디포가 60세에 처음 쓴 이 소설은 발표되자마자 그에게 큰 명성을 안겨 주었다

알렉산더 셀커크(Alexander Selkirk)이다. 4년 넘게 홀로 무인도 생활을 하다가 극적으로 구출된 그의 이야기가 모티브가 되어 '로빈슨 크루소'가 탄생된 것이다.

1703년 셀커크는 보물선을 찾기 위해 남미 바다로 원정을 떠난다. 하지만 그가 탄 배에는 괴혈병과 이질이 돌고, 식량과 식수가 부족해 남태평양의 한 섬에 정착하게 된다. 그 섬은 바로 무인도인 후안 페르난데스 섬이었다. 셀커크는 선상 반란을 주도한 혐의로 그만 섬에 홀로 버려지고 만다. 섬에 고립된 그는 살아 남기 위해 오두막을 짓고 창고와 화로를 만들었다. 염소를 잡아 끼니를 해결하고 염소 가죽으로 옷과 이불을 만들었다. 그는 서서히 섬에 적응해 갔다. 이후 1709년 2월 우즈 로저스가 지휘하는 영국 탐험선에 구조될 때까지 그는 4년 4개월을 무인도에서 홀

칠레에는 실제로 로빈슨 크루소 섬이 있다

〈로빈슨 크루소〉가 전 세계에 알려지면서 셀커크가 홀로 살았던 후안 페르난데스 섬도 세상에 알려지게 되었다. 현재 이 섬은 칠레 영토에 속해 있다. 후안 페르난데스 제도는 크게 세 개의 섬으로 구성되어 있는데, 그 중 가장 큰 섬의 이름이 '로빈슨 크루소' 섬이고, 두 번째 큰 섬은 '셀커크' 섬이다. 칠레 정부는 1966년 후안 페르난데스 섬을 소설의 주인공과 실제 주인공의 이름을 빌려 새롭게 지은 것이다. 처음에는 이 섬이 관광지로 개발되었지만 단순히 관광지뿐만 아니라 칠레가 주장하는 350마일 배타적 경제 수역의 교두보로서 칠레의 중요한 전략 지역이기도 하다. 이 섬은 남태평양의 자연 환경이 파괴되지 않고 잘 보존되어 있기 때문에 생태적 연구에도 중요한 의미를 가지고 있다. 유네스코는 1977년 이 섬을 세계적인 생물권 보존지역으로 지정했다.

로 보내야 했다. 무인도에서 혼자 살아 남았던 생생한 그의 생존기는 사람들의 호기심을 자극했다. 이 소식은 영국 전역에 널리 알려지게 되었고, 1713년에 스틸이라는 작가가 〈영국인(The Englishman)〉이라는 제목으로 책을 출간하였다. 이 책을 읽은 다니엘 디포는 이 이야기를 소설로 출판했고 비로소 〈로빈슨 크루소〉가 탄생했다. 그 이후 셀커크는 계속 선원 생활을 하다가 1721년 항해 도중 아프리카의 해안에서 45세의 나이로 죽었다.

셀커크가 로빈슨 크루소와 다른 점이 있다면, 로빈슨은 28년을 무인도에서 살았지만 그는 4년 4개월을 홀로 살았다는 것이다.

참고문헌
다이애나 수하미, 〈셀커크의 섬(2004)〉

롬멜은 반(反) 나치주의자가 아니었다

하나의 철십자훈장보다 나에게 한 대의 탱크와 기름을 다오.

롬멜 Eugen Rommel, 독일의 군인

독일의 장군 롬멜에게는 여러 수식어가 따라 다닌다. 사막의 여우, 아프리카의 영웅, 심지어 적국인 영국의 처칠까지 그가 대단한 전략가였다는 사실을 인정하고 있다. 이런 신화와 '히틀러 암살 미수사건'에 연루되어 있다는 이유로 롬멜은 반(反)나치주의자라는 인상을 깊게 심어 주었다.[1] 그에게는 히틀러를 따르지 않았음에도 불구하고 사령관이라는 무인 최고의 명예를 쟁취해

---

1 '히틀러 암살 미수사건'은 1944년 7월 20일 독일 동프로이센 라슈텐부르크에서 발생했다. 히틀러에 반대하는 독일의 군부 장성이 히틀러를 살해하기 위해 야전 사령부 '늑대의 소굴'에 폭탄을 설치했다. 폭탄은 예정대로 폭발하기는 했으나, 히틀러는 간발의 차이로 살아나 미수로 그치고 말았다. 히틀러는 암살 음모에 가담했던 사람들을 색출해 잔인하게 살해했다. 슈타우펜베르크는 피아노 줄에 매달려 교수형 당했고, 롬멜도 이와 관련돼 음독 자살했다.

나치 초기부터 롬멜과 히틀러는 상호의
존적 관계였다. 히틀러는 롬멜을 옹호했
으며, 롬멜은 자신을 알아주는 주인에게
승리를 바침으로써 복종했다.

독일 민족을 위한 비운의 영웅이라는 이미지가 강렬하게 남아 있다. 그런 영웅의 이미지가 그를 반나치주의자로 불리게 한 것은 어느 정도 설득력을 지니고 있기는 하나, 그는 결코 반나치주의자가 아니었다.

나치 초기부터 롬멜과 히틀러는 상호의존적일 수밖에 없었다. 히틀러가 없었다면 롬멜은 눈에 띄지 않는 군인으로 평생을 보낼 운명이었다. 히틀러의 프라하 침공을 부추긴 이도, 독단으로 마지노 선을 돌파해 서부전선의 승리를 연 사람도, 동부전선 패배의 악몽 속에서 잇단 사막의 승전보를 전해 히틀러의 권위를 유지시켜준 이도 롬멜이었다.

롬멜은 히틀러와 상호의존적인 관계였다

롬멜은 히틀러를 맹신하지는 않았더라도 추종했으며, 그에 대한 대가로 히틀러 집권 초기에 히틀러의 경호실장을 역임했다. 마우리아 필립의 〈롬멜 평전〉에는 그가 나치의 당원은 아니었지만 종종 친나치적인 행동과 발언을 보였다고 서술하고 있다. 그것이 출세를 위한 방편이든 정치적 신념의 표출이든 나치를 따랐다는 것을 부인할 수가 없다.

1차 세계대전 당시 히틀러는 적극적인 동조와 격려로 롬멜을 옹호했으며, 롬멜은 자신의 가치를 알아주는 주인에게 승리를 바침으로써 복종했다. 롬멜이 히틀러 암살에 참여했다고는 하지만 그것은 패색이 완연해진 후의 일이다. 이즈음 롬멜은 노르망디 전역의 패배를 초래했다고 볼 수 있는 히틀러의 지도력에 회의를 품고 있었다. 실질적으로 슈타우펜베르크 대령이 히틀러 암살미수 사건에 롬멜을 끌어들인 것은 '아프리카의 영웅'이 히틀러에게 반기를 들었다는 상징적 의미와 선전 효과를 노린 것이었다. 롬멜 자신도 이 사건에 서명하는 것 이외에는 별로 한 일이 없다. 롬멜은 그 시점에서 적극적인 반란파도, 완연한 수성파도 아니었다.

롬멜의 신화도 연전연패한 연합국의 지도자들이 자신의 패배를 변명하기 위한 과정에서 탄생한 것이다. 아프리카에서 롬멜은 크게 보아 4승 2패의 양호한 성적을 거두었지만 마지막 단 두 번의 패배로써 모든 것을 잃었다.[2] 여러 차례 강조한 보급의 허술함을 전혀 염두에 두지 않은 무모한 전술의 대가였다. 물론 롬멜이 아니라 그보다 더한 전략가가 담당했더라도 아프리카 전선은 결국 독일이 패배했을 전역이었다. 사막을 누빈 여우의 신화는 롬멜 개인의 능력이 아닌 이역만리에 날아와 열사의 혹서와 열악한 보급 사정을 참아가며 끝까지 싸웠던 수많은 아리안 청

---

2 롬멜이 패한 이유는 정보전의 패배와 물자 부족 때문이었다. 독일군의 암호는 예외 없이 영국 정보부에 의해 해독됐고 물자를 실은 선박들은 줄지어 침몰했다.

년들의 피와 눈물 위에 이루어진 것이기 때문이다.

롬멜은 독일의 장래를 근심하며 나치의 비인도성에 방황을 거듭했지만, 끝까지 히틀러에 대한 경외심에서 벗어나지 못한 모순적인 인물이었다. 나치의 선전장관 요제프 괴벨스는 기자들과 영화 촬영기사를 아프리카에 보내 '민족영웅'의 이미지를 띄워 올렸다. 연합군도 그의 전설 만들기에 한 몫 거들었다. 처칠은 의회 연설에서 "유감이지만 상대에게는 용감하고 유능한 장군이 있다"고 고백했다.

1944년 7월 20일에 있었던 히틀러 암살음모 사건은 실패로 끝났고 롬멜이 음모자들과 접촉한 사실이 밝혀졌다. 히틀러는 '국민의 영웅'이 자신의 적으로 법정에 출두하고 교수대로 끌려가는 것을 원하지 않았다. 그는 2명의 장군을 롬멜에게 보내 그가 재판을 받지 않는다는 조건으로 그와 그의 가족의 이름을 욕되게 하지 않겠다는 약속과 함께 자살을 권유했다. 10월 14일 롬멜은 음독 자살하여 일생을 마쳤다. 그의 장례는 최고의 예우로 치러졌다.

참고문헌
마우리에 필립, 〈롬멜(2003)〉
바이센슈타이너, 〈역사의 거울에 비친 세기의 자살자들(2002)〉

루소

루소는
친자식을 버린 비정한 아버지였다

나는 시민과 아버지의 역할에 충실했고,
스스로를 플라톤 공화국의 일원으로 간주했다.
루소 Jean Jacques Rousseau, 프랑스의 사상가

계몽주의 시대 철학자들 중에서 가장 수수께끼 같은 인물을 꼽으라면 단연 장 자크 루소일 것이다. 그는 일정한 교육도 받지 못했고, 특별한 직업도 없이 오직 독학으로 터득한 철학적 지식을 통해 지식 계층의 리더가 되었다. 그러나 그의 이면에는 지식인의 허상과 이중성이 적나라하게 드러나 있다. 그는 매우 모순적인 지식인이었다. 그의 정치 사상은 언제나 혼돈으로 가득 찼는데, 이런 동기가 루소의 '지식 산업'을 번창하게 만든 요인이기도 했다. 특히 그는 교육의 중요성을 누구보다 전면에 내세웠으면서도 실제로는 자신의 자식들을 버린 비정한 아버지였다.

루소는 갓 태어난 아기의 옷에 숫자 카드를 달고 산파를 시켜 고아원 앞에 버리게 지시했다.[1] 훗날 태어난 네 명의 다른 아기들도 똑같은 운명에 처해졌다. 다른 점은 이 아기들에게는 아예

숫자 카드도 달지 않았다는 점이다. 루소는 이 아기들에게 이름 조차 지어 주지 않았다.

고아원에 버려진 대부분의 아이들 중 3분의 2는 첫 해에 죽었다. 100명 중 14명만이 일곱 살이 되도록 생존했으며, 5명이 어른이 되었고, 이들 대부분은 거지나 부랑자가 되었다. 루소는 심지어 그의 다섯 아이들이 태어난 날짜도 적어 놓지 않았고 그들이 어떻게 되었는지 전혀 신경을 쓰지 않았다.

25년 동안 변명과 궤변으로 일관한 지식인의 이중성

루소의 이런 비정한 처사는 완전한 비밀에 부칠 수 없었다. 볼테르는 제네바의 목사를 가장하여 루소가 다섯 아이들을 버린 데 대해 대놓고 공격하였다. 루소를 매독에 걸린 환자이자 살인자라고 비난했다. 루소가 〈고백록〉을 작성한 것도 이런 자신의 잘못을 부인하거나 최소화시킬 목적이 내재되어 있었다.[2] 그는 자신을 공격하는 지식인에 대해 사악한 무리라고 공격했고, 한편으로는 아이를 갖는 것이 불편했다고 변명했다. "다락방이 잡동사니로 가득 차고 애들이 울

---

1 1746년 〈메르퀴르 드 프랑스〉에 실린 자료에 따르면, 이곳에는 일 년에 3,000명이 넘는 아이들이 있었다고 기록되어 있다. 루소 자신의 기록으로도 1758년 5,082명에 달했으며, 1772년에는 8,000명에 달했다.

2 루소는 고백록에서 아이를 버린 일에 대해 두 번이나 변명하였고, 자신을 정당화하려는 노력은 25년이나 계속되었다.

어대는 데서 어떻게 마음의 평온을 가지고 일을 할 수 있겠는가? 그랬다면 나는 그런 당연한 공포로 나를 몰아넣는 파렴치한 행위들에 대해 굴복하고 말았을 것이다."

루소는 자신이 자식들에게 한 행동을 곰곰이 생각한 결과 〈에밀〉에서 자신의 교육관을 명확히 전개할 수 있었다고 주장했다. 이것이 그의 궤변과 맞물려 교육이 도덕적 향상의 열쇠이고 국가가 자신이 아이들을 고아원에 버린 것처럼 이를 맡아야 한다는 주장으로 발전시켰다. 이처럼 파렴치하고 기괴한 논리의 결합이 루소를 미래 전체주의 국가의 이데올로기적 시조로 만들어 버렸다.

참고문헌
폴 존슨, 〈지식인의 두 얼굴(2005)〉
게오르크 홀름스텐, 〈루소(1999)〉

린드버그

린드버그는
상금 때문에 대서양을 횡단했다

아! 나는 해냈다. 저것이 파리의 불빛이다.
린드버그 Charles Lindbergh, 미국의 비행사

　모험과 용기에 대해 말할 때 자주 인용되는 것이 린드버그의 대서양 횡단이다. 사실 당시만 해도 린드버그의 대서양 횡단은 그 누구도 성공하지 못했던 대단한 도전이었다. 린드버그는 과감하게 모험에 도전했고, 대서양을 횡단함으로써 그는 일약 세계적인 스타가 되었다. 그러나 린드버그의 모험과 용기 뒤에는 엄청난 상금이 그를 유혹하고 있었다. 린드버그에게 쏟아진 찬사와 명예, 인간 한계의 도전이라는 것은 당시 매스컴이 만들어 낸 신화였다. 우편물을 배달하는 일개 조종사였던 그에게는 무엇보다 상금을 타기 위한 뚜렷한 목적이 있었다.

　1919년 호텔 경영자인 레이몬드 오티그는 뉴욕과 파리간의 무착륙 비행을 하는 조종사에게 상금 25,000달러를 주겠다고 호언했다. 당시 이 돈은 엄청난 액수였다. 첫 번째 도전자는 1차 세계

린드버그의 대서양 횡단은 무엇보다 상금을 타기 위한 뚜렷한 목적이 있었다. 사진은 린드버그의 비행기가 파리 르부르제 공항에 착륙한 모습.

대전 때 적기를 75대나 격추한 렌 퐁크였다. 뉴욕 근처의 루즈벨트 비행장에서 이륙한 그는 활주로 마지막에서 비행기가 떠오르지 않고 터져 동승했던 승무원과 함께 사망했다. 1927년 4월, 버드 소령은 뉴저지에서 잘못 착륙하여 동승한 승무원은 병원에 입원하고 그 자신은 손목이 부러졌다. 상금을 노린 조종사들의 도박은 계속되었다. 1927년 5월 25,000달러를 노린 조종사는 프랑스 파리에서도 있었으나 그는 뉴욕에 도착하지 못했다. 마침내 1927년 5월 19일, 린드버그는 2,750파운드의 연료와 약간의 식량을 가지고 대서양 횡단을 위하여 루즈벨트 비행장을 이륙한

뒤 33시간 후 파리의 등불을 보았다. 그는 에펠탑을 한바퀴 선회
한 뒤 파리의 비행장에 착륙했다.[1]

세계의 매스컴은 한 젊은이의 모험을 앞다투어 보도했다. 어
느새 그는 세계적인 스타가 되었고, 정작 상금의 유혹 때문에 대
서양 횡단에 도전하게 된 이유는 그의 명성에 가려졌다. 대서양
횡단 비행에 성공한 후 몇 년 동안 사진작가와 기자들은 그를 무
섭게 쫓아다녔다. 그는 미디어가 만들어 낸 최초의 슈퍼스타였
다. 린드버그는 그때만 해도 일개 우편물 운송 비행사에 지나지
않았다. 게다가 그는 상금 25,000달러에 눈이 멀어 무모한 비행
을 시도했을 뿐 진정한 모험가는 아니었다.

훗날 린드버그는 명성과 부를 얻은 만큼 그 대가를 톡톡히 치
렀다. 그는 1929년 재무관이자 외교관의 딸인 앤 모로와 결혼했
고, 그녀는 유명한 작가가 되었다. 이 매혹적인 부부의 행복한 생
활은 1932년 3월 1일 뉴저지 주 프린스턴 근처에 있는 그들의 집
에서 22개월 된 아들이 유괴되면서 산산조각 나고 말았다.[2] 유
괴범에게 몸값으로 5만 달러를 지불했지만, 아이는 끝내 돌아오
지 않았다. '린드버그 아들 유괴 살인사건'은 그가 대서양을 횡

---

1 린드버그의 비행기 이름은 그 비행기를 사는 데 1만 달러의 자금을 대준 세인트
루이스의 사업가들에게 경의를 표하는 의미로 '세인트루이스의 정신(Spirit of St.
Louis)'이라고 붙였다.

2 1932년 미국의 국민 영웅 린드버그의 20개월 된 아들이 유괴된 뒤 처참히 숨진
채 발견돼 세계를 경악시킨 사건으로, 여론 재판의 희생양이 됐다고 하여 재판 과정
동안 논란이 끊이지 않았다.

린드버그는 67번째 사람이다. 최초의 대서양 횡단 비행은 1919년 5월 '레임덕'이라는 이름의 NC-4 수상 비행기로 공군장교 리드가 다섯 명의 승무원과 함께 비행에 성공했다. 리드는 미국의 뉴욕 주에 있는 록포트를 떠나 영국 남부의 플리머스로 날아가는 데 57시간이 걸렸다. 물론 중간 기착지가 있어서 스코틀랜드와 캐나다 등의 도시를 거쳤다. 최초의 논스톱 비행은 영국인 존 올콕과 아서 휘튼 브라운이 1919년 6월에 성공했다. 린드버그가 내세울 수 있는 유일한 기록은 대륙에서 대륙으로 처음으로 혼자 비행했다는 것이다. 그런데도 그가 유명해진 이유는 상금이 걸려 있는 스폰서가 있었고, 이를 대대적으로 보도한 매스컴과 그의 비행기가 파리에 착륙한 이유 때문이었다. 후대의 역사가들은 앞서 언급한 리드나 올콕, 브라운 등이야말로 순수하고 진정한 모험가로 기록하고 있다.

단한 사건 못지 않게 전 세계적으로 화제를 불러일으켰으며, 지금까지도 미스터리로 남아 있다.

참고문헌

김신, 〈극한의 탐험가(2005)〉

페터 슈테판, 〈세상을 바꾼 사진(2006)〉

링컨
....

링컨은 노예 해방론자가 아니었다

미합중국 내에 어떤 노예도 해방시키지 않고
연방을 유지할 수 있다면 나는 그렇게 할 것이다.
링컨 Abraham Lincoln, 미국의 정치가

2007년 미국의 유명 여론연구소 갤럽(Gallup)이 역대 대통령의 인기도를 여론 조사한 결과 미국인이 가장 좋아하는 대통령으로 에이브러험 링컨이 뽑혔다.[1] 링컨이 사망한 지 140년이 넘었지만 여전히 링컨은 미국인의 가슴에 선명하게 남아 있다.

링컨이 이처럼 미국인의 마음을 사로잡은 것은 노예 해방과 그 유명한 게티즈버그 연설을 빼놓을 수 없다. 이렇듯 링컨은 일개 한 나라의 대통령을 떠나 '성인'의 반열에 오른 듯한 느낌조차 든다. 그러나 과연 그가 진정한 노예 해방론자였을까? 링컨이 1858년 9월에 일리노이 주에서 했던 연설을 보자.

"나는 어떤 방법으로든 백인과 흑인이 정치 사회적으로 평등하게 되는 것을 찬성하지 않으며, 찬성했던 적도 없습니다. 그들이 우리와 함께 머무르고 있는 한 그들이 우리처럼 살 수 없으므

로 상층과 하층 계급은 반드시 존재하게 됩니다."

이 연설만으로 본다면 링컨은 결코 노예 해방론자가 아니었다. 또한 링컨은 그릴리(Greeley)에게 보낸 편지에서는 이렇게 주장했다.[2]

"이 전쟁에서 나의 최대 목표는 연방을 구하는 데 있으며 노예제도를 유지하거나 없애려는 데 있는 게 아닙니다. 만약 어떤 노예도 해방시키지 않고 연방을 유지할 수 있다면 나는 그렇게 할 것입니다."

링컨이 남북전쟁을 시작한 목적은 노예를 해방시키기 위해서가 아니라 연방을 보전하기 위해서였다. 노예 해방이 결코 전쟁의 주목적이 아니었기 때문에 링컨은 전쟁을 시작하면서 1년이 넘도록 노예해방령을 내리지 않았다. 노예제를 유지하면서 북부에 동조하는 주가 4개나 있었기 때문에 이들을 자극하지 않기 위한 현실적인 이유도 있었지만, 엄밀히 말해서 북부는 흑인 노예의 처우에 대해서는 별 관심이 없었다.

링컨의 가장 큰 우려는 노예제 문제를 놓고 남과 북이라는 '두

---

1 2007년 대통령의 날을 맞이해 실시한 여론조사에서 2위는 레이건, 3위는 케네디로 나타났다. 링컨은 지금까지 갤럽이 실시한 총 7번의 인기 대통령 여론조사에서 무려 5번이나 지지율 1위를 차지하며 독보적인 인기를 얻고 있는 것으로 나타났다.

2 그릴리(Greeley)는 미국 언론사상 최고의 논설기자로 평가받은 언론인이다. 〈뉴요커〉의 편집주간으로 활동했으며 〈뉴욕 트리뷴〉을 창간했다. 공상적 사회주의자였으나, 급진적인 개혁을 배제하는 온건파이기도 하였으며 노예제도의 폐지를 강력히 호소했고 1860년에는 링컨의 대통령 출마를 적극 지지하였다.

개의 미국'으로 분리되는 것이었다. 따라서 그에게 노예제 문제는 연방의 통일이라는 문제보다 항상 뒷전으로 밀려 있었다. 단일 연방의 유지야말로 미국 정부가 지켜야 할 궁극적인 목표이며 노예제 폐지는 정치적 이해에 따라 찬성할 수도, 반대할 수도 있다는 뜻이다. 결국 그는 노예제도에 관한 한 확실한 소신을 갖고 있지 않았다.

노예폐지 주장은 남북전쟁에서 유럽 열강을 배척하기 위한 전략이었다

링컨이 대통령으로 취임한 지 한 달밖에 되지 않은 1861년 4월 12일 남부의 공격으로 남북전쟁이 시작되었다. 남부 사람들은 링컨을 지지한 표의 99%가 자유 주에서 나왔다는 이유로 사우스캐롤라이나를 선두로 7개 주가 연방에서 탈퇴하였고 1861년 2월 제퍼슨 데이비스를 대통령으로 하는 아메리카 연방, 즉 '남부연합국'을 선포했다. 이후 4개 주가 더 남부연합에 가담하여 총 11개 주가 되었다. 미국이 남과 북으로 갈라져 총력전을 벌인 남북전쟁은 4년 간 계속되었고 전쟁 발발 초기에는 남군이 우세했다. 북부의 압승으로 끝날 것 같던 전쟁이 2년째에 접어들자 점점 북부에 불리해지고 있었다. 이런 상황에서 유럽의 열강들이 남부를 승인하려는 움직임을 보이자, 링컨은 북부의 전쟁 동기에 도덕적 가치를 부여하여 유럽의 개입을 차단했다. 노예제를 들고 나온 것도 그런 까닭이 숨어 있었다. 또한 링컨은 오직 남부의 영역에 있는 노예들만을 해방시켰는데 북부에 소속되어 있는 노예주는 물론, 북군이 점령하고 있는 남부 영토에 있는 노예는 해방시키지 않았다. 링컨은 왜 이렇게 차별적으로 노예를 해방시켰을까?

링컨의 노예해방령은 북군에 도덕적 동기를 부여하는 것 외에 남부 내에서 노예 반란을 유발하려는 목적이 있었다. 당시 남부의 남자들은 대부분 전장으로 갔고 여자들이 다수의 노예들을 감독하고 있는 상황이었기 때문에 대규모 노예봉기가 발생하면 후방을 교란시킬 수 있다는 계산을 한 것이었다.

따라서 링컨의 노예해방령은 단 한 명의 노예도 해방시키지 않은, 지극히 전략적인 목적의 산물이었다. 북군의 도덕적 동기를 부여하여 유럽 열강의 개입을 차단하고, 남부 후방에 노예 반란의 두려움을 야기하기 위한 목적으로 행해진 해방령이었다. 비록 링컨이 개인적으로 노예들의 처지에 동정적인 입장이긴 했지만, 그는 철저하게 연방의 존립을 위해 행동했고 이러한 그의 행동은 북부의 이해 관계를 정확하게 반영한 것이었다. 링컨이 노예 해방 공로자로서 역사에 기록된 것은 그가 노예 해방론자들의 여론이 들끓었던 시대에 대통령이었다는 사실 덕분이다.

참고문헌
이종호, 〈세계를 속인 거짓말(2002)〉
김상운, 〈세계를 뒤흔든 광기의 권력자들(2005)〉

마라톤

마르코 폴로

만리장성

망원경

매독

모나리자

모차르트

미국의 노동절

밀레

ㅂ

마라톤
····················

마라톤 거리는
원래 42.195km가 아니었다

흔히 마라톤을 가리켜 '올림픽의 꽃'이라고 한다. 현대 사람들은 마라톤이 고대 올림픽에도 있던 것으로 알고 있으나, 사실은 그렇지 않다. 마라톤이 올림픽의 정식 종목으로 채택된 것은 1908년 제4회 런던 올림픽 때부터였다. 1896년 아테네에서 근대올림픽 1회 대회가 열렸을 때 프랑스의 언어학자 브레알이 올림픽 종목에 마라톤을 넣자고 주장하여 채택되었다. 그렇다면 마라톤 거리인 42.195킬로미터는 어떻게 정해졌을까?

1927년 국제육상연맹이 조사를 의뢰하여 기원전 490년에 벌어졌던 마라톤에서 아테네까지의 거리를 측정한 결과 36.75킬로미터였다. 그러나 이런 거리 측정은 의미가 없었다. 마라톤이 올림픽의 정식 종목으로 채택된 뒤인 제7회 올림픽까지는 통일된 거리가 없었다. 대회 개최지의 여건에 따라 40킬로미터 전후를 달렸던 것이다. 1924년 제8회 파리 올림픽대회를 앞두고 마라톤 거리를 일정하게 통일하자는 의견이 대두되었고, 마라톤이 처음 열렸던 제4회 런던 올림픽대회 때를 공식 거리로 삼자는 의견이 채택되었다. 당시 윈저 궁전에서 올림픽 스타디움까지의 거리인 42.195킬로미터가 오늘날의 마라톤 거리가 된 것이다.

마라톤이 처음 열렸던 제4회 런던 올림픽 포스터

참고문헌

원종록, 〈Runner's High(2002)〉

동방견문록은
마르코 폴로가 쓴 기행문이다?

마르코 폴로의 여행기는 전 세계 발견사 사상 최고의 사기극이다.
디트마르 헨체 〈발견자 사전〉의 저자

기행문의 가장 큰 특징은 여행자의 시각에서 모든 풍광을 스케치하고 기록하는 것이다. 여행 중에 경험했던 에피소드나 독특한 관습을 여행자의 감상과 잘 결부시켰을 때 훌륭한 기행문이 탄생한다. 특히 여행지의 문화와 관습은 기행문에서 빼놓을 수 없는 중요한 부분이다. 이런 측면에서 볼 때 마르코 폴로(Marco Polo)의 〈동방견문록〉은 훌륭한 기행문으로서 충분한 자격을 갖추고 있지 못하다. 후대의 학자들은 이 책이 갖는 의미를 역사적인 관점에서만 바라보았지 정작 기행문으로서 충실했는지는 간과했다. 아직 대항해의 시대가 열리기 전, 중세의 유럽인들은 지중해 너머에 있던 인도나 중국 같은 나라에 대해 아는 것이 거의 없었다. 이런 중세 유럽인들에게 〈동방견문록〉은 미지의 동방 세계에 대한 놀라운 지식의 보고(寶庫)가 아닐 수 없었다. 그러나 이런 역

사적 관점에서 벗어나 여
행자의 시각으로 바라보았
을 때, 이 책에는 곳곳에 의
문점이 발견되고 있다. 이
책에는 '여행기'나 '견문
록'에서 보이는 개인의 감
상이나 흥취가 극도로 억
제되어 있고, 어디에서 누
구를 만나 무슨 이야기를

했고, 어떤 느낌을 받았는지 등에 대한 개인적이고 사적인 서술
은 거의 찾아볼 수 없다. 그 중에서 빼놓을 수 없는 것이 만리장
성에 관한 것이다. 어떻게 마르코 폴로의 눈에는 단 한 번도 만리
장성이 눈에 띄지 않았던 것일까? 당시 만리장성은 중국을 대표
하는 최고의 건축물로, 이것은 어느 한 지역에만 존재한 건축물
이 아니었다. 그 경계벽만 해도 익히 잘 알려진 대로 최고의 경계
벽이 아닌가.

동방견문록은 만리장성과
중국의 풍습을 기록하지 않았다

마르코 폴로의 인생
역정을 살펴봐도 납득할 수 없는 점이 한둘이 아니다. 그는 이탈
리아 베네치아의 상인으로 동방 여행을 떠나 중국 각지를 여행
하고 원나라의 관직에 오르는 등 중국에서 17년을 살았다. 그런
데도 〈동방견문록〉을 보면, 만리장성이나 당시 중국의 진귀한 관

습 중의 하나인 여성의 전족(纏足), 중국의 연중 행사, 한자의 구조 등의 관한 기록은 어디에서도 찾아볼 수 없다.[1] 게다가 그는 중국어와 한문을 알지 못했다.[2] 실제로 마르코 폴로가 여행했다고 주장하는 경로를 찾아가 보면 반드시 만리장성을 넘게 되어 있다. 또한 13세기에서는 희귀한 기술로 보였을 서적 인쇄술에 대한 언급도 전혀 없다. 당시 이방인의 눈에는 서적이야말로 가장 눈에 띄는 경이로운 물건이었을 것이다.

마르코 폴로는 정말 중국에 갔던 것일까? 그는 진정한 탐험가인가 아니면 희대의 사기꾼인가? 마르코 폴로는 페르시아 저편, 파미르 고원 너머에 찬란한 문명이 있음을 서방에 알린 사람이었다. 유럽에서 거대한 중국이란 나라를 그가 처음 다녀간 것은 아니지만, 그가 쓴 〈동방견문록〉 때문에 비로소 유럽인들은 인식의 지평을 넓힐 수 있었다.

마르코 폴로는 17년 간의 중국 생활을 마치고 고향에 돌아와 감옥에서 루스티첼로에게 동방에서 보고들은 것을 필록(筆錄)시켜 그의 여행기인 〈세계의 기술(통칭 동방견문록)〉이 탄생하였다. 그러니까 동방견문록의 원저자는 마르코 폴로가 아니라 루스티첼로인 것이다. 루스티첼로는 세간에 알려진 것처럼 무명의 피

1　전족이란 중국에서 여자의 발을 인위적으로 작게 하기 위하여 헝겊으로 묶던 풍습이다.

2　마르코 폴로는 몽골어와 페르시아어에는 능통했는데 당시 원나라에는 두 언어가 공식적으로 사용되고 있어 의사 소통에는 지장이 없었다고 한다.

사 출신 죄수가 아니라 당시 꽤 이름난 작가였다. 그는 원탁의 아서왕과 트로이 전쟁, 알렉산드로스 대왕의 전기 등을 쓴 전기 작가이다.

〈동방견문록〉을 연구한 학자들은 마르코 폴로가 중국은커녕 흑해를 넘어간 적도 없었을 것으로 보고 있다. 뿐만 아니라 몽골의 쿠빌라이 칸을 만난 일도 없으며, 그 황제의 칙사를 지낸 일도 없었다고 추정하고 있다. 그러니까 그의 책은 상당 부분을 베끼거나 꾸며냈을 가능성이 있다는 것이다.

참고문헌

한스 외르크 바우어, 〈상거래의 역사(2003)〉

로빈 브라운, 〈마르코폴로의 동방견문록(2006)〉

한스 크리스티안 후프, 〈역사의 비밀(2001)〉

달에서 유일하게 보이는
건축물은 만리장성이다?

만리장성을 오르지 않고서는 사내 대장부라고 할 수 없다.
마오쩌둥 毛澤東, 중국의 정치가

"달에서도 유일하게 보이는 지구의 인공 건축물은 만리장성이다."[1]

중국인들이 가장 자랑스럽게 여기는 건축물의 하나가 바로 만리장성이다. 과연 이 말처럼 달에서도 만리장성을 눈으로 볼 수 있을까? 그러나 만리장성이 우주에서 육안으로 볼 수 있는 지구상의 건축물 가운데 하나라는 '미신'은 이제 깨질 때가 되었다.

중국 최고의 과학연구기관인 중국과학원의 한 연구팀은 "우주에서 육안으로 만리장성을 볼 수는 없고, 위성의 원격탐지 기능에 의해서만 만리장성의 영상을 얻을 수 있다"는 결론을 내렸다. 사람의 시각에 의한 물체 인식 조건이 가장 좋은 상태를 전제로 할 때, 일반인이 평면에서 10미터 크기의 물체를 알아볼 수 있는 극한 거리는 36킬로미터다. 이는 지상 100킬로미터 높이의 우주에서도 같은 크기의 물체를 인식할 수 있다는 일반적인 인식과 크게 차이가 나는 거리다. 만리장성의 대부분 구간은 그 너비가 2미터 안팎이고, 주요 관문의 성루를 제외한 일반 망대(望臺)와 봉화대라고 하더라도 너비가 5~6미터 정도라는 사실을 놓고 보면 우주비행사가 우주에서 육안에만 의지해 만리장성을 인식할 수는 없다는 것이다. 이는 3명의 중국 우주비행사들에 의해서도 확인된 사실이다.

중국의 첫 우주인인 양리웨이(楊利偉)는 2003년 11월 우주선 선저우(神舟) 5호의 지구 귀환 후, 우주 비행중 만리장성을 육안으로 보았느냐는 기자의 질문에 "볼 수 없었다"고 말했다. 그의 말은 '우주에서도 육안으로 볼 수 있는 만리장성'이라는 잘못된 정보를 신봉해온 중국인들을 크게 실망시켰다.

만리장성은 진시황이 만든 건축물이다?

만리장성은 진시황이 처음부터 쌓기 시작한 것으로 알고 있지만, 사실 진시황은 기존에 있었던 성을 증축하고 개축한 것이다. 만리장성은 기원전 7세기경 춘추 전국시대에 기나라에서 방성을 쌓은 데서 시작되었다. 이어 초, 진, 연나라에서도 북방 흉노족의 침입을 막기 위해 방성을 쌓기

---

1   이 말은 미국의 인기 퀴즈쇼인 제퍼디(Jeopardy)에서 인용되면서 일반 사람들에게 널리 퍼졌다. 게다가 1969년 아폴로 11호로 달 착륙에 성공한 닐 암스트롱이 달에서 만리장성이 보인다고 했는데, 이는 그의 말이 잘못 와전된 것으로 판명됐다.

시작했는데 이때 쌓은 장성의 길이는 총 3천 리에 이르렀다.

중국을 최초로 통일한 진시황은 30만의 군사와 수백 만의 농민을 징발하여 대량의 벽돌을 쌓아 장성을 연결함으로써 현재 장성의 원형을 만들었다. 이때 장성의 길이는 1만2천7백 리였으며 미터법으로 따지면 6,400킬로미터가 된다.[2] 후에 한나라가 북쪽 흉노를 막기 위해 장성을 더 쌓아 연장하였으며, 명나라에 이르러서는 몽골의 재침입에 대비하여 장성의 확장에 힘을 썼다. 현재 남아 있는 장성의 대부분은 명나라 때 만들어진 것이다.

참고문헌
쓰루마 가즈유키, 〈중국 고대사 최대의 미스터리 진시황제(2004)〉
정재승, 〈과학 콘서트(2003)〉

---

2 지도 상에 나타난 만리장성의 총 연장은 약 2,700킬로미터이나, 실제는 중간에 갈라져 나온 가지를 모두 합하여 약 6,400킬로미터이다.

망원경의 최초 발명자는 갈릴레이다?

역사는 리페르세이에게 '세계의 무대에 망원경을
처음으로 올려놓은 사람'이라는 자격을 부여했다.

왓슨 Fred Watson, 호주의 천문학자

망원경을 최초로 만든 사람은 1608년 네덜란드인 리페르세이
(Hans Lippershey)다. 안경 제조업자인 리페르세이는 그의 가게
앞에서 한 어린이가 안경용 렌즈 2개를 가지고 가까운 교회의 탑
을 보니 크게 보인다는 것에 착안해서 렌즈를 통에 끼운 망원경
을 만들었다. 그는 자신이 만든 망원경으로 장사를 해 볼 생각으
로 주정부에 신청하여 1608년 10월 2일 전매권을 얻었다. 리페
르세이는 1608년 국회에 아무도 망원경을 만들지 못하도록 30년
동안 특허권을 달라고 요구했으나 이는 물거품이 됐다. 약간의
시차를 두고 망원경 발명가임을 자처하는 사람들이 여럿 나타나
자 '발명품이 너무 잘 알려져서 안 되겠다'고 거절당한 것이다.

어쨌든 역사는 그를 최초의 망원경 발명자로 기록하고 있다.
리페르세이의 망원경은 당시 베네치아에 살던 갈릴레이에게까

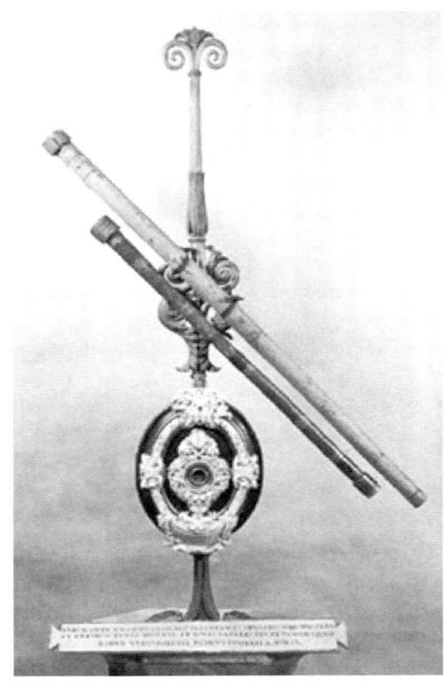

지 전해졌다. 갈릴레이는 곧바로 같은 모양의 망원경을 만들어서 천체를 관찰하여 많은 새로운 사실을 알아냈다. 갈릴레이의 공적은 망원경을 만들었다는 사실보다는 처음으로 망원경을 천체 관측에 사용하여 그때까지 눈으로는 관측되지 않던 천체와 우주의 세계를 망원경에 의하여 최초로 탐색하였다는 데 있다.

갈릴레이가 1609년 최초로 만든 망원경의 통은 납이었고, 대물렌즈는 평볼록, 접안렌즈는 평오목렌즈였으며 배율은 3배였다. 그 후 그는 배율 20배의 것을 만들어서 목성이 원반 모양을 하고 있고, 달표면에 요철이 있는 사실도 알아냈다. 또 1610년 1월 갈릴레이는 스스로 연마한 렌즈를 사용한 4번째 망원경으로 목성의 주위에는 4개의 위성이 돌고 있고, 목성이 빛깔이 다른 무늬를 가지고 있다는 것, 또 태양면에 흑점이 있다는 것 등 천체에 관한 많은 사실을 발견하였다.

갈릴레이는 망원경을 만들어 천체 관측을 한 성과를 인정받아 파도바 대학의 교수가 되었다. 그는 그의 생애를 통해 만든 많은 망원경의 대부분을 피렌체의 대재벌 메디치 가(家)의 메디치 2세에게 바쳤다. 그 가운데 최대의 것은 대물렌즈의 지름이 56센티미터, 초점거리가 1.7미터, 배율 30배의 것이었다. 그 이후 갈릴레이가 만든 망원경의 단점을 보완해 케플러식 망원경이 사용되었다. 이 망원경은 1611년 발간된 케플러 저서의 내용 중에 있는 것으로서, 오늘날 망원경이라고 하면 일반적으로 케플러식 망원경을 말한다.

참고문헌
외르크 마이덴바우어, 〈발견과 발명으로 보는 과학의 역사(2004)〉
프레드 왓슨, 〈망원경으로 떠나는 4백 년의 여행(2007)〉

매독
······················

스페인 원정대가
매독을 유럽에 퍼뜨렸다?

나는 매독에 걸렸다.
이제 더 이상은 매독에 걸릴까봐 불안에 떨지 않아도 된다.
모파상 Guy Maupassant, 프랑스의 소설가

　매독은 14세기 유럽을 휩쓸었던 흑사병 이후 가장 많은 사람의 목숨을 앗아간 질병이다.[1] 일반적으로 이 매독은 신대륙 정복에 나섰던 스페인 원정대가 아메리카 인디언에게 옮겨온 것으로 알려져 있다. 사실 1493년 콜럼버스가 귀국한 지 불과 4, 5년 만에 매독은 전 유럽을 강타했다. 콜럼버스 일행은 첫 번째 항해 도중 에스파뇰라 섬(아이티)에서 그곳의 풍토병인 매독에 걸렸다. 다음해 귀국한 콜럼버스가 바르셀로나에서 이사벨라 여왕에게 항해 보고를 하는 동안 이 병은 바르셀로나 전체에 빠르게 퍼져 갔다. 그것은 마치 중세 유럽을 공포의 도가니로 몰아 넣었던 흑사병과도 같았다.

　그러나 매독은 콜럼버스 시대보다 한참 오래 전부터 유럽에 존재해 있었다. 1492년 이전에 쓰여진 유럽의 임상 기록에도 매

독의 흔적이 엿보인다. 콜럼버스 이전의 사람들은 그것이 매독인지도 모른 채 죽어간 것이다. 당시 매독이 급속도로 유럽에 퍼진 것은 이탈리아의 전쟁 때문이었다. 이탈리아의 르네상스를 결정적으로 쇠퇴시킨 이 전쟁은 프랑스의 찰스 8세가 이탈리아에 원정군을 파견하면서부터 시작되었다. 3만의 프랑스군이 순식간에 밀라노, 피렌체, 로마를 점령하고 계속 남하하여 나폴리를 포위했다. 소국으로 분립 할거하고 있던 당시의 이탈리아 전체가 정복당하는 것은 시간 문제였다. 그런데 나폴리를 포위한 프랑스 군대에 갑자기 매독이 퍼져 병사들이 전멸되는 바람에 찰스 8세는 나폴리 공략을 단념하고 알프스를 넘어 간신히 프랑스로 도망쳤다.

프랑스의 용병부대가 매독을 전 유럽에 퍼뜨렸다

당시 프랑스군은 각국에서 온 용병으로 이루어져 있었다. 매독의 감염 경로는 스페인 병사들이 군대에 딸린 매춘부를 통해 순식간에 프랑스군에 퍼진 것이다. 각국의 용병들도 자기 나라로 돌아가 매독을 퍼뜨렸기 때문에 이 질병은 곧 전 유럽으로 퍼져갔다. 이 때문에 프랑스에서는 매독을 '나폴리 병'이라고 불렀고, 다른 나라에서는 '프랑스

1 매독(syphilis)이라는 명칭은 이탈리아 시인이자 의사인 프라카스토로가 붙인 것이다. 그의 저서인 〈시필리스 또는 프랑스 병〉(1530)에서 오비드에 등장하는 전설적인 목동 시필리스에서 이름을 따왔다.

병'이라고 부르게 되었다. 매독은 여기에서 멈추지 않고 바스코 다 가마에 의해 인도의 칼리카트에 상륙했고, 대항해의 선원들을 통해 동남아시아와 중국, 일본 등에 전해졌다. 이것은 콜럼버스가 첫 번째 항해를 한 지 약 20년 뒤의 일이다. 페니실린의 발견으로 매독을 치료하게 된 1943년까지 무려 500년 간 유럽에서만 매독으로 1천만 명이 사망했다.

매독은 이미 오래 전에 유럽에 존재해 있었다

미국 노스이스트 오하이오 관절염 센터의 병리학 연구팀은 이탈리아 묘지에서 청동기 시대부터 흑사병이 만연한 시기까지의 사체 688구의 뼈를 발굴했다. 이 뼈를 연구한 결과 콜럼버스가 아메리카 대륙을 발견한 1492년보다 수백 년 전 이미 이탈리아에 매독이 퍼져 있었다는 것을 밝혀냈다. 매독에 걸리면 뼈에 특유의 상처가 생기며 모양이 변형되는데, 800년 전의 사체 뼈에서 이런 증거가 발견된 것이다. 이번 연구에서는 고대 로마제국이 대대적인 납중독 때문에 쇠퇴했을 것이라는 가설에 대해서도 반박하는 내용이 담겨 있다. 이 시기의 사체로 추정되는 439구 가운데 납중독으로 인한 통풍의 흔적이 발견된 것은 단지 두 건뿐이었다.

참고문헌
마이클 비디스, 〈질병의 역사(2004)〉
최영순, 〈경제사 오디세이(2002)〉

루브르 박물관의 모나리자는 가짜다?

모나리자는 다른 화가는 그런 경지에 오르기를
감히 바랄 수도 없을 만큼 표현력을 지닌 그림이다.
바사리 Georgio Vasari, 이탈리아 화가

모나리자는 신비의 미소로 널리 알려져 있지만 각종 미스터리에 휩싸여 있는 것으로도 유명하다. 무엇보다 세인의 관심을 끈 것은 모나리자의 그림이 하나가 아니라는 것, 즉 루브르에 소장된 모나리자 이외의 그림이 또 있다는 것이다.

다빈치가 모나리자를 프랑스 왕에게 넘길 때, 왕실 콜렉션에는 그 그림에 대한 아무런 명칭도 없었다. 다른 그림에는 상세하게 기록되어 있으나, 이 그림에는 '사(沙)의 베일을 걸친 여인'이라고 적혀 있을 뿐이었다. 모나리자라는 이름도, 그림 의뢰자인 그녀의 남편에 대해서도 아무것도 언급되어 있지 않았다.

루브르 박물관의 모나리자가 가짜라고 주장하게 된 것은 영국에 있는 모나리자 그림이 알려진 뒤부터였다. '아일와스의 모나리자'라고 불리는 이 그림은 18세기 중엽 이탈리아에서 유출되

어 영국의 한 귀족의 손에 넘겨졌다.[1] 이 그림은 루브르 모나리자보다 크고 게다가 '미완성'이다. 여기서 미완성이라는 데 주목할 필요가 있다. 이탈리아 화가인 바사리(Vasari)는 〈이탈리아 화가열전〉에서 모나리자 그림에 대해 다음과 같이 기록하고 있다. "다빈치는 4년을 이 그림에 전력했으나, 결국 미완성으로 끝나고 말았다." 그러나 현재 루브르에 있는 모나리자는 어느 누가 봐도 완성품으로 보이지 않는가?

원래의 모나리자에는 눈썹이 있고 그림 뒤에 배경에는 기둥이 있었다 1962년 회화 콜렉터 퓨리처 박사가 막대한 돈을 투자해서 이 그림을 사들였다. 그는 훗날 이 그림을 사기 위해 상당히 많은 명화와 집 한 채를 팔지 않으면 안 되었다고 술회했다. 그 후 그는 〈모나리자는 어디에 있나〉라는 책을 출간하여 "루브르에 있는 모나리자는 가짜이고, 이 아일와스 모나리자가 진짜"라고 주장했다.

이 모나리자가 진짜인 것을 증명하는 유력한 증거는 여럿 있다. 모나리자를 그릴 당시에 옆에서 그의 절친한 친구 라파엘로(Sanzio Raffaello)가 모나리자를 스케치를 하고 있었는데, 그 스케치에는 왼쪽 아래에 기둥이 있다는 걸 확인할 수 있다. 이 모나

---

1 1차 세계대전 직전 이 그림을 아일와스의 브레이커라는 미술상이 발견하고 매입했다. 그 이후 이 그림은 '아일와스 모나리자'라고 불리게 되었다.

리자에는 기둥이 그려져 있는데 반해, 루브르 모나리자에는 그 기둥이 보이지 않는다. 또한 바사리는 "속눈썹은 매우 정밀하고 농도 있게 터치하고 있다"라고 했는데 루브르의 모나리자에는 눈썹이 없다. 게다가 아일와스 모나리자가 루브르의 것보다 훨씬 아름답고 기술적으로 뛰어나다는 것은 많은 미술전문가들도 동의하고 있다. 퓨리처 박사는 이 그림이 진짜인 것을 증명하기 위해 X선 사진, 농도계 테스트, 미량 화학 분석 등 여러 각도에서 검사했으나 결정적인 증거는 찾지 못했다. 아무튼 박사는 1979년 세상을 떠날 때까지 한 번도 이 그림이 진짜인 것을 의심한 적이 없었다고 한다. 사실 이 두 그림 모두 다빈치가 그린 것만은 확실하다. 루브르 박물관에 소장되어 있는 모나리자와 아일와스 모나리자 두 작품 모두 엄지손가락을 화폭에 문지르는 레오나르도 다빈치의 독특한 미술 기법을 볼 수가 있다. 엄지를 문질렀기 때문에 두 작품 모두 그의 지문이 묻어 있다. 그러나 미술사학자들은 두 그림의 완성도를 놓고 볼 때 아일와스의 모나리자가 더 가치가 높다고 평가하고 있다.

모나리자의 모델은 델 조콘도의 세 번째 부인이다?

모나리자의 모델은 델 조콘도라는 상인의 부인이라는 것이 지금까지의 정설로 알려져 있다. 이는 바사리가 플로렌스 지방의 섬유 상인인 프란시스코 델 조콘도의 세 번째 부인인 리자 게라디니(Lisa Gherardini)라고 기록했기 때문이다. 그는 모나리자 그림에 대해서 "레오나르도는 프란체스코 델 조콘도라는 상인의 부인을 모델로 너무나도 아름다운 초상화를 그렸다"라고 기록하고 있다. 그런데 정말 모나리자의 모델이 조콘도의 부인일까?

대다수 현대 미술사학자의 말에 의하면, 이 그림은 나폴리 왕의 손녀이자 밀라노 공작의 미망인이었던 아라곤의 공작부인 이사벨라(Isabella)를 그린 것이라고 한다. 그녀는 다빈치와 마찬가지로 15세기 말경 밀라노의 궁정에서 살았다. 아라곤 가문은 르네상스 시대 최고의 명문가로, 이사벨라는 밀라노 공작 지안 갈레아초 스포르차와 결혼하여 네 아이를 낳았다. 모나리자의 모델이 이사벨라라고 주장하는 이유는 실제로 다빈치는 11년 동안 밀라노에서 궁정 화가로 일했고, 모나리자의 초록색 드레스가 스포르차 가문의 상징이라는 것이다.

이런 주장은 설득력 있게 받아들여지고 있다. 다빈치가 일했던 스포르차 가문에는 많은 귀부인들이 있었다. 다빈치는 이사벨라가 사는 궁전에 자기 화실이 있어서 그녀를 자주 만날 수 있었다. 그는 프랑스군의 침입으로 밀라노를 떠날 때까지 이사벨라를 보살폈으며, 그녀를 위해 난로와 온수가 있는 목욕탕을 설

계하고 완성하기까지 했다. 스위스에 있는 이사벨라의 초상화도 모나리자와 너무도 닮았다.

이사벨라는 자신의 초상화를 그려줄 화가를 늘 찾았다고 알려져 있다. 이사벨라의 용모는 그리 아름다운 편이 아니었다고 하는데, 실제로 그녀는 1493년 4월 3일자 서신에서 '얼굴을 완벽하게 그리는 화가'는 찾아볼 수 없었다고 적고 있다. 사실주의를 추구하던 만테냐가 그녀의 얼굴을 그렸다가 퇴짜를 맞은 일도 있었다.

다빈치가 델 조콘도라는 부인 초상화를 그린 것은 사실이지만, 루브르 박물관에 소장되어 있는 모나리자와는 동일한 그림이 아니다. 대부분의 미술 전문가들은 루브르의 그림은 분명히 30, 40대의 여성을 그린 것이라고 한다. 그런데 다빈치가 델 조콘도 부인의 그림을 그렸을 때 그녀의 나이는 23~24세였다고 한다. 또한 바사리가 말한 것들, 즉 그림의 뒷배경이나 모나리자의 눈썹, 그림의 미완성 상태 등 여러 정황으로 미루어 모나리자의 모델은 아라곤의 이사벨라를 그린 것으로 추측된다.

참고문헌
고종희, 〈르네상스의 초상화 또는 인간의 빛과 그늘(2004)〉
지오르지오 바사리, 〈르네상스의 미술가 평전(2000)〉
드림프로젝트, 〈세계명화의 수수께끼(2006)〉
기류 마사오, 〈위험한 세계사(1997)〉

모차르트
····················

모차르트가 궁핍했던 이유는 무절제한 생활 때문이었다

앞으로 백 년 동안 이 세계는 모차르트와 같은 재능을 보지 못할 것이다.
하이든 Franz Haydn, 오스트리아의 작곡가

모차르트가 말년에 재정 상태가 몹시 어려웠다는 것은 잘 알려진 사실이다. 모차르트가 프리메이슨 단원으로 그의 친구였던 미하엘 푸흐베르크에게 보낸 편지에는 가난과 궁핍에 대해 호소하는 글이 자주 나온다.[1]

"당신에게 또다시 새로운 간청을 해야 할 판이오. 빚을 갚기는커녕 다시 돈을 더 청해야겠소!"

푸흐베르크는 이즈음 모차르트에게 계속 돈을 꾸어 주는 은행 역할을 했다. 그는 오늘날의 화폐 가치로 총 1만5천 달러 정도의 돈을 모차르트에게 보내 주었다. 그렇다면 이 무렵 모차르트의 수입은 전혀 없었던 것일까? 모차르트는 피아노 교습비, 연주비 등 지금으로 말하면 중산층 이상의 수입을 올리고 있었다. 모차르트의 전성기였던 1785년에도 그의 작품이 궁전에서 공연됐을

때 살리에리 액수의 반밖에 안 되었지만, 그것은 결코 적은 액수가 아니었다. 사실 모차르트가 가난의 중압에 짓눌리고 있던 1789년까지도 그의 집은 파티와 음악회를 열 수 있는 방들을 구비하고 있었다. 그의 집에서 선택된 청중들을 위해 하이든과 더불어 실내악을 연주했으며, 비공식적인 소규모 오페라 리사이틀까지 가졌다. 그런데 왜 이처럼 빚에 쪼들리고 궁핍하게 생활해야 했을까?

모차르트는 죽기 전까지도 당구와 카드 도박을 즐겼다

모차르트가 궁핍했던 것은 돈을 많이 벌어도 그만큼 지출이 많았기 때문이었다. 거기에는 아내인 콘스탄체도 한몫 거들었다. 그들은 가정 경제를 잘못 꾸렸고, 그들의 생활은 예전처럼 지속하려는 마음 때문에 가난을 면치 못했던 것이다.

모차르트의 최초의 전기작가 프리드리히 슐리히터크롤은 모차르트의 씀씀이가 지나치고 생활 방식이 무절제했다고 지적했다. 모차르트는 재정 형편이 어려운 가운데서도 당구를 즐겼고, 카드 도박에 빠졌으며, 개인 요리사에 하녀를 두고 있었다. 모차르트는 죽은 후 장례 비용이 없어서 공동묘지에 묻혔다. 이 때문

---

1 7월 12일에 푸흐베르크에게 띄운 마지막 편지에는 "만약에 당신이 나를 도와주지 않는다면 당신의 친구이며 형제인 메이슨의 영예와 마음의 평화 그리고 아마도 그의 삶 자체가 파멸해 버릴 것이오"란 말로 끝맺고 있다.

에 그가 평생을 가난하고 금전적으로 힘들게 살았을 것이라는 인식이 널리 퍼지게 된 것이다. 더구나 그의 아내 콘스탄체는 몸이 아프다는 핑계로 장지에 따라가지도 않았으며, 그나마 그의 묘지에 동행한 사람은 시신을 묻을 인부뿐이었다. 콘스탄체는 모차르트가 죽은 지 얼마 후 덴마크 출신의 한 남자와 재혼했다. 그리고 전 남편 모차르트가 유명해지자 그와의 이야기를 책으로 출간해 많은 돈을 벌었다.

참고문헌

이덕희, 〈음악가의 만년과 죽음(2003)〉

오해수, 〈신의 소리를 훔친 거장(2002)〉

미국의 노동절은 5월 1일이다?

먹고사는 문제를 해결하는 것이 노동운동의 본질이다.
첫째도 빵, 둘째도 빵, 셋째도 빵이다.
곰퍼스 Samuel Gompers, 미국의 노조지도자

노동절의 기원은 미국의 노동운동에서 찾을 수 있다. 남북전쟁이 끝난 19세기 후반의 미국은 이민 노동자가 급격히 증가하고, 소수에게 부가 집중되어 독점 자본가가 탄생하였다. 부자들은 강아지에게 다이아몬드 목걸이를 걸어 주거나 100달러 짜리 지폐로 담배를 말아 피우는 유행을 즐겼고, 이빨에 다이아몬드 장식을 박는가 하면 애완용 원숭이의 시중을 하인들이 들도록 했다. 반면에 노동자들은 하루에 14~18시간씩 일하면서도 저임금에 시달렸다. 이에 노동자들은 자신의 권익을 스스로 보호하기 위해 힘을 모으기 시작했다.

1882년 몇몇 서부 주에서 노동절을 9월 첫째 주로 삼아 노동자의 권익을 위한 행사를 가졌다. 이 행사는 서서히 연방정부 차원으로 확산되었고, 1883년에 국제노동자협회가 조직되었다. 국

제노동자협회는 '8시간 노동제'를 위해 전력투구하기로 결의했으며, 이후 8시간 노동제 쟁취 움직임은 세계 각국으로 번졌다. 미국 캐나다 노동총동맹 총회에서는 1886년 5월 1일을 기해 8시간 노동제를 요구하는 총파업 전개를 만장일치로 결의했다. 운명의 5월 1일이 다가오자 자본가들은 8시간 노동제 추진 운동을 '비미국적'이라고 단언하고 "노동자들의 소란은 외국 공산주의자들의 선동 때문이다. 5월 1일이 되면 노동자들의 폭동 때문에 모든 것이 파괴될 것"이라고 주장했다. 시카고 신문에서는 "이 공산주의 놈들을 가로등에 매달아 죽여야 한다"는 사설을 싣기도 했다.

1886년 5월 1일, 시카고 헤이마켓 광장에 모인 미국 노동자들은 '하루 8시간 준수'를 외치며 총파업에 돌입했다. 30만 명이 참가한 시카고 헤이마켓 광장에서 항의집회 도중 폭탄이 터져 200

메이 데이는 미국의 노동운동을 기념해 5월 1일로 정했다

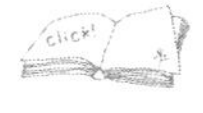

프랑스혁명 100주년을 기념하여 1889년 7월 파리에서 열린 제2인터내셔널 설립대회에서는 미국 노동자의 8시간 노동 투쟁 상황을 보고받고, 1890년 5월 1일을 노동자 단결의 날로 정했다. 이것이 바로 메이 데이의 시작이었다. 이후 세계 여러 나라에서는 5월 1일을 노동자의 연대와 단결을 과시하는 국가적인 기념일로 정했다. 우리나라에서는 광복 후 5월 1일을 노동절로 기념했으나 근로자의 날 제정에 관한 법률(1963년 4월 17일)에 따라서 한국노동조합총연맹 창설일인 3월 10일을 노동절 대신 근로자의 날로 정하여 기념했다. 1994년부터는 다시 5월 1일을 노동절로 기념하고 있다.

여 명의 노동자가 부상당하거나 죽었다. 이후 대대적인 검거 선
풍으로 총파업으로 얻어 낸 8시간 노동제는 헌신짝처럼 버려졌
고, 수백 명의 노동자가 체포당하거나 처형되었다. 집회를 이끈
지도자 중 8명이 폭동죄로 체포되어 재판에서 5명은 사형, 3명은
금고형을 선고받았다. 이 날의 사건이 세계노동운동사에 기록된
헤이마켓 사건이다. 대부분의 나라에서는 이 헤이마켓 사건을
기념하여 노동절을 5월 1일로 삼고 있지만, 미국은 9월 첫 번째
월요일을 노동절로 삼고 있다. 이는 세계 노동운동의 시발점이
되었던 1882년의 첫 행사를 기념하기 위해서이다.

참고문헌
김형곤, 〈미국의 적색공포(1996)〉
역사학연구소, 〈메이데이 100년의 역사(2004)〉

밀레
··················

밀레의 〈만종〉은
부부가 죽은 아이를 위해 기도하는 것이다

밀레는 한 부모가 죽은 아이를 담은 관 앞에서
기도하는 그림을 그리려고 했다가 이를 감자 바구니로 수정했다.
살바도르 달리 Salvador Dali, 스페인의 화가

밀레의 대표작 〈만종〉은 우리나라에서 가장 유명한 그림 중의 하나이다. 해질 무렵 농촌의 들판 한가운데 조용히 기도하는 농부 부부의 모습은, 그림을 보는 것만으로도 마음이 차분하게 가라앉는다. 캐다가 만 감자가 바닥에 흩어져 있고 멀리 보이는 교회당이 정지된 아름다움의 극치를 보여준다. 부부 사이에 있는 바구니 속에는 감자가 몇 개 놓여 있고, 수레의 자루 속에도 감자가 들어 있다. 그런데 이들의 기도는 무엇을 의미하는 것일까? 대부분의 사람들은 그림 속의 가난한 농부가 교회에서 들려오는 종소리에 귀를 기울이며 수확의 기쁨을 표현한 것으로 여길 것이다.

그러나 밀레의 〈만종〉에는 또 다른 비밀이 숨어 있다. 사실 이 그림 속에는 죽은 아이의 바구니가 덧칠해져 있었다. 밀레는 이 그림을 통해 죽은 아이를 땅에 묻으며 기도하는 농부의 슬픔을

표현하려고 했던 것이다. 밀레는 처음 이 그림을 그렸을 당시 굶주림에 지쳐 죽은 아기를 땅에 묻으며 이를 추모하는 농부의 슬픔을 담아냈다. 그러나 이 그림을 본 밀레의 친구가 만류하여 죽은 아이의 시체를 감자를 담은 바구니로 덧칠했다.

그림 속의 감자 바구니가 아기의 관으로 밝혀지다

그림을 연구하는 방법은 여러 가지가 있다. 최근에는 X선 투시를 이용해 밑그림이나 덧칠해진 부분의 그림을 다시 볼 수 있게 되었다. 지금까지도 논란이 되고 있는 〈모나리자〉나 〈최후의 만찬〉도 X선을 투시하여 그 진위를 가려내는 작업을 시도한 적이 있다. 밀레의 〈만종〉도 마찬가지였다. 루브르 박물관 관계자가 이 그림을 X선 투시로 감정한 결과, 부부 사이에 놓인 감자 바구니에 보자기로 쌓여 있는 죽은 어린아이가 그려져 있는 것을 발견했다. 밀레는 부모 밑에서 제대로 보살핌도 받지도 못하고 죽은 아이를 위해 기도하는 장면을 그리려고 했던 것이다. 그러나 밀레는 차마 죽은 아이를 그릴 수 없었다. 당시는 공산주의 선언이 있은 지 10여 년이 지난 시기로, 계급 갈등이 심화되고 있었기 때문에 자칫 오해를 받을 수 있었던 것이다.[1] 밀레는 친구의 조언에 따라 죽은 아이의 그

1　일부 평론가들은 밀레를 일컬어 '서구 최초의 민중예술가'라고 지칭하기도 한다. 그의 그림이 농민들 편에 서서 계급 갈등을 조장하고 있다는 시각을 보이기도 하지만, 사실 밀레는 이데올로기에는 큰 관심이 없었다.

림에 감자 바구니를 덧칠해서 최초 그림의 원형을 바꾸었다.

이 그림의 비밀을 처음 꺼낸 사람은 스페인의 천재 화가 살바도르 달리(Salvador Dali)였다.[2] 달리는 부부 사이에 놓여 있는 바구니가 이상하게 보였는지, 늘 이 그림에 대해 의구심을 품었다. 그는 밀레의 〈만종〉에 그려진 두 부부 사이에 놓여진 감자자

---

2 살바도르 달리(Salvador Dali)는 스페인의 초현실주의 화가로 프로이트의 정신분석학설에 의한 환각과 꿈, 환상의 세계를 감각적으로 표현했다. 스스로를 편집광적이라고 지칭한 그의 창작 기법은 비합리적인 환각을 객관적이고 사실적으로 표현해 세계 미술계에 큰 반향을 일으키며 주목을 받았다.

루를 어린아이의 관으로 보고 이루 말할 수 없는 불안을 느꼈던 것이다. 달리는 평소에도 밀레의 그림을 존경하여 1933년에는 〈만종〉을 자신의 그림 속에 그려 넣었으며, 1935년에는 그림 속의 비밀을 알아내려고 〈밀레 만종의 비극적 신화〉라는 책을 출간하기도 했다.

그로부터 수십 년 후 이러한 그의 투시력은 환각이 아니라 실제로 정확한 관찰이었음이 밝혀졌다. 루브르가 자외선 투사작업을 통해 그 감자 자루의 초벌 그림이 실제로 어린아이의 관이었음을 입증한 것이다. 원래 그것은 수확한 작물을 담는 바구니가 아니라 놀랍게도 죽은 아이를 담은 관이었던 것이다. 그 후에도 이런 사실이 알려지지 않은 채 〈만종〉은 그저 농촌의 평화로움을 담고 있는 그림으로 유명해졌다.

참고문헌

드림프로젝트, 〈세계명화의 수수께끼(2006)〉

김종근, 〈달리, 나는 세상의 배꼽(2004)〉

바스티유 감옥 습격 당시
정치범은 한 명도 없었다

'바스티유 감옥 습격'은 프랑스혁명의 도화선이 되었다. 프랑스 사람들을 전제 정치의 상징인 바스티유 감옥을 습격한 날인 7월 14일을 국경일로 지정할 정도로 이 사건에 대단한 자부심을 가지고 있다.[1] 그러나 이 유명한 바스티유 감옥 습격은 대부분이 와전되거나 소문에 의해 부풀어진 것이다. 우선 프랑스 사람들이 잘 알고 있는 바스티유 감옥은 어떤 곳인가. 그들의 말대로 전제 정치에 반대하는 사람들을 투옥한 정치범 수용소인가?

사실 17, 18세기의 바스티유 감옥은 국사범(國事犯)을 수용한 곳으로 유명했다. 루이 14세 때는 전제 정치의 상징으로 변모하여 시인 볼테르, 사상가 디드로 등도 한때 이곳에 구금되었다. 그러나 바스티유 습격 사건이 있었던 1789년에는 국사범이 단 한 명도 없었다. 파리 시민이 바스티유 감옥을 습격한 것은 정치범

바스티유 습격 당시 그 안에 정치범은 한 명도 없었고, 모두 잡법들이었다.

을 구하기 위한 것이라고 알려져 있으나, 사실 전혀 그렇지가 않다. 그때 많은 군중들이 바스티유로 쳐들어간 것은 화약과 무기를 손에 넣기 위해서였다. 당시 파리에서는 시민군이 결성되었지만 그들에게는 화약과 무기가 턱없이 부족했다. 그래서 파리의 2대 무기 저장고인 바스티유를 노린 것이다. 이때 바스티유에 수감되었던 죄수는 불과 7명이었다. 그것도 정신 착란 증세를 보이던 죄수 2명, 문서 위조범 2명, 근친상간범 1명 등 소위 잡범들이라는 죄수들이었다. 그 무렵 바스티유 감옥은 시민들의 원성

---

1 프랑스는 매년 7월 14일을 전 국민적인 축제일로 삼고 있다. 바로 전제 정치의 상징이라고 할 수 있는 바스티유 감옥을 공격한 날이기 때문이다.

을 사는 전제 군주의 아성이 아니라, 부정한 일로 수감된 귀족들의 호화스런 감옥이었다. 이곳에 수감된 죄수는 하인이나 요리사를 고용할 수도 있었다. 프랑스 작가인 라 보멜은 이 감옥에 6백여 권의 장서를 가지고 왔으며, 국가는 그에게 국비로 책장까지 만들어 주었다. 죄수는 돈만 있으면 실크 옷이나 정교한 자수를 놓은 옷 등 마음대로 골라 입을 수 있었다. 이 감옥 안에는 도서관과 당구장은 물론 의료 시설도 잘 갖추어져 있어서 다른 감옥에서 위급한 환자가 생기면 병원으로 가지 않고 바스티유로 옮길 정도였다. 감옥 생활이 너무 편했던 터라 어떤 죄수는 기한이 되었어도 출감하지 않고 간수에게 더 부탁해 연장하는 경우도 있었다.[2]

바스티유는 함락된 것이 아니라 스스로 항복한 것이다

1789년 7월 14일에는 어떤 일이 있었던 것일까? 이 사건에 대한 대부분의 기록은 바스티유의 15문의 대포가 민중을 향해 불을 뿜어 다수의 희생자가 생기고 사망자가 100여 명에 달했다고 한다. 또 총격이 수 시간 계속되었고 성난 군중들이 노도처럼 밀려들어가 신음하는 죄수들을 해방하고 이들과 함께 파리 시내에서 승리의 행진을 벌였다고 적혀 있다. 그러나 사실은 바스티유 공격은 이루어진 적이 없다. 바스티유는 시민군의 무력으로 공략된 것이 아니라 공격당하기 전에 이미 수비대가 항복해버린 것이다. 이와 관련해 1789년 혁명정부에게 위임받은 〈바스티유 관계문서 간행위원

악명 높은 바스티유는 어떤 감옥이었나?

바스티유 감옥을 본격적인 정치범의 감옥으로 만든 것은 루이 13세의 재상 리슐리외였다. 이때부터 바스티유는 보통법이 아니라 국왕이 마음대로 발행할 수 있는 칙령 체포장에 따라 중죄인이 수감되기 시작했다. 수감자의 대부분은 반란을 일으키거나 모의했던 귀족과 고관들이었다. 루이 14세 때는 왕정을 비판한 작가나 기자 등이 수용되었으며, 이때부터 바스티유 죄인의 이름이나 지위를 일체 공표하지 않았다. 때문에 일반 시민들 사이에는 여러 가지 추측이 무성했다. 바스티유로 연행되는 죄인의 마차는 창에 커튼을 쳐서 밖에서는 아무 것도 보이지 않게 했으며, 감옥에 들어와서 나갈 때까지 이름이 불리는 것도 금지되었다. 바스티유를 나갈 때는 수감자에게 감옥 안에서의 일은 누구에게도 발설하지 않겠다는 각서를 쓰게 했다.

회〉의 조사 질문을 받았던 참가자나 목격자들도 동일한 발언을 했다.[3] 이 조사 결과는 민중의 혁명적 영웅 행위를 기록으로 남기려고 한 혁명정부의 의도와는 전혀 반대되는 것이었다.

수비대가 바스티유를 양도할 의사를 밝힌 것은 역사적인 기록에도 자세히 나와 있다. 성문이 시민군에 의해 열리자, 수비대는 무기를 버리고 성을 넘겨주기 위해 집결하였다. 그때까지만 해도 사망자는 10명도 채 되지 않았으며, 평화롭게 바스티유의 양

2　루이 16세 즉위부터 바스티유 습격이 있었던 1789년까지 수용되었던 죄수는 총 288명인데, 그 중에서 자청해서 들어온 사람은 12명이었다.

3　바스티유 감옥을 최초로 입성한 사람으로 알려진 왕비연대 에리 장교는 "바스티유는 무력으로 공략된 것이 아니다. 공격당하기 전에 항복해버렸다"고 인정했다.

도가 이루어지고 있었다. 이를 위해 바스티유 사령관인 로네와 시민군 대표 사이에 수 차례에 걸쳐 교섭이 진행되었고, 로네는 최종적으로 바스티유 전 수비대가 무사히 철수하는 것을 보장하는 조건으로 바스티유를 인도하는 데 동의했다. 그러나 이 조건은 지켜지지 않았고 사령관과 다른 네 명의 장교, 그리고 세 명의 일반병이 살해되었다. 시민군 뒤에 있던 몇몇 시민들이 성안으로 밀고 들어와 수비대와 서로 총격이 벌어진 것이었다. 수비대는 폭도로 변한 몇몇 시민들 중에 약탈을 일삼는 자들을 향해 총격을 가했고 대포가 발사되었다. 이 과정에서 성채 밖에 있던 부엌과 마구간 등이 약탈되었다. 시민군은 이를 바스티유 양도를 파기한 것으로 알고 수비대의 총격을 계기로 반격을 가했던 것이다.

참고문헌
윤선자, 〈이야기 프랑스사(2005)〉
김상운, 〈세계를 뒤흔든 광기의 권력자들(2005)〉

바이킹은
북서유럽을 통치한 정복자였다

역사는 바이킹을 뿔 달린 투구를 쓰고 노략질을 일삼는 야만인으로 기술하고 있다.[1] 그들이 타고 다녔던 배와 용맹성은 정의보다는 약탈의 이미지로 굳어져 있는데, 이런 이미지는 바이킹의 한 측면에 불과할 뿐만 아니라 오해에서 비롯된 것이다.

바이킹의 약탈 행위에 대한 최초의 기록은 영국 동쪽에 있는 린디스판 수도원에 남아 있다. 793년 바이킹이 잉글랜드 북부의 린디스판 수도원을 습격한 사건에 대해 "불 뿜는 용이 하늘을 날고, 야만인들이 약탈과 살인을 자행하여 주민들이 공포에 떨었다"고 묘사되어 있다.

---

1 흔히 바이킹은 뿔 달린 투구를 썼다고 생각하지만 바이킹 투구에는 뿔이 없다.

　9~11세기에 걸쳐 유럽은 제2차 민족 이동이라 불리는 이민족들의 침입으로 시달렸다. 이때 가장 오랜 기간에 걸쳐 넓은 지역을 휩쓸고 다닌 이민족이 북방의 바이킹이다.[2] 당시 바이킹의 활동에 대해서는 정확하게 밝혀진 것은 없다. 가장 그럴 듯한 이유로는 자원이 매우 한정된 이 지역에 급격한 인구 증가가 바이킹의 이동을 촉진시켰을 것이라는 의견이 지배적이다. 정착할 토지가 없는 농민과 지배할 영지가 없는 귀족들은 모험과 생계를 위해 바다로 나갔다. 이 시대는 스칸디나비아에서 정부라 할 만한 통치기구가 자리잡아 가던 때였다. 독립적인 지위를 누리던 수많은 소부족들이 9세기 들어서 서서히 덴마크, 노르웨이, 스웨덴의 왕 밑으로 통합되기 시작했는데, 이러한 왕의 통치를 견디지 못한 부족들이 다른 지역으로 이주했다는 설도 유력한 것 중의 하나이다.

바이킹은 북유럽과 서유럽 왕조에 기틀을 다졌다

　북해와 대서양에서는 주로 노르웨이와 덴마크 바이킹의 활동이 두드러졌다. 그들은 수시로 영국과 프랑스의 해안지대와 강 하구에 출현했으며, 11세기에는 지중해의 시칠리아를 정복하기도 했다. 그들의 침략에 시달린

2　바이킹이라는 말은 노르웨이나 아이슬란드의 문헌에서 나타난 '비킹'에서 유래했는데 그 어원은 강의 후미를 가리키는 비크(vik)이다.

진정한 바다 사람들이었던 바이킹은 계기 장치 없이도 대서양을 항해할 정도로 파도와 바람을 잘 읽어냈다. 태양의 고도를 매일 일정하게 유지함으로써 방위를 알아냈고 별이 수평선 위에서 얼마나 떨어졌느냐를 보고 배의 위도를 조절했다. 초기에는 단순히 노만 저어 항해했던 바이킹은 700년 돛을 개발하면서 역사를 변화시켰다. 돛이 없었다면 바이킹 시대도 없었을 것이다. 결국 바이킹이 진정한 바다의 정복자가 될 수 있었던 것은 돛의 발명 때문이었다.

또한 바이킹은 뱃길을 찾는 데 수정을 이용한 것으로도 알려졌다. 구름이 잔뜩 낀 날씨에는 일장석(日長石)이라 불리는 특수한 수정을 이용해 해의 위치를 찾아 방향을 잡았다. 헝가리 외트뵈슈 대학 연구진은 북극해에서 한 달 동안 일장석으로 색편광 현상을 관찰한 결과 날씨가 나쁠 때도 이 수정이 태양의 방향을 가리킨다는 사실을 발견했다. 유럽과 그린란드, 아이슬란드, 러시아 일부 지역을 정복한 바이킹이 해시계를 항해에 사용했을 것이라는 추측은 오래 전부터 제기돼 왔다. 그러나 노르웨이에서 사용되던 일장석이 바이킹의 항로 찾기에 이용됐다는 것이 입증되기는 이번이 처음이다.

서프랑크 왕은 911년 그들에게 세느 강 하구 일대를 나누어주고 그들을 봉신으로 삼을 수밖에 없었다. 이것이 이후 노르만디 공국이 되는데 노르만디라는 지방은 노르만족에서 유래한 것이다. 이들은 또한 영국을 정복하여 노르만 왕조(1066)를 세우기도 했다. 이후 노르만족은 멀리 아이슬란드와 그린란드까지 진출했고 일부는 거기서 북미 대륙으로 건너갔다는 설도 있다.

스웨덴계 바이킹 족장들은 드네프르 강과 볼가 강이 자리잡고 있는 슬라브족의 광대한 땅을 다스리는 통치자가 되었다. 이들은 10세기 말 키예프를 중심으로 슬라브인을 지배하고 키예프

공국을 세웠다. 노르웨이계 바이킹은 대륙 바깥쪽에 위치한 섬들에 대해 중점적으로 활동했다. 그들은 8세기에는 오크니 제도와 세틀랜드 제도를 점령하였으며, 9세기에는 페로스 제도와 헤브리디스 제도, 그리고 아일랜드 동부를 점령하였다. 바이킹은 아이슬란드에 식민지를 건설하기도 했는데 그곳에서 이들은 의회인 알팅을 창설하였다. 지금까지도 아이슬란드의 통치 기구로 존속하고 있는 알팅은 서양에서 가장 오래된 의회이다.

이렇듯 당시 바이킹의 활동은 정복 왕조를 세운 통치자이며 정복자였다. 9~11세기 바이킹을 비롯한 이민족의 유럽 정복은 이전 세기에 서서히 발전해 오던 유럽 문명에 커다란 타격을 주었다. 바이킹은 북유럽의 도시 발달을 가속화시켰으며, 바람에 따라 방향을 바꾸는 돛을 발명했고, 멋진 순록 조각을 만드는 솜씨를 갖고 있었다.

참고문헌
이브 코아, 〈바이킹, 바다의 정복자들(1997)〉
김성준, 〈유럽의 대항해시대(2001)〉

17세기 이전의 발레에는
여성 무용수가 없었다?

많은 사람들이 발레하면, 우아한 자태의 여성 발레리나와 러시아의 볼쇼이나 키로프 발레단을 먼저 떠올린다. 그러나 발레는 원래 남성만의 것이었다. 최초의 공식적인 발레가 탄생한 것은 1581년이었다. 이때의 궁정 발레의 공연자는 모두 남성이었으며 아마추어였다. 이들은 장식이 많은 의상에 항상 가면을 착용하는 게 보통이었다. 초창기의 발레는 오늘날처럼 시민들을 위해 공연된 것이 아니라 부와 위신을 다른 나라에 과시하기 위한 왕궁의 사교춤이었다. 이 최초의 궁정 발레 형식은 이후 100년 동안 유행하였다. 이탈리아 귀족 사회에서 유행하던 발레는 16세기경 14살의 나이로 프랑스 왕궁으로 시집을 간 메디치 가문의 카트린느 왕비에 의해 프랑스 왕궁에서 비약적으로 발전했다. 어릴 때부터 춤과 음악을 즐기던 그녀는 이탈리아의 발레 음

절대 군주의 대표적 인물인 루이 14세는 발레에 대한 순수한 열정이 대단했고, 정작 자신도 17세기의 가장 유명한 무용수였다.

악가를 프랑스로 데려와 많은 비용을 들여 발레 공연을 무대에 올리는 등 발레를 전폭적으로 지원했다. 카트린느 왕비가 발레를 후원한 이유는 발레를 사랑하는 순수한 마음보다는 정치적인 계산이 강했다. 발레의 내용 속에 그녀가 생각하고 있는 왕궁 내부의 권력 다툼이나, 왕의 절대적인 권위를 발레를 보는 사람들에게 암암리에 그녀의 정치적 영향력을 발휘했다는 것이다.

이 시기에 비로소 '발레(Ballet)'라는 용어도 생겼다. 전문 무용가가 생겨난 것은 1672년 파리 오페라 극장에 발레학교가 세워져 직업 무용수를 양성하면서부터였다. 이들은 귀족의 꼿꼿한 자세, 엉덩이에서 다리에 이르는 우아한 선을 모델로 삼았다. 당시에도 여전히 발레는 남성 무용수만 있었으며, 1681년이 되어서야 처음으로 여성 무용수가 등장했다.

여성 무용수가 등장할 무렵부터 오늘날의 극장 형태인 프로시니움 아치형 무대를 만들어 발레를 궁중 무도회장에서 극장으로 옮겨 공연했다. 극장이 생기면서 시민들도 발레를 볼 수 있는 시대가 열린 것이다. 이때 발레는 이미 있던 연극이나 오페라와 합해서 '연극 속의 발레' 또는 '오페라 속의 발레'의 형태를 갖추었다. 그러나 여성 무용수가 등장했어도 18세기 말 '낭만주의 발레'가 등장하기까지 발레는 남성 무용수들의 세계였다.

루이 14세는 최고의 발레 무용수였다

절대 군주의 대표적 인물인 루이 14세는 발레에 대한 순수한 열정이 대단했고, 정작 자신도 17세기의 가장 유명한 무용수이기도 했다. 루이 14세가 발레와 인연을 맺게 된 것은 5세 때, 왕위에 즉위하면서부터였다. 그 뒤 정식으로 궁정 무용을 통해 발레를 배운 그는 1670년 무용을 그만두기까지 무려 26편의 발레에서 주역 무용수로 활동했다. 한편 그는 발레를 정치적으로 이용한 왕이기도 했다. 베르사유에 호화찬란한 대궁전을 짓고 귀족과 왕족들을 불러들여 매일 사치스러운 연회와 공연을 열었다. 루이 14세는 왕권을 위협할 수 있는 귀족과 왕족들을 유흥에 빠지게 하고 왕의 절대적 힘을 보여 주기 위해 끊임없이 무도회를 열었다. 귀족들에게 사치와 낭비에 젖게 하여 세력을 약화시키고 왕권을 강화시키려는 의도였던 것이다.

루이 14세가 '태양왕'이라 불리는 이유는 화려하게 장식한 큰 태양이 수놓인 엄청난 무대 의상을 입고 등장해 직접 귀족과 왕족들 앞에서 춤을 추었기 때문이다. 이는 매우 강렬한 인상을 남겼고 바로 이 때문에 루이 14세는 그런 별명을 얻게 되었다.

참고문헌
이은경, 〈발레 이야기(2001)〉
미우라 마사시, 〈무용의 현대(2004)〉

백년전쟁은 백년이 걸렸다?

위선자나 아첨꾼들은 한 해에도 백만 명씩 태어난다.
그러나 잔 다르크 같은 인물이 태어나는 데는 5세기가 걸린다.
마크 트웨인 Mark Twain, 미국의 소설가

백년전쟁(Hundred Years' War)은 공식적으로 백 년하고 16년이 더 걸렸다. 그러나 백 년 내내 전쟁이 이루어진 것은 아니었다. 영국과 프랑스는 이미 종전을 선언하기 전부터 전쟁은 끝난 상태였다.

백년전쟁의 원인은 프랑스의 발로아 왕조의 성립과 이에 관련된 왕위 계승권 문제 때문에 발생했다. 영국은 노르만 왕조의 성립 이후 프랑스 내부에 영토를 소유하였기 때문에 양국 사이에는 오랫동안 분쟁이 계속되었다. 그러다가 샤를 4세가 후계자가 없이 사망하자, 그의 4촌 형제인 발로아 가(家)의 필리프 6세가 왕위에 올랐다. 이에 대하여 영국왕 에드워드 3세는 그의 모친이 카페왕가 출신(샤를 4세의 누이)이라는 이유로 프랑스 왕위를 계승해야 한다고 주장하여 양국 간에 심각한 대립을 빚게 되었다.

영국은 프랑스 경제를 혼란에 빠뜨리기 위하여 양모 공급을 중단하고, 그 보복으로 프랑스는 프랑스 내의 영국 영토인 기옌 지방의 몰수를 선언했다. 백년전쟁은 흑사병의 창궐로 인해 중단되기도 했고, 전쟁 중에 휴전 협정이 체결되어 소강상태를 유지하기도 했다.

백년전쟁에서 가장 돋보이는 인물은 잔 다르크이다. 영국군이 샤를 7세의 거점인 오를레앙을 포위하자, 잔 다르크가 나타나 적은 수의 프랑스 병사로 오를레앙의 영국군을 격파했다. 그러나 1430년 잔 다르크는 부르고뉴파에게 체포되어 영국 측으로 인도된 끝에, 1431년 마녀재판을 받고 화형에 처해졌다. 양국 간의 최종적 강화는 1475년에 체결되었지만, 보르도가 함락된 1453년에 백년전쟁이 사실상 끝난 것이나 마찬가지였다.

참고문헌
남경태, 〈인간의 역사를 바꾼 전쟁이야기(1998)〉

부르주아

부르주아는 혁명가라는
말에서 유래했다

오늘날 부르주아는 지배 계급을 일컫고 있지만, 프랑스혁명 이전까지는 귀족과 성직자 다음의 제3신분으로 정치적 억압을 받던 피지배 하층 계급을 일컫는 말이었다. 왕정복고 시절의 사회를 그린 발자크의 〈고리오 영감〉에서도 보케 부인의 '부르주아적 하숙집(pension bourgeoise)'은 파리 뒷골목의 초라하고 값싼 하숙집을 뜻한다.

부르주아의 근본적인 의미는 '성벽에 거주하는 자'를 이르는 말로, 본래는 중세 이후 도시의 발전과 함께 성장해 온 평균적인 도시 시민을 가리켰다. 자칫 부르주아를 봉건주의의 담당자로 혼동하는 경우가 있는데, 역사적으로는 그 반대이다. 오히려 그들은 17세기 이후 봉건사회의 타도를 노리고 농민과 결합해 자유와 평등을 주장하며, 봉건 체제를 붕괴시키려는 자본주의 혁명적 성격이 더 강했다.

도시에 거주하는 자유 직업 종사자를 지칭하는 부르주아가 하나의 세력으로 등장하기 시작한 것은 계몽주의 시대인 18세기부터이다. 18세기 산업혁명을 거치면서 그들의 지배 아래 자본주의가 발달하고, 제4 신분인 프롤레타리아가 대두하자 유한 계급을 의미하는 명칭으로 변했다. 이렇게 해서 20세기에는 그들이 주창한 자유와 평등의 성격을 잃고, 권력과 부의 배타적인 보유자로서 농민과 노동자와 대립하게 되었다.

참고문헌
윤선자, 〈이야기 프랑스사(2005)〉

빌헬름 텔은 실존 인물이 아니다

"저기 보이는 네 아들 머리 위에 놓인 사과를 활로 쏘면 아들을 살려 주겠다."

자기 아들의 머리 위에 놓인 사과를 활로 쏘아 떨어뜨린 '빌헬름 텔'의 이야기는 스위스에서는 가공이 아닌, 실제 이야기로 알려져 있다. 그러나 빌헬름 텔은 전설의 인물일 뿐이다. 자기 아들 머리 위에 놓인 사과를 쏘라는 이 전설은 스위스뿐만 아니라 이미 1,300년 전부터 여러 나라에 있었다.

빌헬름 텔은 독일의 문호 프리드리히 실러가 희곡을 발표하면서 더욱 유명해졌다.[1] 로시니의 오페라로 널리 알려진 이 작품의 주인공 빌헬름 텔은 오늘날 스위스 독립전쟁의 영웅으로 추앙받고 있다. 그가 아들의 머리 위에 올려놓고 쏜 사과는 트로이 전쟁을 일으킨 팔리스의 사과, 근대 과학의 이론을 확립한 뉴턴의 사과와 함께 역사상 가장 유명한 사과 중의 하나다. 부당한 권력에 맞서는 빌헬름 텔의 사과는 민중이 역사의 주체로서 근대사의 시작을 알리는 저항의 상징이기도 했다. 빌헬름 텔은 아름다운 알프스를 사랑하는 다정하고 순박한 사람이었으나, 당시 스위스의 최고 권력자인 게슬러 총독을 산에서 만나 도와준 후로 그와의 악연이 시작된다. 평범한 사냥꾼이었던 텔이 스위스 독립전쟁의 영웅으로 다시 태어나는 과정을 그린 이 작품은 외세에 대항해 자유를 쟁취하려는 민중들의 의지와 힘을 찬양하고 있다.

빌헬름 텔의 이야기는 그 원형이 이미 15세기 후반의 사료에 나오지만, 유감스럽게도 실제 이야기는 아니다. 그러나 스위스에서 생겨난 전설임은 확실하고, 당시의 압제자에 대한 농민들의 오랜 저항의 역사를 텔이라는 인물에 집약시킨 것이라고 할 수 있다.

참고문헌
프리드리히 실러, 〈빌헬름 텔(1998)〉
세이바인 구드, 〈중세의 전설(2002)〉

---

1 실러(Friedrich Schiller)는 독일의 시인, 극작가로 주요 저서로는 〈빌헬름 텔〉, 〈군도〉가 있다. 실러는 독일 고전주의문학에서 괴테와 더불어 2대 거성으로 추앙되고 있으며, 괴테와는 대조적인 자질을 가진 국민 시인이다.

人

사드

사드 후작은 사디스트였을까?

사드는 일찍이 존재했던 가장 자유스러운 정신의 소유자이다

아폴리네르 Guillaume Apollinaire, 프랑스 시인

사디즘(Sadism)이란 남을 공격하고 고통을 주는 데서 쾌감을 느끼는 성향을 가리킨다.[1] 이와는 반대 개념인 마조히즘(Masochism)은 거꾸로 남으로부터 고통을 받으면서 쾌감을 느끼는 성향이다.[2] 심리학적 용어로 널리 쓰이는 이 단어들은 프랑스 작가 사드와 오스트리아 작가 자허마조흐(Sacher-Masoch)에게서 유래된 것이다.

프랑스의 귀족 사드는 지독한 사디스트였다고 알려져 있다. 사드는 괴물, 미치광이, 위험스런 병자, 색광으로 지목되어 사회로부터 격리되고 추방당했다. 그의 작품은 제목조차 말하기 꺼려하는 추잡한 책으로 대부분 금서가 되었다. 그러나 사드는 단순한 사디스트가 아니었다. 그는 당시 인간들의 도덕적 타락성을 있는 그대로 적나라하게 묘사했던 작가였다.

사드가 바스티유 감옥에서 집필한 〈소돔 120일〉에는 인간에게
가할 수 있는 온갖 정신적 육체적 폭력이 그대로 묘사되어 있다.
너무도 적나라한 이 소설을 읽다보면 작가의 사생활이 소설 속
에 묻어 있지 않나 하는 의심을 하게 된다. 실제로 사드는 방탕한
사생활 때문에 끊임없이 추문에 휘말리고 고발당했으며, 감금과
도피 생활을 해야 했다. 30대의 한 미망인을 가정부로 고용한 그
는 자신의 알카이유 저택에 그녀를 감금한 뒤 발가벗겨 피가 흐
를 때까지 채찍질을 하는 등 성적 학대를 일삼았다. 이를 견디다
못한 이 미망인이 사드의 눈을 피해 탈출함으로써 그런 사실이
세상에 알려졌다. 물론 사드는 이 때문에 철창 신세를 져야 했다.

사드는 귀족과 성직자들의 도덕적 타락을 고발한 자유인이었다

사드는 1777년
12월 살인죄로 벵센느 감옥에 수감되었는데, 세간에 '어린 소녀
들 사건'이라 불리는 사건의 용의자로 지목되었다. 사드가 지난
2년 동안 어린 소녀들을 납치하여 온갖 음란한 가학 행위를 하고
심지어 살인까지 저질렀다고 한 소녀가 폭로한 것이다. 이 사건
의 진위는 아직도 수수께끼로 남아 있다. 사드 자신은 이를 강력

---

1 1830년 독일의 정신과 의사인 크라프트 에빙은 남을 괴롭힘으로써 쾌락을 얻는
병적인 상태를 사드 후작의 이름을 따서 사디즘이라고 명명했다.

2 자허마조흐(Sacher-Masoch)는 오스트리아의 소설가로 〈카로메어의 돈 주안〉,
〈가짜 모피〉 등 많은 소설을 발표하였고 후기 작품 속에서 두드러지는 육감적인 묘
사 때문에 그의 이름에서 마조히즘이라는 말이 유래되었다.

히 부인했지만, 〈소돔 120일〉에는 그와 흡사한 장면이 생생하게 묘사되어 있다. 어쨌든 사드는 이 사건으로 기나긴 감금의 세월이 시작되고 그는 바스티유 감옥으로 이감되었다. '바스티유 습격 사건' 이후 석방된 사드는 다시 집필 활동에 전념했다.[3] 그는 역사적 성격을 띤 음울한 소설을 집필하는 한편 병원 환자들과 함께 연극을 공연하기도 했다. 연극은 문학 못지 않게 그가 평생 매달린 작업이었다. 사드는 1814년 12월 샤랭통에서 눈을 감았다. 당시 그의 나이 일흔 네 살이었고, 감옥 생활 27년만이었다.

사드의 관념 철학은 당시 사람들의 정신 세계와는 맞지 않았다. 무엇보다 그는 사회 질서의 근본이 되고 있는 모든 원칙, 이데올로기에 대한 완강한 반항과 회의를 표출한 작가였다. 그가 일으킨 사건을 살펴보면, 그는 사디스트 성향을 충분히 지니고 있는 게 사실이다. 하지만 그는 분명 단순한 사디스트가 아니었다. 그 당시 팽배했던 인간의 도덕적 타락, 특히 귀족과 성직자들의 성적 타락과 부도덕을 관찰하고 작품에 옮기려고 했던 것이다.

참고문헌
장 폴 브리겔리, 〈사드의 삶과 전설(2006)〉
티모 에이락시넨, 〈사드의 철학과 성윤리(1997)〉

---

3 1789년 7월 14일 프랑스 시민이 전제 정치의 상징인 바스티유 감옥을 습격한 사건으로 훗날 프랑스혁명의 도화선이 되었다. 당시 사드는 이 바스티유 감옥에 수감되어 있었다.

사포는 레즈비언이 아니라
최초의 여성해방 운동가였다

사람들은 뮤즈가 아홉이라 하는데, 열 번째 뮤즈가 있다.
그 이름은 바로 레스보스 여성 사포이다.

플라톤 Platon, 고대 그리스 철학자

여자 동성애자를 뜻하는 레즈비언(Lesbian)이라는 말은 에게
해의 섬 레스보스(Lesbos)에서 비롯되었다.[1] 지금으로부터 약
2,500년 전 레스보스 섬에는 여자들만으로 구성된 집단이 있었
는데, 그 집단을 이끄는 리더는 사포라는 여자였다. 바로 이들이
레즈비언의 원조라고 알려져 있는데, 이는 잘못 알려진 사실이
다. 레스보스 섬이 여자들만의 집단으로 구성된 것은 사실이지
만, 이 집단은 신부들을 가르치는 학교 구실을 하고 있었다.

사포는 남성 중심의 그리스 사회에서 이름을 남긴 몇 안 되는

1　당시 여성 동성애에 대해서 역사가 플루타르코스는 이렇게 쓰고 있다. "그리스
의 모든 도시 국가에서 그랬듯이 스파르타에서도 동성애는 허물이 아니었다. 명망
있는 부인이 소녀에게 사랑을 고백하는 것도 부끄러운 일이 아니었다."

여성 중 한 사람이다. 그녀는 일찍이 남편을 잃고 정치적인 소요
에 휩쓸려 레스보스 섬으로 돌아왔다. 그리스의 에게 해 동부, 터
키 해안 가까이에 있는 이 섬은 위대한 여류 시인 사포의 고향이
었다. 당시 그리스 강국으로 자리잡은 아테네는 여러 섬들을 손
에 넣고 섬의 아름다운 여인들을 농락하고 있었다. 아테네의 향
락적인 문화는 레스보스 섬까지 흘러 들어와 레스보스의 고유한
문화와 전통을 파괴하기 시작했다. 사포는 레스보스의 고유 전
통을 지키기 위해서는 집단 교육이 필요하다고 생각했다. 그래
서 그녀는 결혼 적령기에 접어든 여자들을 모아 예절과 교양을
가르치기 시작했다. 사포의 주위에는 시를 배우려는 여성, 음악
을 배우려는 여성들이 들끓었다.

사포의 레스보스 섬은 교양을 가르치는 신부학교였다

사포는 이들과 함께
시를 쓰고, 노래를 부르고, 하프를 연주했다. 그녀는 제자들을 남
자들과 동등한 권리를 가진 정신적인 존재로서 교육시키는 데
목적을 두었다. 사포는 그들을 육체적으로 사랑한 것이 아니라
상대적으로 지위가 열악했던 그들을 계몽하려 했던 것이다. 그
런데 어떻게 사포가 동성애의 원조로 오해받게 되었을까?

사포는 제자들에게 사랑의 시를 많이 써보냈다. 진짜 사랑이
란 것이 어떤 것인지 그들에게 눈을 뜨게 해주었고, 정신적인 에
로스를 심어주었다. 에로틱하고 감성적인 방법으로 제자들에게
보낸 주옥 같은 그녀의 시가 후세 사람들에게 동성애의 증거로

오해를 받은 것이다. 사포는 당시 사람들로부터 '지상의 뮤즈'로 칭송을 받았다. 사포의 시는 후대에 전해져 로마의 숱한 시인을 거쳐 영국의 에즈라 파운드, 독일의 슐레겔 형제, 프랑스의 보들레르에게도 절대적인 영향을 끼쳤으며, 그들로부터 여신과 같은 존재로 추앙받았다.

참고문헌
이윤기, 〈그리스 로마 신화(2002)〉
박은봉, 〈세계사 뒷 이야기(1994)〉

산타클로스는 미국인이 제멋대로 가공한 것이다

산타클로스는 포동포동하고 쾌활한 늙은 요정이었다.
늘 입에 파이프를 문 그의 볼은 장밋빛이었고 코는 체리 같았다.

무어 Clement Moore, 미국의 신학자

산타클로스는 크리스마스 이브에 착한 아이들에게 선물을 가져다준다는 마음씨 좋은 할아버지다. 12월 풍경에 빠질 수 없는 이 마음씨 좋은 할아버지는 우리에게 다소 엉뚱하게 알려진 인물이다. 산타클로스라는 말은 4세기경 소아시아 지방에서 출생한 성(聖) 니콜라스의 이름에서 유래되었다. 그는 자선심이 많았던 사람으로 후에 대주교가 되어 남몰래 많은 선행을 베풀었는데, 그의 이런 자선 행위에서 유래하여 산타클로스 이야기가 생겨났다고 한다. 그렇다면 산타클로스는 실존 인물일까?

여러 해에 걸쳐 연구한 끝에 학자들은 산타클로스가 실존 인물이었다는 쪽으로 결론을 내렸다. 그러나 니콜라스는 세간에 멋진 노인으로, 혹은 아이들을 사랑하고 선물을 나누어주는 마음씨 좋은 노인으로 알려져 있지만 사실은 그렇지 않다. 그의 외모도 우리가 알고 있는 모습과는 한참 거리가 멀다. 그는 빨간 옷을 입지도 않았고 흰 수염을 기르지도 않았다. 이런 특징은 그의 전설 같은 이야기가 미국에 건너 온 뒤에 덧붙여졌으며, 유럽에서는 보통 낡은 잿빛 외투를 입고 돌아다녔다. 그는 또 순록 떼가 끄는 썰매를 타지도 않았고, 굴뚝을 타고 다니지도 않았다. 이는 모두 나중에 꾸며낸 이야기다. 오늘날처럼

산타클로스가 빨간 옷을 입게 된 것은 코카콜라 선전에 등장하고 난 뒤부터였다.

산타클로스가 정형화되어 일반 사람들 앞에 등장한 것은 1822년 성탄절 이브 때부터이다. 뉴욕의 신학자 클레멘트 무어가 쓴 〈크리스마스 전날 밤〉의 시집에 적혀 있기 때문이다.

산타클로스는 원래 날씬하고 흰 수염도 없었다

니콜라스라는 이름이 산타클로스로 둔갑하게 된 것은 그들의 발음 때문이다. 네덜란드 사람들은 산 니콜라스라고 불렀는데, 아메리카 신대륙에 이주한 네덜란드인들은 산테 클라스라고 불렀고, 이 이름이 산타클로스로 변하게 된 것이다. 그런데 사실 니콜라스는 독립전쟁 전에는 미국에 알려지지도 않았다. 뉴욕에 살던 네덜란드 사람도 그에 대해 언급한 적이 없다. 그런데 네덜란드 사람이 성 니콜라스를 미국에 소

개했다고 믿는 이유는 무엇일까? 이 역시 클레멘트 무어가 쓴 책에 나와 있기 때문인데 저자 자신도 이런 이야기를 네덜란드 사람들에게서 우연히 전해들은 이야기라고만 밝히고 있다.

무엇보다도 가장 놀라운 것은 초창기의 산타클로스가 현재의 모습과는 달랐다는 점이다. 네덜란드 사람들은 산타클로스가 여위고 키가 크며 기품 있는 사람이라고 생각했다. 이런 초기 산타의 이미지가 미국에 건너 간 뒤로 이상하게 변모했다. 1800년대 초의 미국의 작가 워싱턴 어빙은 산타를 뚱뚱한 사람, 파이프에 담배를 피우고 헐렁한 바지를 입은 사람으로 그렸다. 뿐만 아니라 산타는 흰털이 달린 빨간 옷과 검은 벨트를 두르고 긴 고깔모자를 쓴 모습으로 미국 만화에 나타났다.[1] 이 만화의 산타 캐릭터는 1930년대에 들어 광고에도 등장하게 되었다.[2] 결국 날씬하고 기품 있는 니콜라스가 미국으로 건너간 후에는 빨간 옷을 입

산타클로스의 빨간 옷은 코카콜라의 마케팅 전략이다

산타클로스가 빨간 옷을 입게 된 것은 코카콜라 선전에 등장하고 난 뒤부터였다. 코카콜라 사(社)는 1920년대 콜라 판매가 비수기에 접어드는 겨울, 판매량을 늘리기 위해 고심하던 중 겨울 이미지에 잘 어울리는 산타를 광고 캠페인에 등장시켰다. 당시 코카콜라의 산타를 그려주던 사람은 상업용 그림을 주로 그리던 하든 선드블롬(Sundblom)이라는 화가였다. 코카콜라의 무차별적인 광고와 함께 '선드블롬의 산타'는 세계 산타의 표준이 되었다. 코카콜라 사는 크리스마스마다 산타클로스가 전 세계인들에게 힘과 용기를 불어넣는 것을 자사의 홍보 마케팅 전략으로 삼았던 것이다. 산타클로스의 빨간 옷은 코카콜라의 상징 색과 똑같아 자사 홍보에 딱 들어맞았다.

은 뚱뚱한 할아버지로 변한 것이다.

　그 후 산타의 모습은 크게 바뀌지 않다가 1939년에는 빨간 코의 순록인 루돌프까지 등장하게 되었다. 빨간 코 때문에 따돌림을 당하는 루돌프 이야기는 미국의 로버트 메이라는 카피라이터가 고안한 것이다. 당시 시카고 백화점에서 근무하던 그는 성탄절 광고 아이디어로 루돌프를 만들어 냈다.

참고문헌

홍성수, 〈아빠가 만나 본 산타클로스(2003)〉

제프 긴, 〈산타클로스 자서전(2005)〉

김병도, 〈코카콜라는 어떻게 산타에게 빨간 옷을 입혔는가?(2003)〉

1　산타클로스는 굴뚝을 드나들 수 있을 정도로 작은 사람이었는데, 이를 뚱뚱하게 바꿔 놓은 사람은 〈하퍼스 위클리〉지의 전속 만화가였던 토머스 내스트다. 그는 산타클로스의 고향을 북극으로 만든 인물이기도 했다.

2　빨간색 옷과 하얀 수염으로 상징되는 산타클로스는 1931년 미국 〈새터데이 이브닝 포스트〉지에 실린 코카콜라 광고에 처음 등장했다. 산타클로스의 옷인 빨간색은 코카콜라의 로고 색깔을 상징하고 흰 수염은 코카콜라의 풍부한 거품을 표현한 것이라고 한다.

샌드위치의 시초는
고대 로마인이었다

샌드위치의 유래는 샌드위치 백작이 고안해낸 것으로 알려져 있다.

카드 노름에 빠져 있던 백작은 식사 때문에 자리를 뜨고 싶지 않아서 얇게 썬 빵 두 쪽 사이에 찬 고기 조각을 끼워 먹었던 일이 자주 있었다. 하지만 이런 식사 방법은 당시 1,000년이 넘게 전해온 것이며 그 시초는 고대 로마인이었다.

로마 시대에 검은 빵에 육류를 끼운 음식이 가벼운 식사 대용으로 애용되었고, 러시아에서도 전채(前菜)의 한 종류인 오픈 샌드위치를 만들어 사용하였다.

이 식사가 샌드위치 백작과 밀접하게 연관되고 그의 이름을 따서 부르게 된 것은 우연이다. 아마도 같이 노름하던 패거리도

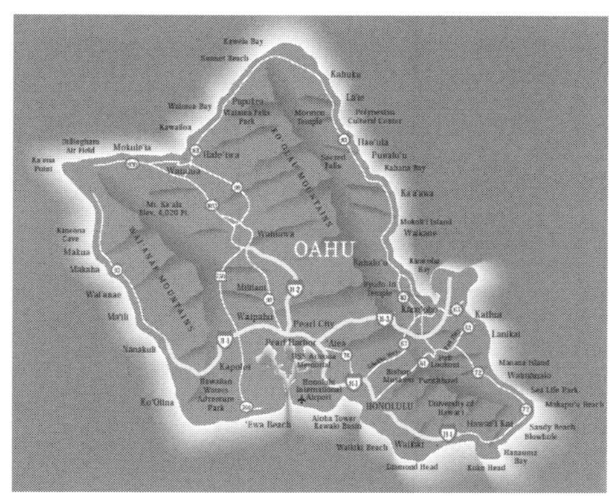

1788년 하와이 섬을 최초로 발견한 제임스 쿡은 샌드위치 백작의 은혜에 보답하고자, 이 섬의 이름을 샌드위치 섬이라고 지었다.

그 습관을 따르게 되었고 점잖지 못한 버릇이라는 비난을 받을 때마다 모든 것을 샌드위치 백작 탓으로 돌렸기 때문일 것이다.

참고문헌

김안나, 〈서양음식에 관한 사소한 비밀(2004)〉

최초의 세계일주자는 마젤란이다?

엘카노, 그대는 나를 위해 최초로 세계일주를 한 사람이다.
카를로스 5세 Carlos V, 스페인 국왕

일반적으로 포르투갈의 탐험가 마젤란이 최초로 세계일주를 한 인물로 알려져 있다. 하지만 마젤란은 1521년 4월 17일(세계 최초라는 근거일) 필리핀 원주민과의 교전 중에 사망했다. 그는 출발지(1522년 9월 8일)로 되돌아오지 못했으므로 진정 세계일주를 한 인물이라고는 볼 수 없다.

최초의 세계일주자는 스페인의 엘카노(Elcano)이다. 그는 스페인 왕 카를로스 5세를 위해 마젤란이 이끌고 떠난 5척의 탐험 선단 중 콘세페이온호의 선장이었다. 수많은 위험과 난관을 이겨내고 엘카노는 빅토리아호를 타고 귀환함으로써 최초의 세계일주자라는 자랑스러운 칭호를 얻었다.

1522년 9월 8일, 이 날은 세계일주 항해가 최초로 실현되는 순간이었다. 온갖 질병과 위험에 맞서 싸운 열여덟 명의 인간 승리

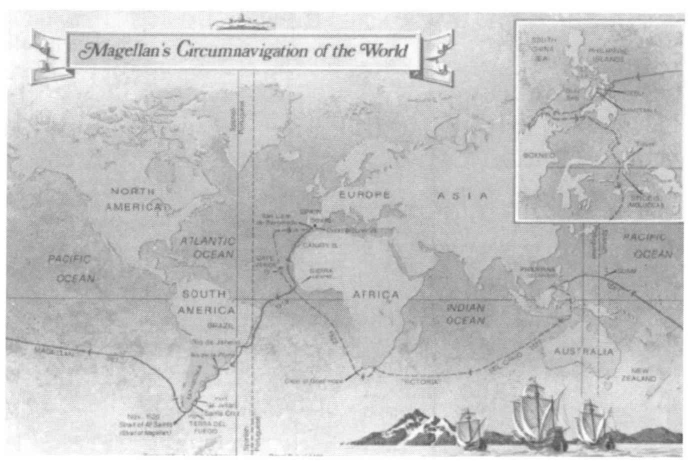

자들이 항해를 마치고 스페인 세비야 항으로 귀환했다. 1519년 9월, 마젤란의 지휘 아래 265명의 선원이 다섯 척의 배에 몸을 싣고 새로운 항로 개척을 위한 항해를 시작한 지 3년만의 일이었다. 이 첫 세계일주는 1519년 9월 20일부터 1522년 9월 6일까지 3년이 걸렸다. 서쪽 항로로 동방에 다다른 뒤 다시 서쪽 항로를 타고 돌아옴으로써, 인류가 오래도록 상상만 해왔던 꿈, 사상 최초의 세계일주를 실현한 것이다.

마젤란은 출발지로부터 되돌아오지 못했으므로 진정한 세계일주자가 아니다.

엘카노의 세계일주 성공으로 서구의 우주철학 개념은 완전히 뒤바뀌었다. 무엇보다 지구가 둥글다는 것과 아메리카 대륙이 인도의 일부가 아니라는 것, 그리고 지구의 대부분은 바다로 뒤덮여 있다는 것을 증명해 냈다. 지구는 결국 하나의 세상이라는 사실을 입증한 것이다. 카를로스 5세는 이를 기념해 엘카노에게 가문(家紋)을 수여했다. 거기에는 지구본이 그려져 있고 다음과 같은 글씨가 새겨져 있다.

"그대는 나를 위해 최초로 세계 일주를 한 사람이다."

최초의 여성 세계일주자는 누구일까?

엘카노가 세계일주에 성공한 지 약 250년 후 최초의 여성 세계일주자가 탄생했다. 그러나 이 일주는 시작부터가 비공식적이었고, 여성의 신분이 밝혀지지 않은 채 탐사가 시작되었다. 당시 오세아니아로 학술 탐사를 떠났던 루이 앙트완느 부갱빌은 몇몇 학자들과 탐사를 떠났는데, 그 중 한 사람이 필리베르 코메르송이다. 당시 박물관 소속 자연과학자이자 의사였던 코메르송은 나이 서른을 넘겨 잔느 바레라는 젊은 여인과 결혼했다. 한시라도 떨어질 수 없을 만큼 아내를 아꼈던 코메르송은 그녀를 남장시켜 에트왈 호에 태웠다. 남장 여인 바레는 타이티까지 들통나지 않고 그럭저럭 버텨냈다. 그러나 뉴헤브리데스 군도 도착 이틀째 모든 것이 밝혀지고 말았다. 처음에는 놀라 어안이 벙벙했던 부갱빌은 곧 평정을 되찾고 그의 향해 일지에 잔느 바레가 세계일주를 완수한 최초의 여성임을 기록했다.

참고문헌
안토니오 피가페타, 〈최초의 세계일주(2004)〉
피에르 제르마, 〈세상을 바꾼 최초들(2006)〉

소크라테스의 최후는
결코 평화롭지 않았다

죽음을 면하기란 그다지 어려운 일이 아니다.
오히려 비굴함을 면하기가 훨씬 더 어렵다.

소크라테스 Socrates, 그리스 철학자

소크라테스는 악신을 끌어들이고 청소년에게 나쁜 영향을 끼쳤다는 죄목으로 사형을 언도받았다. 그 배경엔 펠로폰네소스 전쟁에서 패배한 아테네 국민들의 좌절과 실망이 있었다. 아테네 국민들은 자신들의 실망과 좌절을 달래줄 희생양이 필요했고, 그 그물에 반역자인 알키비아데스와 친하게 지냈던 소크라테스가 걸려들었다. 소크라테스는 독배를 마다하지 않았다. 자크 루이 다비드의 그림 '소크라테스의 죽음'(1787년)에는 소크라테스가 한 손으로 거침없이 독배를 받아들이고, 다른 손으로는 힘차게 하늘을 가리키고 있다. 그림에서도 나타났듯이 소크라테스는 독당근이 든 독배를 들면서도 평화롭게 죽음을 맞이했던 것으로 보인다.[1] 그런데 정말 소크라테스는 평화롭게 죽어갔을까? 플라톤은 소크라테스의 마지막 순간을 다음과 같이 적었다.

다비드의 그림 '소크라테스의 죽음'(1787년)

"소크라테스는 여기저기 돌아다니고 있었는데 이윽고 다리가 무겁다면서 하늘을 향해 똑바로 누웠다. 그와 동시에 독을 건네준 남자는 그 분의 몸을 만져보고 약간 뜸을 들이고 나더니 다리 밑에서부터 위쪽을 조사했는데, 발을 강하게 눌러 감각이 있는지의 여부를 물었다. 그 분은 감각이 없다고 대답했다. 다음에는 다시 다른 쪽 정강이에 대해 똑같은 조사를 하고, 그렇게 점점 위로 올라가면서 차츰 몸이 차갑고 딱딱해지고 있다는 것을 우리에게 표시했다. 그리고 다시 한 번 그 분을 만져보고 나서 이것이 심장까지 오면 세상을 떠나는 것이라고 가르쳐 주었다."

플라톤의 이야기에 의하면, 소크라테스는 죽어가면서도 육체적 고통은 거의 없었다고 한다. 최후에 남은 클리톤이 소크라테스에게 말을 걸자, 소크라테스의 대답은 없었고 조금 있다가 몸이 움찔 움직였고, 담당 관리가 몸을 덮은 천을 젖혀보니 눈동자가 굳게 고정되어 있었다고 했다.

그러나 플라톤의 이런 표현은 틀린 것이다. 소크라테스는 끔찍하고 고통스럽게 죽어갔다. 독배를 한 컵 마신 뒤 경련을 일으켰고 오물을 토해냈다. 그 뒤 서서히 온몸이 마비되어 갔다. 사실 플라톤은 소크라테스가 죽은 그 순간에 현장에 없었다. 소크라테스의 14명의 제자는 모두 자리를 차지하고 있었지만 플라톤만이 없었다. 훗날 그는 그날 따라 몸이 아팠기 때문이라고 변명했지만, 그 말을 믿는 사람은 없었다. 왜냐하면 플라톤은 당시 소크라테스의 평판이 좋지 않아 그를 멀리했던 것이다. 플라톤이 소크

소크라테스가 먹은 사약은 독당근이었다

소크라테스에게 제공된 사약은 햄록(Conium Macutatum)이라고 한다. 고대 그리스인들은 독당근의 효능을 잘 알고 있었다. 이 약은 신체 경련과 마비 기능을 모두 갖추고 있어 자살용과 사형용으로 제공되었다. 아테네의 웅변가 데모스테네스에게 내려진 사약도 이 독당근이었다. 독당근은 늪 주변에 많이 나 있고 곱게 갈기 쉬웠기 때문에 시 당국이 사형용으로 이용했다. 독당근이라는 이름은 독을 지닌 당근의 잎사귀와 같다는 뜻에서 만들어낸 이름일 것으로 추측된다. 이 약은 심한 구토 증세를 일으키며, 호흡기에 마비 상태를 가져와 온몸의 경련을 유발하는 것으로 알려져 있다. 중세 유럽에서는 마녀의 물건으로 여겨졌으며, '악마의 꽃' 이라고도 불렸다.

라테스의 최후에 대해 적은 글은 그가 직접 현장에서 보지 못하고 임의대로 소크라테스의 죽음을 묘사한 것에 불과하다. 제아무리 초연한 사람이라고 해도 독당근을 먹고 평화롭게 죽는 사람은 없다. 후대의 학자들은 소크라테스의 준법 정신을 애써 미화시키기 위해 그의 최후를 그처럼 평화롭게 각색했던 것이다.

참고문헌
모리모토 데츠로, 〈소크라테스 최후의 13일(1997)〉

신데렐라는
유리 구두를 신지 않았다

신데렐라는 유럽에서 오래 전부터 구전되어 온 이야기로, 나중에 멋진 왕자와 결혼하여 행복하게 산다는 동화의 여주인공이다. 신데렐라의 원조는 9세기 무렵 중국에 그 뿌리를 두고 있다. 세계에서 가장 오래 된 문헌으로는 중국의 〈유양잡조(酉陽雜組)〉로, 이와 같은 유형의 이야기는 유럽에서도 500가지가 넘으며, 아시아에도 많이 퍼져 있다.[1] 우리나라에서도 비슷한 이야기를 찾는다면 〈콩쥐팥쥐〉를 들 수 있다. 그런데 신데렐라 동화 속에는 잘못 알려진 사실이 하나 있는데, 바로 신데렐라는 유리 구두

---

1 〈유양잡조(酉陽雜組)〉는 중국 당나라 때의 수필집으로, 이상하고 황당무계한 이야기를 탁월한 문장으로 흥미 있게 기술하고 있다. 이 책은 당나라 때의 사회를 연구하는 데 귀중한 사료가 되고 있다.

를 신지 않았다는 것이다. 신데렐라가 유리 구두를 신었다는 것이 최초로 등장한 것은 프랑스에서부터였다. 매리언 콕스라는 학자가 전 세계 345개의 각기 다른 신데렐라 동화를 연구하다가 유독 프랑스어 판에서만 오류가 있다는 사실을 발견했다.

이 동화의 최초 프랑스어 판에서 신데렐라는 '털가죽(vair)'으로 된 슬리퍼(Pantoufle)를 신었지만, 언젠가부터 이 동화 속에 털가죽이라는 말은 쓰이지 않았다. 프랑스의 작가 샤를 페로가 이 동화를 다시 쓰면서 'vair(털가죽)'라는 단어를 'verre(유리)'로 잘못 이해하고 'verre'로 썼기 때문이다.

사실 일찍이 많은 사람들이 믿고 있었던 신데렐라의 구두는 회색과 흰색의 다람쥐 가죽으로 만든 '털가죽 구두'였다. 즉 페로가 이를 잘못 알고 깨지기 쉬운 신발을 신데렐라에게 신기게 되었다는 것이다. 또한 신데렐라의 다른 이야기에는 어린이 동화책에서는 발견되지 않은 잔혹한 묘사들이 자주 등장한다. 로시니의 오페라 '신데렐라 서곡'은 이러한 와전된 이야기에 영감을 받은 작품이다.[2]

참고문헌
이찬승, 〈리딩튜터(2003)〉
박종호, 〈불멸의 오페라(2005)〉

---

2 로시니는 당시 어린이 동화와는 달리 현실감 있게 무대 장치를 만들어 동화 분위기 같은 환상적인 느낌을 배제했다. 1816년 크리스마스를 앞둔 어느 날 밤, 로시니는 대본 작가와의 농담 끝에 갑자기 신데렐라를 다루기로 결정하고 24일 간에 걸쳐서 전곡을 완성했다고 전해지고 있다.

고대 실크로드를 개척한
주요 품목은 비단이었다?

실크로드(Silk Road)는 비단 무역을 계기로 중국과 서역 각국의 정치, 경제, 문화를 연계해 주는 교통로의 총칭을 말한다.[1] 기원전 121년 실크로드의 개척자로 알려진 장건(張騫)의 활동으로 서역에 대한 지리, 민족, 풍물 등의 지식이 중국에 전달되었다. 장건에 의해서 개통된 실크로드는 중국 서쪽에도 문명국이 있다는 것을 알게 하였고 향후 중국의 세계관에 큰 영향을 주었다.

실크로드라는 이름에서 나와 있듯이 사람들은 이 길을 만들었

1　실크로드라는 명칭을 처음 사용한 사람은 19세기 독일의 지리학자 리히트 호펜(Ferdinand Richthofen)이다. 그는 중국에서부터 중앙 아시아를 경유해 유럽과 인도로 수출되는 주요 품목이 비단이었다는 점에서 착안해 이 교역로를 독일어로 '자이텐스트라센(Seidenstrassen, 비단길)'이라고 명명하였고 이것이 영어로 실크로드로 불리게 되었다.

던 품목이 비단으로 알고 있지만, 실은 비단보다는 은(銀)과 옥 (玉)이 먼저 교역로의 주요 품목이었다. 동서 교류는 실크로드가 동방으로 연결된 기원전 2세기 후반의 한무제(漢武帝) 때보다 이미 2세기 전에 있었다. 중국의 전국시대부터 한대 초기에 걸쳐 간쑤성 서부를 점거하고 있던 월씨족이 동서의 중계 무역을 담당하고 있었다. 월씨족의 주요 품목은 신강 위구르 자치구인 코탄 부근에서 얻었던 옥이었다. 중국이 실크로드가 서역으로 통하는 관문 이름을 옥문관(玉門關)이라 지은 것만 봐도 옥이 당시에 주요 교류 품목이었던 것을 짐작할 수 있다. 서양 학자가 이 통로를 실크로드로 지은 것은 서방의 관점에서 본 것으로, 중국의 특산물 비단에 비유해 지은 것이다.

당시 그리스와 로마에서는 비단이 금과 비교할 정도로 귀중한 옷감이었다. 서방에서는 마나 아마 같은 뻣뻣한 천밖에 없었으므로 사람들은 촉감이 좋고 광택이 있는 비단에 푹 빠졌다. 알렉산드로스 대왕이 동방원정 때 인도에서 비단을 얻고 대단히 기뻐했다는 일화나, 로마의 황제가 은화의 대부분을 비단을 사기 위해 써서 국고가 바닥났다는 일화는 비단이 그들에게 얼마나 값진 물건이었는지 짐작할 수 있다. 이런 이유 때문에 중국은 비단을 생산해 내는 누에고치 사육법이 중국 밖으로 새어나가는 것을 법으로 금지했다.

참고문헌
정수일, 〈실크로드 문명기행(2006)〉
전인초, 〈돈황(2006)〉

'세기의 로맨스'의 주인공 심프슨 부인은 이혼녀였다?

나는 사랑하는 여인의 도움과 지지 없이는
왕으로서의 막중한 책임과 의무를 다할 수 없음을 알았다.

에드워드 8세 Edward Ⅷ, 영국 왕세자

'왕관보다는 사랑하는 여인을 선택하겠다.' 세기의 로맨스 중에 단골로 등장하는 것이 에드워드 8세와 심프슨 부인의 사랑이다. 과연 이들의 로맨스는 세간의 화제대로 정말 아름다웠을까? 그리고 당시 에드워드 8세와 결혼하기 전의 심프슨 부인은 정말 이혼녀였을까? 결론부터 말하면 그들의 사랑은 아름답지 않았고, 심프슨 부인은 이혼한 경력이 있지만, 에드워드를 만나고 있을 당시에는 두 번째 남편이 있는 어엿한 유부녀였다.

심프슨 부인은 두 번의 이혼 경력을 가지고 있었다. 당시 영국 사회에서 이혼은 가장 큰 허물이었는데, 이혼한 사람에게는 극단적인 차별이 뒤따랐다. 더군다나 심프슨 부인의 전 남편은 모두 생존해 있었고, 이혼 사유도 무척 복잡했다. 심프슨 부인은 허영에 들떠 있는 전형적인 미국 여자로, 그녀가 밝힌 것처럼 펜실

에드워드 8세(원저공)는 양위 직후인 1937년, 부인과 함께 독일을 방문하여 히틀러와 공식적인 만남을 가졌다.

베이니아의 귀족 가문 출신이 아니라 그저 평범한 집안 출신이었다. 무엇보다 그녀에게 따라붙는 수식어 중의 하나는 '이혼녀'라는 꼬리표인데 이것은 틀린 말이 아니다. 그러나 그녀는 에드워드 8세를 처음 만났을 때 아직 이혼하기 전이었다. 그녀는 첫 번째 남편과 이혼을 하고 두 번째 남편과 재혼을 한 상태였다. 에드워드가 왕위에 오르고 그들이 결혼하기 직전까지도 그녀는 혼인 상태를 유지하고 있었다.

심프슨 부인은 에드워드와 결혼 직전까지도 유부녀였다

그녀는 재혼한 두 번째 남편과 함께 런던 사교계에 진출해 두각을 나타내기 시작했다. 에드워드 8세와 가까워지면서 영국 왕비 행세를 하기 시작했고, 결혼도 하기 전에 에드워드 8세의 대관식 때 공식적으로 참석할 것임을 강조했다. 그런 가운데 시간이 지날수록 두 사람의 결혼을 반대하는 목소리는 높아졌다. 당시 수상이었던 볼드윈은 에드워드 8세에게 심프슨 부인을 포기할 것을 종용했다. 단순히 심프슨 부인의 이혼 경력만을 문제삼은 것이 아니었다. 그녀의 행실이나 태도에서 여러 문제점을 발견한 것이었다. 에드워드 8세의 대관식이 예정되어 있던 1937년 5월, 심프슨은 이미 이혼청구 소송을 내고 에드워드와의 결혼을 기다리고 있었다. 1936년 7월 심프슨은 이혼 소송에 들어갔고, 1936년 10월 27일 남편 어니스트가 간통을 저질렀다는 이유를 들어 이혼 허가를 받아냈다. 이리하여 에드워드 8세는 1936년 12월 10일 영국 왕위를 포기하고 윈저공(Duke of Windsor)으로의 삶을 시작했다. 그리고 1937년 6월 3일 그들은 마침내 프랑스에서 정식 결혼식을 올렸다. 그들이 결혼식을 양위 이후 7개월이나 지나 올릴 수 있었던 이유는

에드워드 8세는 히틀러의 열광적인 팬이었다

"세계 역사상 히틀러만큼 위대한 사람은 없다. 이렇게 훌륭한 지도자를 갖고 있는 독일은 축복을 받은 것이다. 그리고 분명히 말하지만 히틀러는 천하무적이기 때문에 영국이 히틀러와 싸우는 것은 어리석은 짓이 될 것이다."

이 말은 장차 영국의 국왕이 될 지도 모를 에드워드 8세가 공식 석상에서 한 말이다. 에드워드 8세는 영국이 2차 세계대전에서 독일의 공격을 받고 있는 중에도 히틀러의 독일을 좋아했다. 그는 나치와 파시즘에 대해 옹호 발언을 자주 했는데, 왕으로서의 기본적 소양이 의심스러울 정도였다. 에드워드 8세가 독일과 히틀러를 찬양하는 데는 심프슨 부인의 영향이 지배적이었다. 이들 부부는 프랑스가 독일에 함락당하자 중립국인 스페인으로 가더니 그곳에서 만난 독일인들과 의형제를 맺으려고 했다. 영국 정치인들은 이들 부부의 철없는 행동에 경악을 금치 못했다. 특히 전시 행정부를 이끌던 처칠은 이들 부부가 어디로 튈지 몰라 전전긍긍했다. 이를 두고 훗날 처칠은 이렇게 회고했다.

"그들에게는 사랑이었겠지만, 영국인들에게는 그보다 더한 위기는 없었다."

심프슨 부인의 이혼 절차가 공식적으로 완료되는 시점을 기다렸기 때문이었다. 그녀는 에드워드가 왕위를 포기하고 정식 결혼을 올리기 전까지도 법적으로 유부녀였던 것이다.

애초부터 에드워드 8세는 영국의 국왕에 어울리는 사람이 아니었다. 그는 왕위에 심한 거부감을 느꼈으며, 개관식에 참여하기를 꺼려했고 대외 정치는 물론 내각으로 전달되는 서류를 읽는 것조차 부담스러워했다.

참고문헌
엘리노어 허먼, 〈왕의 정부(2004)〉
김현수, 〈이야기 영국사(2004)〉

십자가는 고대 바빌로니아 종교의 상징물이었다

십자가는 기독교가 등장하기 이전에 고대 문명 지역의 상징물이었으며,
그들은 십자 무늬를 새겨 숭배했다.

크리스티나 홀 Christina Hole, 〈부활절과 관습〉의 저자

십자가는 원래 고대 문명을 이룩한 원시 종교의 상징물이었다. 고대 바빌로니아에서는 태양신으로 섬겼던 담무스(Tammuz)의 첫 글자 T자를 십자가로 형상화하여 경배하였고, 이집트에서는 T자 모양의 타우 십자가와 앵크 십자가를 종교 의식에 사용하였다.

그 후 바빌로니아의 문화가 이집트로 전파되면서 바빌로니아 종교의 상징물인 십자가의 문형도 이집트 종교에 영향을 주었다. 이집트의 고대 비석과 신전에 그려진 벽화를 보면, 이집트 신들이나 왕의 손에 십자가가 쥐어져 있는 모습을 발견할 수 있다. 또한 이집트 왕 아메노피스 4세의 유적 가운데에서도 태양에 매달린 십자가의 모양을 찾아볼 수 있다. 뿐만 아니라 아시리아인의 기념비에 새겨진 조각에는 이집트와 대항해 싸우던 병사들의

목이나 옷깃에 십자가를 늘어뜨린 모습이 새겨져 있고, 왕들도 그들의 목에 십자가 문형을 달고 있는 조각을 볼 수 있다. 기원전 1400여 년경에 이미 십자가는 겉옷의 장식물로 사용되어 왔음을 알 수 있다. 로마 사람들도 그들의 문화가 발달되기 전에 십자가를 숭배의 대상으로 삼아 부적으로 활용하여 무덤 위에 올려놓기도 했다. 이 외에도 십자가는 이방인들의 사형틀로 사용되어 왔으며, 로마 시대에는 십자가가 예수를 죽이는 형틀로 사용되었다.[1]

십자가는 기독교인들이 교리를 전파하기 위해 상징물로 받아들였다

로마 제국이 건국된 후에도 십자가 숭배는 계속 유지되었다. 기원전 46년에 만들어진 로마 주화에는 십자가가 달린 긴 홀을 쥐고 있는 제우스의 화상이 새겨져 있음을 발견할 수 있다.[2] 십자가는 기독교 생성 이전에 이방인들에 의해 종교적 숭배의 대상으로 사용되어 왔던 것이다.

십자가는 기독교가 이교화되는 과정에서 들어온 부산물이다. 교회의 지도자들은 이교도들을 더 많이 전도한다는 명목으로 이교도들의 사상과 상징물들을 받아들였다. 십자가를 교회 내부에 부착하기 시작한 역사적인 기록은 431년경이며, 교회 꼭대기에 십자가를 세우기 시작한 것은 586년경부터이다.

이교도에서 개종한 신자들을 위해 도입했던 상징물들은 세월이 흐르면서 교회 내에서 확고한 위치를 차지하게 되었고 나중에는 모든 신자들이 그 상징물들이 하나님을 섬기는 도구나 기독교 신앙을 상징하는 것으로 믿게 되었다.

참고문헌
폴 카루스, 〈악마의 역사(2003)〉
조셉 캠벨, 〈신화의 이미지(2006)〉

1 십자가 처형 방법은 페르시아, 페니키아, 이집트인 등의 관습이었고, 후에 페르시아인과 페니키아인에 의해 그리스와 로마에까지 전달되었다. 당시에 사형수들에게는 말뚝에 묶어놓고 손과 발에 못을 박거나, 창으로 찔러 사형을 집행했다. 기원전 5세기경에 기록된 헤로도토스의 〈역사〉에는 페르시아 황제 다리우스가 바빌론의 주민 3,000여 명을 십자가형에 처한 기록이 있다.

2 십자가는 카이사르의 주화에 처음 등장하고, 후에 아우구스투스가 기원전 20년에 만든 주화에도 나온다. 콘스탄티누스가 발행한 주화에도 동전 앞면에는 태양신, 동전 뒤에는 십자가를 그려 넣었다.

십자군

십자군 전쟁은
성지 탈환을 위한 성전(聖戰)이었다?

인간의 어리석음을 보여주는,
가장 눈에 띄고 오래된 기념비적인 업적은 십자군 전쟁이다.
데이비드 흄 David Hume, 영국의 철학자

십자군 원정길에 오른 병사들은 늘 이 전쟁을 성전(聖戰)이라고 주장했다. 가톨릭 교황이나 국왕들도 이들을 성전을 위한 원정이라고 다독이고 또 부추겼다. 과연 이 전쟁이 그들 말대로 성전이었을까?

기독교인이 '성지 탈환'을 명분으로 이슬람 세계를 공격한 십자군 전쟁은 약 2백여 년 동안 계속되었다. 그들은 예루살렘 성지를 순례하는 기독교인들을 이슬람인들이 박해했다는 것을 구실로 삼아 성지 탈환의 명분을 내세웠다. 물론 전혀 박해가 없는 것은 아니겠지만, 이 이야기는 비잔틴 황제가 꾸며낸 것이다. 그런데 이 말은 중세 유럽 지역의 기독교인들의 연대감을 불러일으키는 주술적인 효과를 가져왔다.

1096년 제1차 십자군 원정길에서 이들은 수많은 유대인을 학

십자군 전쟁은 성지 탈환이라는 거창한 명분을 내세웠지만, 지배 계급의 계산과 삶을 유지하기 위한 전쟁이었다.

살했다. 그리고 예루살렘을 공격하면서 이번에는 주로 이슬람교도를 표적으로 삼았다. 프랑스 성직자는 그들의 잔혹한 모습을 이렇게 표현했다.

"예루살렘 광장에는 수많은 사람들의 머리와 팔다리가 산더미처럼 쌓였다. 십자군 병사들은 시체를 밟으면서 계속 전진했다. 신전이나 벽은 물론 기사의 말고삐까지 붉은 피로 물들었다."

제2차 십자군 원정 때 그들은 비잔틴을 약탈했고, 제3차 십자군은 여자와 아이들을 포함한 무고한 이슬람교도 촌락민 3천 명을 대량 학살했다. 제4차 십자군은 가장 추악한 원정길이었다.[1] 그들은 이탈리아 상인들과 거래를 하고 기독교인이 사는 자라시를 공격했다. 성지 탈환이라는 명분은 사라지고 콘스탄티노플을 닥치는 대로 약탈했다. 제4차 십자군과 제5차 십자군 사이에는 소년 십자군이 있었다.[2]

십자군 전쟁에는 교황과 국왕, 기사 계급의 이해 관계가 숨어 있었다

신의 계시를 받아 참전한다고 선언한 소년 십자군의 최후는 비참했다. 프랑스 소년 십자군은 성지까지 공짜로 태워주겠다는 이탈리아 상인들의 꼬임에 넘어가 이집트의 노예 시장에 팔려나갔다. 독일 소년 십자군은 알프스를 넘어 행군하다가 병에 걸려 많은 아이들이 죽었다. 아홉 차례나 진행된 십자군 원정길은 중세 유럽 역사에서 최악의 원정으로 기록될 추악한 전쟁이었다. 십자군 원정은 무질서, 약탈, 학살, 소년 소녀 십자군의 노예 매매 등 추악한 일

매춘부도 동행한 십자군 원정길

제1차 십자군에 종군했던 매춘부는 5천 여명에 이르렀다. 또 알브레이트 1세가 신성로마 황제로서 슈트라스부르크에 입성했을 때(1298년)는 8백여 명의 매춘부가 동행했으며, 스페인 알바공의 네덜란드 원정 때는 4백여 명의 기마 매춘부와 8백여 명의 도보 매춘부가 참가했다. 이들 매춘부는 연대를 조직했을 뿐만 아니라 병사와 마찬가지로 급료를 받는 용병이었다. 이들을 참가시킨 데는 무엇보다도 병사들의 욕구불만을 위로하는 것이 주된 목적이었으나, 십자군이 외국 여자에게 성병을 옮기거나 동성애를 방지하기 위한 조치이기도 했다. 게다가 전쟁을 지휘하고 있는 지휘관들은 요염한 여자들이 있으면 병사들이 더 열심히 싸울 것이라고 기대했다.

면을 드러냈으며, 시종일관 동서 무역에서 나오는 이익을 취하려는 의도가 깔려 있었다.

그런데 이들은 왜 이런 추악한 전쟁을 벌였던 것일까? 교황은 교황대로, 국왕은 국왕대로의 이해 계산이 있었겠지만, 무엇보다 십자군의 중심 세력인 기사들과의 관계를 빼놓을 수가 없다. 십자군 원정은 기사들이 경력을 쌓을 수 있는 절호의 기회였다. 그들은 전쟁에 참여해 수백 명을 죽이고 영웅이 되어 귀환했다. 또한 경력을 쌓는 것 이외에 십자군 원정은 용이한 돈벌이도 되는 일이었다. 당시 기사들은 빈털터리였기 때문에 그들에게 십자군 전쟁만큼 좋은 기회는 없었다. 막대한 경비와 인력이 드는 전쟁이 그렇게 오랜 기간 수행되었다는 것은 신앙심만으로는 해석할 수 없는 일이다. 그 이면에는 각계 각층의 이해 관계가 맞아떨어진 것이다. 결국 십자군 전쟁은 성지 탈환이라는 거창한 명분을 전면에 내세웠지만, 지배 계급의 계산과 삶을 유지하기 위한 전쟁이었다.

참고문헌

조르주 타트, 〈십자군 전쟁(1998)〉

아민 말루프, 〈아랍인의 눈으로 본 십자군 전쟁(2002)〉

1 제4차 원정(1202~1204)에서 십자군들은 베네치아의 상인들에 의해 콘스탄티노플을 함락하고 그곳에 라틴 제국이 세워지는 엉뚱한 결과를 낳았다. 이로 인해 베네치아는 동부 지중해 지역에 영토를 확대함으로써 14~15세기 초에 해상무역 공화국으로서의 전성기를 맞이하였다.

2 소년 십자군이 참전한 기록은 자세히 남아 있지 않으나, 1212년 초 쾰른의 니콜라스라는 소년이 소년 십자군의 중심이 되었다는 기록은 현재까지 전해져 오고 있다.

아라비아 숫자

아라비아 숫자는 인도에서 발명되었다

인도에서 발명된 이 열 개의 교묘한 숫자의 배합은
아르키메데스도 생각하지 못한, 실로 인류의 위대한 업적이다.
라플라스 Pierre Laplace, 프랑스의 수학자

아라비아 숫자는 0을 포함해 1에서 9까지의 숫자를 뜻한다. 오늘날 세계 여러 나라에서 사용하고 있는 이 숫자의 명칭은 12세기 무렵 유럽의 상인들이 붙인 것이다. 유럽인은 이 숫자를 아라비아에서 받아들였기 때문에 아라비아 숫자라고 불렀다.[1] 그러나 이 아라비아의 숫자는 인도에서 발명되었다. 5세기 무렵 인도에서는 1에서 9까지의 9개 숫자 외에 0이라는 새로운 숫자를 만들어 이들 10개의 숫자만으로 어떠한 수도 나타낼 수 있었다.

상업에 능했던 아라비아인들은 멀리 중국이나 인도에까지 진출해 여러 물건을 교환하였다. 그들은 교역품 이외에도 중국에서는 종이 만드는 법을, 인도로부터는 이 편리한 숫자를 배워 갔던 것이다. 아라비아에 왔던 유럽의 상인들은 이 숫자 체계가 아라비아 사람들이 만든 것이라고 잘못 알게 되었고, 그 후 세계 여

러 나라에서 이 숫자는 '아라비아 숫자'로 통용되었다. 아라비아 숫자가 유럽에 알려진 이후 셈이나 수의 기록이 아주 편리하게 되었고, 유럽의 수학과 과학이 급속히 발달하는 계기가 되었다.

중세 유럽인들은 자신의 조상들이 이루어놓은 학문을 발전시키기는커녕 제대로 보존도 하지 못했다. 8세기에서 12세기까지 이 역할을 아랍인들이 담당했는데 그들은 12세기 들어 자신들이 발전시킨 학문을 유럽에 전해주었다.

아라비아 학문이 유럽 과학 문명의 밑거름이 되었다

그 후 유럽인들은 아랍의 학문을 받아들여 그리스 학문을 재발견하고 발전시켜 훗날 코페르니쿠스, 갈릴레이 등이 활동할 수 있는 학문적 기반을 조성하였다. 아랍인들은 이처럼 아무런 편견 없이 인도의 숫자는 물론 십진법 등 여러 우수한 다른 문명의 학문들을 흡수해 자신들의 문화에 접목시켰다.

1에서 9까지 아홉 개의 숫자와 0을 써서 10이 될 때마다 한 자리씩 올라가는 것을 생각해 낸 일은, 인류 역사상 가장 위대한 발명 중의 하나로 손꼽히고 있다. 이 숫자 덕분에 인도 사람들은 덧셈, **뺄셈**, 곱셈, 나눗셈은 물론 이자 계산이라든가, 제곱근, 세제

---

1 중세 유럽인들은 처음 이 아라비아 숫자를 '악마의 기호'라고 하여 받아들이는 데 무척 거부감을 느꼈다. 그러나 중세 십자군 원정이 계기가 되어 아랍의 지식과 함께 아라비아 숫자는 유럽에까지 전파되기에 이르렀다.

인도에서 '0'이 숫자의 개념을 이루기 전까지 고대 이집트나 바빌로니아에서는 0을 단순히 빈자리를 채우는 기능으로만 사용했다. 그러나 인도에서는 0을 공백을 채우는 기능뿐만이 아니라 나머지 아홉 개의 숫자를 통해 무한정으로 수를 나타낼 수 있는 유한의 개념을 나타냈다. 또한 0은 양수와 음수의 개념을 탄생시켰고, 정수의 체계까지 이루게 했다. 오늘날 컴퓨터의 가장 초보적인 바탕이라고 할 수 있는 십진법의 기능도 바로 0으로부터 시작된 것이다. 그리고 0의 개념은 수학에서만 활용된 것이 아니다. '0' 또는 '무(無)'를 통해 철학자는 인식하려 했고, 신비주의자는 상상하려 했으며, 천문학자는 찾으려 했고, 신학자는 믿으려 했다. 그러나 사람들에게 '없음'을 먼저 보여준 사람은 수학자들이었다. 그것은 바로 '0'이었다.

곱근을 구하는 등 복잡한 셈까지도 거뜬히 할 수 있었다.

그러나 인도는 아랍이나 유럽처럼 이 숫자를 이용해 과학과 수학을 획기적으로 발전시키지 못했다. 인도 수학이 계속 발달하지 못한 이유는 수학을 연구할 수 있는 계층이 승려나 왕족들에게만 제한되어 있었기 때문이었다. 또한 인도 사람들은 자신들의 생각을 시(詩)의 형식으로 남겨 놓았는데, 시는 수학적인 내용을 자세하게 옮길 수 없고 의미가 애매 모호해 숫자의 개념을 확실하게 정립할 수 없었다.

참고문헌
자와할랄 네루, 〈인도의 발견(2003)〉
요시다 요이치, 《0의 발견(2002)》

아르키메데스의 거울은 로마 함대를 태우지 못했다

숫자의 개념을 알지 못하는 사람들에게는
대부분의 현상이 믿기 어려운 일들로 보인다.
아르키메데스 Archimedes, 고대 그리스 수학자

"유레카! 유레카!(발견했다)"

이 유명한 말은 고대 시라쿠사의 수학자 아르키메데스의 명언이다. 왕관이 순금으로 제작되었는지를 생각하다가 '부력의 원리'를 발견한 기쁨에 벌거벗은 채로 뛰쳐나와 '유레카!'라고 외쳤다는 일화는 아르키메데스의 왕성한 과학적 호기심을 잘 대변하고 있다. 이 부력의 법칙은 오늘날 유체 역학의 기본 원리이다.

아르키메데스는 인류 최고의 천재 중 한 명으로, 오늘날로 표현하면 그는 최초의 과학수사 요원이 아닐까 여겨진다. 부력이라는 과학적 원리를 이용해 순금과 불순물이 들어간 금을 구별해 범인을 색출했으니 이런 찬사도 결코 과장된 표현이 아니다. 그는 용의선상에 오른 사람들을 불러 심문하지도 않았다. 지하에 있는 취조실에서 혐의자의 자백을 얻어내기 위해 피곤한 씨

름을 한 것도 없다. 과학의 원리를 이용해 범인을 잡은 그는 최초의 과학수사 요원이며 전문가라고 할 수 있다.

아르키메데스는 과학의 원리를 누구보다 전쟁에 잘 이용한 과학자였다. 제2차 포에니전쟁이 발발하고 시라쿠사가 로마군의 공격을 받았을 때, 아르키메데스는 70세를 넘은 고령에도 불구하고 각종 투석기와 기중기 등 지렛대를 응용한 신형 무기를 만들어 로마의 대군을 크게 괴롭혔다.[1] 로마 장군은 그가 만든 무기에 감탄하여 그를 '100개의 눈을 가진 거인'이라고 불렀다. 당시 그가 거울을 이용해 로마군의 함대를 불태웠다는 것은 잘 알려진 이야기다.

내게 지렛대와 지렛목만 주면 지구라도 움직여 보이겠다

고대 그리스와 로마 역사서에는 기원전 212년 아르키메데스가 섬에 접근하는 로마 전함들을 태양열 반사 무기로 공격해 배들을 불태웠다는 기록이 나온다. 아르키메데스가 거울로 태양 광선을 한데 모아 로마 함대를 태워버렸다는 것이다. 이 공격으로 큰 피해를 입은 로마군은 시러큐스 섬을 점령하는 데 3년이나 걸렸다. 아르키메데스의 거울이 인류가 최초로 전쟁에서 광선을 무기로 사용한 사례라고

하지만, 이 이야기는 실
현 가능성이 희박해 단
순한 설로 치부하는 의
견이 많았다. 정말 햇빛
을 받은 거울을 통해 함
대를 불태울 수 있을까?
결론부터 말하자면 그
건 불가능한 일이다.

2005년 미국 메사추
세츠 공과대학(MIT)과

애리조나 대학 연구팀은 실제로 바다에 배를 띄우고 아르키메데스의 거울 무기가 배를 태울 수 있는지 실전과 같은 실험을 하였다.[2] MIT 팀은 구리와 유리로 된 8평 크기의 물체로 태양 광선을 반사시켜 바다에서 떨어진 목선을 쬐었지만, 배 표면만 약간 그을렸을 뿐 화염이 일지는 않았다. 바다와 거리를 좁혔을 때도 작은 부분만 불타는 데 그쳤다. 애리조나 대학 팀은 작은 거울 여러 개를 화판처럼 모은 반사 물체를 썼는데 이것 역시 배를 태우지는 못했다.

1　지렛대를 응용한 무기는 막대를 어떤 점에서 받쳐서 그 받침점을 중심으로 회전할 수 있게 한 것이다. 이 원리는 아르키메데스에 의하여 발견되었으며, 도르래(滑車)나 회전축도 그 특수한 응용의 한 예라 할 수 있다.

2　이 연구는 '신화 파괴자(MythBusters)'라는 디스커버리 채널 프로그램의 지원을 받아 아르키메데스의 실험을 펼친 것이다.

시라쿠사가 함락되던 날, 아르키메데스는 죽는 순간까지도 단순한 기술자가 아닌 기하학자로서의 면모를 보여 주었다. 역사학자 플루타르크의 말에 의하면 당시 그는 어떤 문제를 풀어낼 생각으로 한참 정신을 집중하고 있었다. 그는 도시가 침략당한 것도, 로마 군인이 침입한 것도 모르고 있었다. 뜰에 모형을 그려 넣고 기하학의 연구에 몰두하고 있을 때, 한 로마 병사가 다가와 로마의 점령군인 마르켈루스를 따르라고 명령했다. 그는 다가오는 사람이 로마 병사인 줄도 모르고 "물러서거라, 내 도형(圖形)이 망가진다"고 외쳤다. 그러나 로마 병사는 그를 몰라보고 아르키메데스의 목을 내리침으로써 그는 생을 마감하게 되었다. 나중에야 아르키메데스의 죽음을 안 로마군의 대장 마르켈루스는 천재 아르키메데스를 애석히 여기고 평소 그의 유언대로 묘비 위에 구(球)에 외접하는 직원 기둥의 그림을 새겨 주었다. 이것은 아르키메데스가 고심 끝에 발견한 정리(定理), "구에 외접하는 원기둥의 부피는 그 구 부피의 1.5배이다"라는 것을 나타낸 것이다.

이 프로그램 제작자인 피터 리스는 "이번 실험은 아르키메데스의 일화가 그저 신화였음을 보여준다. 이것은 실현 불가능하다는 것이 아니라 전쟁 무기로서는 비현실적이라는 뜻"이라고 설명했다. 실험을 진행한 데이브 왈래스 MIT 교수도 "기술적으로는 가능한 일이지만 아르키메데스가 실제로 적함을 불태웠는지에 대해서는 확답을 내놓을 수 없다"고 말했다.

참고문헌

어니스트 볼크먼, 〈전쟁과 과학, 그 야합의 역사(2003)〉

안정효, 〈신화와 역사의 건널목(2002)〉

아메리카 대륙을 최초로
발견한 유럽인은 바이킹이다

바이킹과 아메리카 인디언의 만남은
세계 인구가 단일 글로벌 시스템으로 연결되는 첫 과정이었다.
피츠휴 William Fitzhugh, 스미소니언 연구소 고고학자

지금도 아메리카 대륙을 최초로 발견한 사람에 대해서는 논란의 여지가 많다. 콜럼버스가 신대륙 탐험에 성공하고 이를 계기로 유럽의 이주민을 정착시킨 것은 사실이지만, 그가 최초로 이 신대륙에 발을 디딘 것은 아니었다. 노르웨이계(系)의 바이킹은 9세기 무렵부터 아이슬란드와 그린란드에 식민지를 건설하고, 10세기에는 뉴펀들랜드, 마르크랜드, 빈랜드 등을 발견하였다. 바이킹들은 모험과 싸움을 좋아해 스칸디나비아 반도에서 사방으로 흩어져 러시아, 영국, 프랑스를 점령했고 더 나아가 스페인과 북아프리카까지 손아귀에 넣기도 했다.

고대 스칸디나비아의 전설에 따르면, 비아르니라는 바이킹이 현재 북아메리카라고 알려진 지역을 985년경에 발견했다고 전해지고 있다.[1] 그는 아이슬란드에서 그린란드로 가다가 풍랑을

만나 표류하게 되었는데, 이때 처음으로 북아메리카 대륙의 땅을 밟았다. 비아르니가 이렇게 길을 뚫자 뒤이어 다른 스칸디나비아인들이 아메리카로 향했다.

그 무렵 그린란드의 바이킹 중에 뛰어난 지도자가 나타났다. 그는 바로 그린란드를 발견하고 그곳에 정착하여 살던 붉은 에릭의 아들인 에릭손이었다. 모험심을 주체하지 못하던 에릭손은 배를 타고 서쪽으로 나아갔다. 북아메리카의 북쪽은 그린란드와 아주 가까운 거리였다. 두 대륙 사이에 있는 바다(데이비스 해협)의 너비는 겨우 320킬로미터였다.

바이킹은 12년 동안 북아메리카 대륙에 정착촌을 세웠다

노르웨이와 그린란드 사이 2,400킬로미터 뱃길을 오가던 바이킹으로서는 손쉬운 항해였다. 에릭손은 북아메리카 남쪽을 항해하다가 풀이 우거지고 모래가 곱게 깔린 땅에 이르렀다. 그는 이곳의 이름을 '숲의 땅(Markland)'이라고 불렀다. 그리고 이틀을 더 항해한 뒤 에릭손은 연어 떼가 보이는 곳에 정착해 이곳을 빈랜드라 부르고 정착촌을 마련했다. 빈랜드 정착촌은 약 12년 동안 유지되었으나, 이들 바이킹은 현지 인디언 세력에 밀려 그린란드로 되돌아갔다.

그런데 어느 때부터인가 빈랜드는 바이킹의 역사에서 사라졌다. 어떤 학자는 빈랜드에 살던 바이킹들이 인디언에 동화되어 아메리카 토박이가 되었다고 하고, 어떤 이는 그들이 모두 인디언에게 살해되었다고 주장하기도 했다. 아메리카에서 바이킹의 역사가 어떻게 끝났는지는 알 수 없지만, 확실한 것은 그들에게 는 자신들보다 월등히 많은 아메리카 원주민을 물리칠 인원이 없었다는 점이다. 기동성이 뛰어난 바이킹의 좁고 긴 배는 치고 빠지는 데는 적합했지만, 사람을 44명밖에 태우지 못해 그린란 드로부터 사람을 많이 수송해 오기에는 역부족이었다. 결국 바 이킹은 콜럼버스보다 500년 앞서 아메리카를 발견하고도 아메 리카에 뚜렷한 발자취를 남기지 못했다.

그 후로 많은 고고학자들이 바이킹들의 흔적을 찾기 위해 아 메리카 대륙에서 발굴을 시작했다. 그러다가 1961년 바이킹의 주거 흔적이 북부 뉴펀들랜드에서 발견되었다. 스웨덴 고고학자 헬게 잉스타드는 빈랜드의 '빈'이 바이킹의 말로 '풀'이라고 생 각하고 캐나다 동부 해안의 래브라도 반도를 조사했다. 바로 이 곳에서 불을 떼던 화덕 자리와 냄비, 난로를 발견하였고, 그것을 시작으로 바이킹의 유적으로 보이는 대장간과 화살촉, 구멍이 뚫린 작은 돌멩이를 발견했다. 이것은 바이킹이 이곳에서 살았 다는 결정적인 유물이었다.

이 유물은 바이킹이 짐승 털로 실을 만들었던 것으로, 이 지역

1　아이슬란드 사람들은 지금도 '빈랜드 전설'을 믿고 있다. 에릭손이라는 뛰어난 지도자가 이끄는 바이킹들이 서쪽 바다를 항해하다가 새 땅을 발견하고 그곳을 빈 랜드라 이름지은 뒤 거기에 정착촌을 세웠다는 전설이다. 이런 전설은 13세기에 〈플래티 북〉이라는 책으로 나오기도 하였다.

에 유럽 사람이 건너왔다는 증거였다. 이후에도 계속해서 사람들이 살았던 집터와 유물들이 발견되었고, 세계의 고고학자들은 이곳을 바이킹의 유적지로 인정하였다. 현재 이 지역은 유네스코 선정 유적지가 되었다.

참고문헌
김신, 〈탐험의 역사(1999)〉
한스 후프, 〈역사의 비밀(2001)〉
폴반, 〈고고학 탐정들(2003)〉

아문젠의 탐험지역은
남극이 아니라 북극이었다

아무도 밟아보지 못한 정상을 정복해야 한다는 것은 대단한 스트레스다.

힐러리 Edmund Hillary, 에베레스트 최초 정복자

아문센(Amundsen)은 세계 최초로 남극점에 도달한 노르웨이의 탐험가다. 그러나 그가 원래 목표로 했던 곳은 남극이 아니라 북극이었다. 아문젠은 애초의 탐험 지역을 벗어나 '세계 최초'에 이름을 올리기 위해 불가피하게 남극으로 목표를 수정했던 것이다.

아문젠은 15세 때부터 북극 탐험가가 되기 위해 체력을 단련했다. 스키를 익히고 차가운 기온에서도 생활할 수 있도록 창문을 열고 훈련했다. 차분하게 극지 탐험을 준비한 아문젠은 수많은 탐험가가 시도하였으나, 한 번도 성공하지 못한 북서 항로를 완주하는 데 성공한다. 그는 마지막 목표인 북극점에 도전하기 위해 탐험에 나섰다. 당시 아문젠이 스콧보다 2개월 뒤 원정길에 나섰을 때, 세계는 그가 북극을 향하고 있다고 믿었다. 그런데 아

문젠은 탐사 도중 이미 피어리(Peary)가 인류 최초로 북극점에 도달했다는 소식을 접하게 된다.[1] 아문젠은 조금도 망설임이 없이 자신의 탐험 대원에게도 알리지 않고 비밀리에 자신의 계획을 변경했다. 이윽고 망망대해의 바다 한가운데에 이르러서야 대원들에게 새로운 목적지 '남극'을 가리켰다. 이 무렵 그가 남극 탐험길에 나섰을 때 영국의 스콧이 나라의 후원을 받으며 남극점 정복에 나섰다는 소식을 접하게 된다.[2] 아문젠과 스콧 탐험대는 남극점을 놓고 운명을 건 세기의 대결을 벌이게 된 것이다.

스콧 탐험대를 누르고 최초로 남극을 정복하다

아문젠은 9명의 정예 대원을 이끌고 탐험대를 구성해서 북극의 에스키모들이 사용하는 개썰매를 이용해 물자를 이동했다. 아문젠은 이미 에스키모인들에게 동물 다루는 법을 배워 개를 잘 이용할 수 있었다. 스콧도 개를 데리고 왔으나 그에게는 경험이 부족했다. 스콧은 극지방에 어울리지 않는 조랑말을 이용했기 때문에 이동에 어려움이 있었다. 이들의 경쟁은 결국 아문젠의 승리로 끝났다. 아문젠은 남극의 특징을 파악하고 철저히 사전에 준비했기 때문에 스콧보다

---

1 피어리(Edwin Peary)는 미국의 탐험가로 여러 차례 북극을 탐험하고, 1909년 처음으로 북극점에 도달하였다.

2 스콧(Robert Scott)은 영국의 탐험가로 두 차례에 걸쳐 남극을 탐험하여, 1911년에 남극점에 도달하였으나 돌아오는 길에 조난당해 사망하였다. 그러나 그가 남극에서 조사한 학술 자료는 지금도 귀중한 자료로 평가받고 있다.

일찍 남극점에 도달할 수 있었던 것이다. 아문젠은 1911년 12월 14일 세계 최초로 남극점에 도착했지만 여전히 아쉬움이 남았다. 소년 시절부터 목표했던 북극점 탐험을 못하고, 지구의 정반대인 남극에 도착했기 때문이었다. 그 후 아문젠은 미국 사업가 링컨 엘스워드의 도움을 받아 비행선 '노르즈(Norge)'호를 타고 남극점 정복 대원이었던 동료 오스카 위스팅과 함께 1926년 5월 12일 북극점을 처음 보았다. 아문젠은 인류 최초로 북극과 남극, 양극점을 본 사람이 되었다.

참고문헌
외르크마이덴 바우어, 〈발견과 발명으로 보는 과학의 역사(2004)〉
로버트 스콧, 〈남극일기(2005)〉

아우토반

아우토반은
히틀러의 작품이 아니다

히틀러 총통이 아우토반을 건설한 덕분에
사단 병력을 24시간 내에 수백 킬로미터의 거리를 이동시킬 수 있었다
괴링 Hermann Goring, 나치의 계획청 장관

나치의 선전물에는 히틀러가 1924년 란츠베르크 감옥에 갇혀 있는 동안 독일 전역을 교차로 없이 연결시키려는 비전을 세웠다는 내용이 있다. 그것이 곧 독일의 아우토반 건설로 이루어졌다는 것이다. 과연 이 아우토반은 히틀러의 작품일까?

독일 최초의 고속도로는 그 역사가 1차 세계대전 이전으로 거슬러 올라간다. 1909년 프로이센의 하인리히 왕자를 중심으로 한 사업가들이 모여 AVUS라는 회사를 설립하면서 본격적인 자동차 전용도로의 건설 계획이 세워졌다.

아우토반은 이미 1913년부터 건설되었으나 1차 세계대전의 발발로 중단되었다. 전쟁이 끝난 1919년 AVUS 건설이 다시 재개되어 2년 뒤인 1921년에 완공되었다. AVUS라고 이름 붙여진 이 19킬로미터의 베를린 아우토반이 세계 최초의 고속도로인 것

이다.[1] 뒤이어 이탈리아에서도 1923년에 고속도로가 건설되었는데 밀라노에서 스위스 방향으로 놓인 '아우토스트라다'가 바로 그것이다. 1926년에는 쾰른-뒤셀도르프 간의 아우토반이 계획되었고, 1932년에는 쾰른-본 구간의 고속도로가 완공되었다. 그 후 히틀러가 수상이 되었을 때는

아우토반 준공식에서 첫삽을 뜨는 히틀러.

이미 독일 전역이 아우토반 망으로 연결되어 있었다. 그러니까 히틀러의 의지와는 상관없이 많은 아우토반이 건설 중이거나 계획 중이었다. 히틀러가 아우토반을 구상하고 있던 1924년에는 이미 베를린의 아우토반이 완성된 뒤였고, 히틀러의 재임 중 완공된 아우토반 역시 그의 계획과는 상관없이 진행되고 있던 일들이었다.

> **히틀러의 계획과는 상관없이 고속도로는 진행되고 있었다**

AVUS 건설 이후 독일에서 본격적으로 고속도로가 건설된 시기는 나치 집권 이전인

---

1 1921년 9월 25일 AVUS의 완공을 기념하는 자동차 경주대회에서 오펠이 19.3 킬로미터의 전구간을 시속 128.84 킬로미터의 속도로 달려 역사적인 우승을 차지하였다. 그때 소요된 시간은 겨우 9분이었다.

자동차 기술자인 페르디난트 포르쉐는 1934년 히틀러에게 불려갔다. 자리에 앉자마자 히틀러는 메모지 한 장을 그에게 불쑥 내밀었다. 거기엔 히틀러가 직접 적은 친필 글자가 촘촘히 적혀 있었는데 독일 국민차에 대한 조건이었다.

"첫째, 어른 2명, 어린이 3명 등 일가족이 탈 수 있는 차. 둘째, 연료 1리터로 14.5킬로미터 이상 달릴 수 있는 차. 셋째, 판매 가격이 1천 마르크 이하 되는 저렴한 자동차. 넷째, 정비가 쉽고 무게가 605킬로그램 이상 나가지 않는 작은 자동차. 다섯째, 최고 시속 100킬로미터 정도를 달릴 수 있는 자동차."

메모지를 받아든 포르쉐는 2년 후 히틀러의 내용대로 자동차를 만들었다. 바로 그 자동차가 역사상 단일 모델로는 가장 많이 팔렸다는 '폭스바겐'이다. 독일어로 '국민의(Volks)' '차(Wagen)'란 뜻의 폭스바겐은 2003년 7월 멕시코 공장에서 2천여 만 대의 마지막 제품이 생산될 때까지 오랜 기간 세계인의 사랑을 받았다.

1932년 9월이었다. 1924년 라인 지방정부가 계획했던 아헨과 쾰른 사이의 도로와 함께 본과 쾰른, 쾰른과 뒤셀도르프 사이의 자동차 도로 건설이 1929년과 1931년에 시작되었다.

히틀러가 아우토반 건설에 대하여 1920년대 초반 자신의 생각으로 발전시키고 있었다는 주장도 신빙성이 없다. 실제로 이 문제에 대하여 조사한 루드비히의 연구에 따르면 이러한 신화가 토트(나치의 건설 전문가)를 비롯한 히틀러 추종자들의 조작에 의한 것임이 증명되었다. 더욱이 히틀러가 스스로 자동차 전용도로 건설에 대한 생각을 1924년 란츠베르크에 수감되었을 당시 가지고 있었다는 주장도 전혀 근거가 없는 거짓이었다. 이것이 사실이라면 당시 집필된 〈나의 투쟁〉에 언급되었어야 하나, 이 책의 어디에서도 이러한 내용의 문구를 찾아볼 수 없다. 뿐만 아니라 당시 나치의 다른 주요 선전 책자에서도 이러한 내용을 찾을 수 없다.

아우토반을 처음 건설한 사람은 독일연방공화국(서독) 초대 총리를 지낸 콘라트 아데나워(Konrad Adenauer)이다. 그는 쾰른 시장으로 있던 1920년대 말 쾰른–본 간 아우토반을 건설했는데 이것이 독일 최초의 자동차 전용도로인 셈이다. 이후 히틀러가 군사 목적으로 아우토반을 독일 전역에 건설하기 시작했다.

참고문헌
폴 비릴리오, 〈속도와 정치(2004)〉
페르디난트 피에히, 〈폴크스바겐 스토리(2004)〉

알파벳은 그리스에서 시작되었다?

알파벳이라는 명칭은 그리스 문자의 첫 번째와 두 번째인 '알파(α)' '베타(β)'에서 유래하였다. 그래서 사람들은 알파벳의 기원이 그리스에서 시작된 것으로 알고 있으나, 최초로 알파벳을 사용한 사람들은 페니키아인이다.[1) 보통 알파벳이라고 하면 라틴 문자 체계를 떠올리며 그 중에서도 대표적인 것이 영어 26자이다. 하지만 이외에도 그리스, 셈, 인도 문자 체계 등이 있다. 이 중에서 셈 문자 체계에 속하는 페니키아 문자가 알파벳 문자 체계의 모태가 되었다.

기원전 1500년경 지중해 동쪽의 페니카아인들은 무역과 장사를 하면서 새로운 문자 체계를 만들어냈는데, 이것이 바로 알파벳이다. 당시 사용되던 문자는 이집트의 상형문자, 메소포타미아의 설형문자 등이었지만, 이들 문자는 복잡해서 배우기가 쉽

그리스인은 페니키아 알파벳을 기원전 9세기경에 받아들여 그리스 알파벳으로 만들었다. 초기의 그리스인은 페니키아인으로부터 문자 체계를 수용해 이를 그리스어의 성질에 맞게 변화시켰다. 페니키아 문자는 자음밖에 표기할 수 없었지만, 여기에 모음을 더해 오늘날 알파벳의 원형을 만든 것이다. 그 후 로마인들이 이 변화된 그리스 알파벳을 계승하였는데, 로마인의 라틴 알파벳은 기원전 1세기경 23자로 정착되었고 로마 제국 전역에 보급되었다. 중세에 이르러 I에서 J가 분리되고 Y에서 U와 W가 분화하여 현재의 26자가 되었다. 알파벳의 자형(字形)은 중세에 이르러 대문자에 소문자가 추가되었고 16세기에는 인쇄술의 발명과 함께 안정된 원형을 갖게 되었다.

지 않았고 실용성 면에서도 매우 불편했다. 따라서 페니키아인들은 상업 활동을 원활히 수행하기 위해 쓰기에 편리한 표음 문자인 알파벳을 고안했다. 페니키아인들은 이집트인들의 그림을 인용하기도 했고, 수메르인 문자의 길게 늘어선 획을 잘라내어 글자 모양을 간단히 만들기도 했다. 알파벳은 겉으로 보기에 수메르인들 것보다는 덜 고상해 보여도 쉽고 빨리 쓸 수 있도록 실용성에 중점을 두었다. 그리하여 수메르인들의 몇 천 자나 되는 글자들을 대폭 줄여 단 22개의 문자로 된 알파벳을 만들었다. 이 22개의 자음만을 표기한 문자 체계는 누구나 쉽게 깨우칠 수 있어서 페니키아인에 의해 지중해 주변 지역으로 널리 퍼졌다. 비

---

1 알파벳이라는 명칭도 페니키아어 알레프(aleph, 소를 의미하는 기호)에서 A, 베트(beth, 집을 의미하는 기호)에서 B가 만들어졌다.

블로스를 비롯한 지중해 연안 일대에는 다수의 페니키아어 각문이 남아 있다.[2]

참고문헌
존 맨, 〈세상을 바꾼 문자, 알파벳(2003)〉
피에르 제르마, 〈세상을 바꾼 최초들(2006)〉

2　페니키아어 각문 중에 가장 오래된 것으로는 1923년 비블로스에서 발견된 아히람 왕(기원전 11세경으로 추측)의 석관에 새겨진 각문이 있다.

에디슨

전구를 최초로
발명한 사람은 에디슨이다?

나는 한 번도 실패하지 않았다.
전구를 완성할 때까지 이천 번의 단계를 밟은 것이다.
에디슨 Thomas Edison, 미국의 발명가

에디슨은 자타가 공인하는 인류 최고의 발명가이다. 그는 발전기, 차단기, 퓨즈 등을 발명했고 생전에 1,093개의 발명 특허를 따내 그 누구도 따라올 수 없는 기록을 가지고 있다. 전구도 그의 발명품으로 알려져 있다. 1882년 9월 4일 맨해튼 시내 일부 지역에 전기가 공급된 것은, 세계 도시의 밤하늘을 화려하게 수놓은 역사적인 쾌거로 남아 있다. 과연 에디슨이 전구를 최초로 발명한 사람일까? 에디슨은 수많은 기기를 발명한 사람으로 유명하지만, 선배 발명가나 과학자들의 연구 업적을 재활용한 사람으로도 유명하다. 그는 최초의 발명가이기 전에 선배 과학자가 이룩한 업적을 시대에 맞게 재가공하고 상업적으로 활용한 탁월한 사업가였다. 에디슨을 가장 유명하게 만든 전구 역시 그가 발명 특허를 내기 전인 1802년에 존재하고 있었다.

〈발열등 연대기〉에 의하면 전구를 최초로 발명한 사람은 영국의 화학자 험프리 데이비 경이다. 그가 발명한 것은 아크(arc)등으로, 탄소봉의 전극에서 눈이 부실 정도의 빛을 발하였는데, 이것이 최초의 전구이다.[1] 하지만 아크등은 촛불 4,000개에 해당하는 강력한 밝기를 가지고 있어서 가정용으로는 적합하지 않았다.

에디슨은 선배 과학자들의 업적을 자신의 것으로 만들었다

그 뒤 1844년에는 〈푸코의 추〉로 유명한 푸코가 파리 콩코르드 광장 전체를 밝힐 만큼 위력적인 호광등을 실험했다. 그밖에 1841년에는 영국의 프레데릭 몰레인이 최초로 백열 전구의 특허를 받았으며, 조셉 스완 경은 1860년에 진공상태에서 전구를 만들어 최초의 전깃불을 밝혔다. 또한 1878년에는 뉴캐슬에서 탄소 필라멘트 전등 기능이 선보였는데, 이것은 에디슨의 독창적인 기술이 세상에 선보이기 1년 전의 일이었다.[2] 그런데 어떻게 해서 에디슨이 최초의 전구 발명자로 알려진 것일까?

에디슨은 다른 사람들의 창조적인 아이디어를 받아들이는 데 매우 적극적인 사람이었다. 또한 이들이 발명해 낸 것을 자신이 최초로 만들어냈다고 억지를 부렸으며, 이들의 공로를 인정하지 않고 적당히 새치기를 하는 데도 탁월한 솜씨를 발휘했다. 한번은 노스캐롤라이나 주지사와 토론하다가 발명의 천재성에 관한 질문을 받았는데, 이때 에디슨은 자신의 진짜 천재성은 다른 과학자들의 아이디어를 흡수하고 가공하는 능력이라고 시인했다.

무엇보다 에디슨은 다른 발명가들과는 달리 전구를 실용화하는 데 성공했다. 그러나 그가 만든 회사는 전구의 특허권을 둘러싼 소송으로 많은 경제적인 손실을 보았다. 그때 에디슨은 자신은 전등을 발명하였으나 전혀 이익을 보지 못했다고 한탄했다. 그는 "발명을 계속하기 위한 돈을 얻기 위해 발명을 한다"고 말했지만, 정작 그는 발명의 대가로 큰돈을 벌지는 못했다.

참고문헌
질 존스, 〈빛의 제국(2006)〉
G.I.브라운, 〈발명의 역사(2000)〉

1　아크등은 전극간의 아크 방전으로 발생하는 불꽃을 이용한다. 아크등은 강렬한 빛을 냈기 때문에 주거용 조명으로는 사용하기가 어려워 등대, 역사, 공장 등에서 이용했다.

2　에디슨은 탄소 필라멘트 소재로서 대나무에 착안했다. 그는 일본산 대나무를 이용해 전구의 가장 중요한 요소인 필라멘트를 만들었다.

에펠탑

에펠탑은 파리의 아름다운 등불이다?

나는 에펠탑 때문에 파리를 떠나기로 했다.
그것을 보는 것은 참을 수 없는 고통이다.

모파상 Guy Maupassant, 프랑스의 소설가

프랑스가 파리에 에펠탑을 세운 이유는 여러 가지가 있다. 에펠탑은 프랑스혁명 100주년을 기념하기 위한 상징물이었고, 1889년 세계 최초로 개최되는 만국박람회에서 사람들에게 새로운 볼거리를 제공하기 위한 이벤트성 건축물이었다. 그러나 실상은 프랑스가 '세계 최초'의 건축물을 재현하려는 데 있었다. 당시 세계 최고 높이의 건축물을 세워 프랑스의 국력을 널리 자랑하고 새로이 도래한 '철(鐵)의 시대'를 박람회 참관 인사들에게 보여주고 싶었기 때문이었다. 이 에펠탑이 처음 세워졌을 때 파리 시민들의 반응은 어떠했을까? 지금이야 에펠탑이 프랑스를 여행하는 사람들이 빼놓지 않는 관광 코스 중의 하나지만, 당시에 이 에펠탑은 '천덕꾸러기' 신세였다. 파리의 밤을 밝히는 아름다운 건축물은커녕 '쓸모 없고 괴기스러운 건축물' '파리의 배

꼽에 박힌 등대' '거대하고 흉측한 해골'이라 부르며 비난했다.

프랑스 작가 모파상이나 아베마리아 작곡가인 구노는 에펠탑을 파리의 수치라고 여겼다. 모파상은 매일 점심 식사를 에펠탑 바로 아래에 있는 레스토랑에서 식사를 했다고 하는데, 그 이유는 파리에서 유일하게 그곳만이 에펠탑이 보이지 않는 곳이었기 때문이라고 한다.

철거 위기에 있는 에펠탑을 라디오가 살렸다

에펠탑은 애초에 20년 동안만 그 자리에 있도록 예정되어 있었다. 그러나 50인의 작가와 예술가들로 구성된 건립반대위원회는 20년도 너무 길다면서 조속히 철거해야 한다고 사사건건 시비를 걸고 나섰다. 파리 시민들은 에펠탑을 곱지 않은 시선으로 보았던 것이다. 따라서 파리 당국은 계속되는 불평과 비난을 고려해 건립 20년이 완료되면 에펠탑을 해체하기로 내부 방침을 정했다.

그러나 라디오가 발명되고 난 뒤 상황이 급변했다. 수천 피트 높이의 에펠탑이 전파를 송출하는 데 필요한 안테나의 역할을 하고 있다는 사실이 밝혀진 것이다. 이에 따라 1907년 프랑스 정부는 에펠탑을 해체하지 않기로 방침을 바꾸었다. 당시 에펠탑은 안테나로서의 가치가 너무도 컸기 때문이었다. 즉 라디오의 발명이 철거 위기에 놓인 에펠탑을 살려낸 것이다. 에펠탑은 2차 세계대전이 끝나고 TV가 발명된 이후에는 TV 송신탑으로 이용했다.

참고문헌
우르술라 무셸러 〈건축사의 대사건들(2005)〉
데이비드 하비, 〈에펠(2005)〉

엘리베이터는
네로 황제가 처음 고안했다?

　로마의 황제 네로는 원형 경기장에 오르기 위해 엘리베이터를 이용했다는 기록이 있다. 그는 3층 짜리 궁전에서 노예의 인력으로 승강기를 운행했다. 서기 80년경에는 콜로세움 경기장에 조잡하나마 승강기를 이용해 검투사와 동물을 실어 나르기도 했다. 이후 로마의 건축공학자 비트루비우스는 수력으로 작동하는 도르래와 승강기를 고안했다. 그러나 이보다 앞서 엘리베이터를 고안해 낸 사람은 그리스의 수학자 아르키메데스(Archimedes)이다. 그는 밧줄과 도르래를 이용해 엘리베이터를 처음 고안했고, 이를 군사 무기로 활용했다.

　엘리베이터는 기원전에 만들어진 두레박에서 그 원형을 찾을 수 있다. 깊은 우물에서 물을 퍼 올리기 위해 두레박에 매달린 밧줄을 원형 바퀴에 걸어 끌어올렸다. 건물을 지을 때 무겁고 커다

현재의 엘리베이터 기본 구조를 실용화한 것은 엘리샤 오티스이다.

란 석재를 밧줄로 묶은 뒤 고정 도르래를 이용하여 높은 곳으로 끌어올리는 장치도 엘리베이터의 원시적인 형태로 볼 수가 있다.

중세 시대에는 귀족 문화를 대표하는 '태양왕' 루이 14세가 베르사유 궁전의 3층 짜리 건물에 간단한 기계식 엘리베이터를 달았다. 또한 나폴레옹은 왕비의 의자에 밧줄을 매달아 상하로 작동시켜 왕비가 계단을 이용하지 않고 궁전의 위아래 층을 이동할 수 있게 하였다. 프랑스의 루이 15세가 베르사유 궁전에 '날으는 의자'라고 불리는 엘리베이터를 가지고 있었다는 것도 여러 문헌에 나온다.

현재의 엘리베이터 기본 구조를 실용화한 것은 오티스(Elisha Otis)의 발명이 있은 19세기의 일이다. 오티스 이전에도 여러 형태의 엘리베이터가 존재했지만, 엘리베이터를 들어 올리는 밧줄이 자주 끊어지는 데다 특별한 안전 장치가 없어서 대부분 불완전한 형태의 것들이었다. 오티스는 밧줄이 압력을 못 이길 때 두 개의 철로 만든 톱니가 제어 역할을 할 수 있는 안전 장치를 자신의 엘리베이터에 부착했다.

오티스는 뉴욕 박람회장에서 처음 이 엘리베이터를 선보인 후, 브로드웨이의 도자기 상점인 '하우워트 사'의 5층 건물에 세계 최초의 승객용 엘리베이터를 설치하였다. 당시 뉴욕의 한 신문은 오티스의 실험에 대해 '센세이셔널'이라는 자극적인 단어를 동원했지만, 그의 엘리베이터는 구매자가 나타나기까지 4년이라는 시간이 걸렸다. 오티스는 이외에도 트럭제동장치, 증기쟁기, 빵 굽는 오븐 등을 발명했다.

참고문헌
피에르 제르마, 〈세상을 바꾼 최초들(2006)
G.I.브라운, 〈발명의 역사(2000)〉

엘리제를 위하여

'엘리제를 위하여'는 엘리제를 위한 곡이다?

내 '불멸의 여인'이여, 날 사랑해 주오.
당신 애인의 충실한 마음을 잘못 판단하지 말아 주오.
베토벤 Beethoven의 편지 중에서

〈엘리제를 위하여〉는 베토벤이 40세 되던 1810년에 작곡한 곡이다. 그러나 이 곡은 생전에는 알려지지 않았고, 그가 죽은 뒤에야 비로소 세상에 알려진 피아노 소품곡이다.

작품의 제목이기도 한 '엘리제'에 대해서는 많은 논란이 있는데 당시 베토벤을 치료하던 의사의 조카딸 '테레제 말파티'라는 여인이라는 것이 정설이다. 뮌헨에서 발견된 그의 자필 악보에 '테레제를 위하여 4월 27일 베토벤의 회상'이라고 적혀 있기 때문이다. 즉 베토벤의 피아노 제자이며 빈 사교계에서 미녀로 이름난 17세의 테레제에게 보낸 사랑의 음악 편지인 것이다. 테레제는 빈 의학협회를 창립하고 베토벤의 임종 당시에도 자리를 지켰던 주치의 요한 말파티의 조카였다.

베토벤은 한때 그녀와의 결혼을 진지하게 생각한 적이 있었다. 베토벤 연구가인 노르에 의하면 그녀는 머리와 눈동자가 흑갈색이고 콧날이 오똑하며 명랑한 성격의 아가씨였다고 한다. 베토벤은 틈만 나면 테레제의 집을 방문했고 또 열렬한 사랑의 편지를 그녀에게 보냈다. 베토벤은 테레제와의 결혼을 위해 고향인 본에서 세례 증명서까지 떼어오게 하였으나 그의 결혼 신청은 받아들여지지 않았다. 이때 베토벤은 40세였으며, 테레제는 17세의 젊은 나이였다. 23세라는 나이 차이는 확실히 문제가 있었지만, 그보다는 당시 베토벤의 불안정한 생활이 결혼의 큰 장애가 되었다.

〈엘리제를 위하여〉는 베토벤의 대곡에서는 엿볼 수 없는 귀여운 소곡으로, 여성에 대한 부드러운 마음이 세밀하게 잘 드러나 있다. 또 일설에 의하면 제목인 '엘리제를 위하여'는 베토벤의 악필(惡筆)을 잘못 읽은 것으로 전해져 오고 있다.

베토벤의 편지에 나타난 '불멸의 여인'은 누구인가?

베토벤이 죽은 다음, 그의 서랍 속에서 세 통의 편지가 발견되었다. 연대도 수신인의 이름도 적히지 않는 이 편지는 7월 6일 아침에서 7월 7일 아침까지 이틀 동안에 걸쳐 쓰여졌다는 것만이 알려져 있을 뿐이다. 흔히 베토벤의 '불멸의 여인'으로 지칭된 이 여인은 누구였을까?

수많은 베토벤 연구가들이 각각 다른 의견을 내세우고 있는 가운데 쉰들러는 줄리에타 기차르디라고 말하는가 하면, 토마스 갈리는 베를린의 소프라노가수 아말리 제발트라 단정했고, 로망

롤랑은 '엘리제를 위하여'의 모델이 되었던 테레제라고 주장했다. 그러나 이런 주장은 아직도 해답을 찾지 못했고, 영원한 수수께끼로 남아 있다.

베토벤은 일생 동안 결혼을 하지 않았지만 수많은 여인과 연모의 정을 키웠다. 베토벤이 사랑을 고백했던 여인들은 모두 귀족 출신이었다. 프랑스혁명 직후 '모든 인간은 평등하다'는 시대정신이 유럽을 휩쓸 무렵, 베토벤은 평민 출신임에도 귀족들과 대등한 관계를 맺었다. 그러나 결정적 순간에 여인들은 그에게 등을 돌렸다. 또한 베토벤은 자신에게 적극적으로 연모의 정을 표시하는 여성들에 대해서는 뚜렷한 이유 없이 거부하는 이중적 태도를 보이기도 했다.

참고문헌
크리스 슈타트랜더, 〈베토벤과 그의 여인들(2002)〉
루드비히 베토벤, 〈베토벤 불멸의 편지(2000)〉

예카테리나 여제는 러시아인이다?

예카테리나(Ekaterina) 여제는 러시아 역사상 가장 유명한 통치자 중 한 명으로 기억되고 있다. 그녀는 스스로 남편 표트르 3세를 폐위시키고 제위에 올랐다. 그녀는 법치주의의 원칙을 도입하고 귀족들과 협력 체제를 강화하였으며 영토를 크게 확대했다. 계몽주의 사상에 감명받아 볼테르와도 교류하였고, 학예와 교육에 큰 관심을 쏟았다. 특히 1767년에 소집한 사회 각층의 대표로 이루어진 법전(法典)편찬위원회에 새로운 정치 원리에 대해 훈시를 함으로써 계몽군주로서의 평판을 얻었다. 예카테리나의 교서를 바탕으로 만들어진 러시아 헌법은 유럽의 계몽주의 사상가들도 혀를 내두를 정도로 급진적이었다. 그러나 그 헌법은 헌법을 제정했다는 의의만 남길 뿐 사문화되었다. 이런 그녀가 독일인이라는 사실은 잘 알려져 있지 않다. 더군다나 그녀의 본명

은 예카테리나가 아니라 소피아였다.

예카테리나의 남편 표트르는 황제의 자질을 갖춘 인물이 아니었다. 그는 황태자의 신분을 망각하고 러시아를 곤경에 빠뜨린 인물이었다. 그에 비해 예카테리나가 더 러시아를 사랑하였다. 그녀는 러시아어를 완벽하게 배웠으며 러시아 정교로 개종하였고 러시아 역사에 통달하였다. 더불어 러시아를 더 좋은 나라로 만들기 위한 정책을 구상하기도 하였다. 자연스레 황태자의 인기는 땅에 떨어지고 황태자비에 대한 국민의 사랑은 열광적이었다.

예카테리나의 고귀한 이상에 비해 그녀의 현실은 그렇게 쉽지 않았다. 귀족들의 힘으로 차르에 오른 그녀는 불안한 왕권을 유지하기 위해 귀족들에게 더 많은 이익을 주어야만 했다. 그녀가 귀족들에게 준 것은 아이러니하게도 그녀의 고귀한 이상과는 배치되는, 러시아 백성들을 더 가혹하게 착취할 수 있는 권리였다. 견디지 못한 러시아 백성들이 봉기하여 푸가쵸프의 난이 일어나자, 그녀는 가장 잔혹한 방법으로 농노의 봉기를 진압하였다. 어쨌든 그녀는 표트르 대제 이후 가장 부강한 러시아를 만든 인물이었다. 대외적으로는 전쟁을 통해 러시아 영토를 넓혔고 낙후되었던 러시아의 문화를 유럽과의 교류를 통해 향상시켰다.

참고문헌
루스웨스트 하이머, 〈스캔들의 역사(2004)〉
기류 마사오, 〈악녀대전(2006)〉

오스트레일리아
....

오스트레일리아는
제임스 쿡이 최초로 발견했다?

이번 탐험에서 미지의 남방대륙을 발견하는 데는 실패했다.
그러나 반드시 다음 항해에서는 더 많은 성과를 거둘 것이다.
제임스 쿡 James Cook, 영국의 탐험가

제임스 쿡의 명성은 실로 대단해서 오늘날까지도 오스트레일리아 대륙을 그가 발견한 것으로 착각하고 있다. 그가 최초로 오스트레일리아를 발견한 것은 아니지만, 분명 이 '미지의 대륙'에 문명의 뿌리를 내리는 데는 그의 공헌이 절대적이었다. 게다가 그는 이 거대한 대륙을 영국의 영토로 삼는 데 혁혁한 공을 세웠다.[1]

18세기 후반, 영국왕실협회는 '미지의 남방대륙'을 찾을 목적으로 해군본부와 공동으로 태평양 탐사계획을 수립했다. 이 일은 뛰어난 선원이자 관측가인 제임스 쿡에게 맡겨졌다. 1769년 타이티 섬을 떠난 쿡 일행은 뉴질랜드를 발견한 뒤 신비의 대륙 오스트레일리아의 보타니 만에 도착했다. 보타니 만은 지금의 시드니에서 남쪽으로 얼마간 떨어진 곳으로, 그곳엔 온갖 식물

이 자라고 있었다. 쿡은 오
스트레일리아 동쪽 해안을
살펴보고 '뉴사우스웨일
즈'라는 이름을 붙이고 영
국 영토로 표시했다.

그러나 유럽인이 실제로
이 대륙에 들어온 것은 17
세기부터였다. 1606년 네
덜란드의 두이프겐호가 대
륙 북부의 카펀테리아 만
에 내항한 것이 최초로, 그
로부터 가끔 네덜란드의
배가 오스트레일리아를 방문했다. 17세기를 통하여 네덜란드인
은 이 대륙의 북안, 서안 및 태즈메이니아 섬 등의 지역을 묶어
'뉴홀랜드'라고 불렀다. 그러나 네덜란드인들은 서쪽 해안을 발
견했기 때문에 이 대륙에 더 이상 관심을 갖지 않았다. 영국인으
로서 이 대륙에 최초로(1688) 온 사람은 항해가 댐피어였으며, 동

---

1 1788년 1월 31일, 죄수 736명을 태운 11척의 선단이 오스트레일리아에 도착함
으로써 본격적인 이주의 역사가 시작됐다. 선단을 이끌고 온 아서 필립 선장은 뉴사
우스웨일스(지금의 호주) 식민지 총독이 됐고, 그들이 입항한 포트잭슨은 오늘날의
시드니로 발전했다. 1월 31일은 호주 이민을 기념하는 건국일이며, '시드니
(sydney)'라는 지명은 필립 선장이 당시 호주 탐험의 책임자 시드니 경의 이름을 따
서 붙인 것이다.

쿡은 1768년 태평양에서 실시한 천문 관측의 책임을 맡고 첫 번째 항해에 나섰다. 쿡 일행은 타이티 섬에서 관측에 성공한 후 '미지의 남방대륙'을 찾아 항해를 하다가 뉴질랜드가 두 섬으로 이루어져 있음을 밝혀냈다. 1772년에 시작된 제2차 항해 때는 처음부터 '미지의 남방대륙'을 찾아 떠났으며 사상 처음으로 남극권에 들어가 이 해역에는 새로운 대륙이 없다는 것을 밝혀냈다. 제임스 쿡의 항해는 이후의 남극 탐험의 발판이 되었다. 1776년에는 레졸루션호를 이끌고 태평양과 대서양을 연결하는 항로를 찾아 나섰다. 쿡은 세 번째 탐험에서 하와이 제도를 발견하였고, 베링 해협으로 들어가 북빙양까지 도달했다. 쿡이 세 번째 항해를 떠나기 며칠 전 미국은 영국을 상대로 독립전쟁을 일으켰는데, 당시 프랭클린 미국 대통령은 미 함대에 쿡과 그의 배를 공격하지 말라고 명령했다. '인류를 위해 가치 있는 발견을 한 그의 공적을 기리기 위해서'라는 것이 그 이유였다. 그의 탐험으로 태평양의 많은 섬들의 위치와 명칭이 결정되었고 현재와 비슷한 태평양 지도가 만들어졌다.

해안 전체를 자세히 조사하고 영국 영토의 길을 연 사람은 제임스 쿡이었다.

참고문헌

데이비드 데이, 〈정복의 법칙(2006)〉

피에르 마르크, 〈제임스 쿡(2005)〉

워털루전투는
워털루에서 일어나지 않았다

워털루의 승리는 이튼의 운동장에서 이루어졌다.

웰링턴 Arthur Wellington, 영국의 군인

1815년 6월 18일 벨기에의 워털루(Waterloo)에서 웰링턴 장군이 이끄는 영국군과 나폴레옹이 이끄는 프랑스군이 국가의 운명을 건 한 판 승부를 벌였다. 웰링턴은 이 전쟁에서의 승리를 계기로 군인에서 정치가로 변신하여 총리에 오르는 등 영국의 핵심 인물로 자리잡았지만, 나폴레옹은 이와는 반대로 처절하게 몰락의 길을 밟았다. 그런데 이 두 사람의 운명을 바꾼 워털루 전투는 사실 워털루에서 일어나지 않았다. 나폴레옹의 최후의 전쟁이 일어난 실제적인 전투지는 플랑스누아 마을과 몽생장 마을 사이에서 남쪽으로 대략 4마일 떨어진 곳이었다. 블뤼허 장군이 이끈 프로이센의 구원 병력은 연합군 6만8천 명의 병력과 함께 웰링턴 장군을 도와 나폴레옹에게 최후의 패배를 안겨주었다.

이 날의 전투가 워털루라고 명명된 것은 승리를 거둔 웰링턴

이 워털루에 작전본부를 설치했기 때문이다. 사실상 워털루는 벨기에 브뤼셀의 남쪽에서 9마일 떨어진 근교로써 실제 격전지의 북쪽에 위치해 있다.

참고문헌
스티븐 컨, 〈시간과 공간의 문화사(2004)〉
윌리엄 위어, 〈세상을 바꾼 전쟁(2005)〉

원자폭탄의 시조는
아인슈타인이 아니다

나는 맨해튼 계획에 아무것도 한 것이 없다.
그들은 완성된 편지를 내게 가져왔고, 나는 그저 편지를 부쳤을 뿐이다.

아인슈타인 Albert Einstein, 미국의 물리학자

미국의 원자폭탄이 나가사키와 히로시마에 투하된 것은 1945년이었다. 이는 천문학적인 비용과 노벨상을 수상한 수많은 과학자들이 추진한 '맨해튼 계획'이 실현되는 순간이었다. 그런데 이 '맨해튼 계획'이 아인슈타인에 의해 이루어진 것으로 알려져 있으나, 실상은 그렇지가 않다. '맨해튼 계획'의 최초 입안자는 바로 레오 질라드(Leo Szilard)였다.

1939년 여름 나치스에 쫓겨 뉴욕에 머물고 있던 질라드는 롱아일랜드에서 휴가를 즐기고 있는 아인슈타인을 찾아갔다. 질라드는 한때 아인슈타인과 더불어 가정용 냉장고를 비롯해 10여 개의 발명 특허를 냈던 헝가리 출신의 독일 물리학자였다. 질라드가 찾아온 이유는 미국의 프랭클린 루스벨트 대통령에게 핵폭탄을 개발해 달라는 편지를 써줄 것을 아인슈타인에게 부탁하기

위해서였다. 질라드는 루즈벨트에게 아인슈타인의 명성을 빌려 핵폭탄을 개발해야한다고 주장할 계획이었다. 그러면서 유럽에서 펼쳐지고 있는 나치스의 횡포와 히틀러가 핵폭탄을 먼저 개발할지 모른다는 이야기를 들려주었다.

그러나 질라드로부터 설명을 들은 아인슈타인은 선뜻 협조하려고 들지 않았다. 그는 전쟁이 싫었고, 더구나 자신이 이런 일에 휘말리는 것은 더욱 싫어했다. 결국 질라드의 집요한 설득으로 아인슈타인은 1939년 8월 2일 루스벨트 대통령에게 히틀러보다 미국이 먼저 핵폭탄을 개발해야 한다고 편지를 썼다. 질라드가 염려했던 2차 대전은 그 해 9월 1일 일어났으며, 아인슈타인의 편지는 10월 11일 루스벨트 대통령에게 전달됐다.

미국의 핵폭탄 개발인 '맨해튼 계획'은 1942년 12월 6일에서야 시작됐다. 엄청난 비용이 드는 데다가 자칫 실패하는 날에는 정치적 생명을 잃을 수 있기 때문에 루스벨트로서는 쉽게 결론을 내릴 수 없었던 것이다. 이 사이에 아인슈타인은 핵폭탄 개발을 촉구하는 편지를 두 번이나 더 썼다. 맨해튼이란 이름은 당시 핵분열에 관한 연구가 주로 뉴욕 맨해튼에서 이뤄졌기 때문에 붙여진 것이다. 결국 원자폭탄을 탄생시킨 '맨해튼 계획'을 수립한 장본인은 질라드였으며, 아인슈타인은 이름을 빌려준 것 이외에는 아무것도 한 일이 없었다.

참고문헌
이인식, 〈세계를 바꾼 20가지 공학기술(2004)〉
다치바나 다카시, 〈21세기 지의 도전(2003)〉

이오지마

이오지마 전투의
성조기 게양은 자작 연출극이었다

모두가 그 사진을 알고 있지만 아무도
그 이야기의 진실을 모르고 있다.

브래들리 James Bradley, 〈아버지의 깃발〉의 저자

제2차 세계대전 당시 미일간 최대 격전지였던 곳이 이오지마 (硫黃島)전투이다.[1] 미군은 화산섬에 불과한 이오지마를 점령하기 위해 5,000여 척의 함정과 6만여 명의 해병대원을 투입했다. 5일 만에 끝낼 수 있다던 미군의 기대와 달리 이 전투는 36일간 계속됐고 미군은 6,800명의 희생자를 냈다. 일본군은 2만1,000명 가운데 2만 명이 숨졌다.

1945년 2월 23일 정오 무렵, 28연대 제2보병대대 E중대는 적탄이 날아오는 위험 속에서도 성조기를 내걸기 위해 거칠고 험준한 산비탈을 올랐다. AP 통신사의 사진기자 조 로젠탈은 갑판장으로부터 이 소식을 전해 듣고 상륙부대를 따라 섬에 올라 다른 사진기자들과 함께 지뢰밭을 뚫고 여섯 명의 해병이 격전의 종식을 상징하는 성조기를 이오지마 정상에 꽂는 장면을 촬영했다.

이 사진은 2차 세계 대전 당시 최대의 걸작으로 꼽히며, 미 해병대에서는 용기와 단결의 상징물로 여기고 있다. 얼굴이 보이지 않는 여섯 명의 해병이 기를 게양하는 이 사진은 미 전역 신문에 보도돼 전쟁 막바지 미국인들의 사기를 높이는데 크게 기여했다. 사진의 주인공 가운데 생존자 세 사람은 당시 국민적 영웅이 되었다. 그러나 이 사진은 사진기자에 의해 '연출'된 것으로, 그들은 빗발치는 총탄을 뚫고 최전선을 돌파한 영웅이 아니었다. 처음 게양된 성조기를 누군가가 기념으로 떼어 가는 바람에 허겁지겁 불려가 종군기자 앞에서 깃대를 세운 데 지나지 않았다. 당시 성조기 게양 사진은 두 번 촬영됐다. 로젠탈은 세 시간 늦게 정상에 올라가 촬영했고, 이것이 미국민의 마음을 흔든 작품이 됐다. 이 '위대한 사진'이 조작되었다는 것은 55년이 지난 뒤에야 밝혀졌다.

이오지마 사진의 진실, 55년 만에 밝혀지다

2000년 5월 4일 미 일간지 USA 투데이는 '이오지마의 진실'이라는 1면 톱기사를 통해 그들이 오랫동안 자랑해 왔던 한 장의 사진이 조작됐다는 사실을 폭로해 수많은 미국인을 곤혹스럽게 만들었다. 사진은 2차 대전 당시 미 해병대가 일본군과 치열한 교전 끝에 이오지마 전투에서 승리한 직후 찍은 것으로, 섬 정상에 오른 여섯 명의 해병이 거센 해풍에

---

1 이오지마는 일본 도쿄에서 650마일 정도 남쪽 태평양에 위치한 섬으로 2차 대전 당시 전략상 매우 중요한 요충지였다.

얼굴이 보이지 않는 해병 여섯 명이 기를 게양하는 이 사진은 2차 세계 대전 당시 최대의 걸작으로 꼽힌다. AP통신사 종군기자 로젠탈은 이 사진으로 퓰리처상을 받았다. 그러나 이 사진은 로젠탈이 주위에 있는 병사들을 끌어들여 찍은 '연출' 사진이었다.

맞서 성조기를 세워 일으키는 순간이 담겨 있었다. 그러나 USA 투데이가 오랜 기간 추적 취재 끝에 밝혀낸 이 사진은 한나절 동안 연습까지 해가며 여유 있게 찍은 '연출' 사진이었다. 사진기자에게 퓰리처상까지 안겨준 이 사진은 당시에도 의혹이 분분했으나 열광하는 애국심 앞에서 묻혀 버렸다.

2007년 클린트 이스트우드가 만든 할리우드 영화 '아버지의

깃발'에서는 이오지마 사진이 어떻게 조작됐으며 어떤 목적으로
악용됐는지를 스크린을 통해 폭로하고 있다. 6인의 해병 가운데
94년 사망한 브래들리의 아들이 아버지의 증언을 토대로 출판한
책에서는 이 사진이 조작되었다고 밝혔다.

"1945년 2월 23일 전투 나흘째 되던 날 성조기를 세울 수 있었
다. 포레스털 해군 장군은 성조기를 더 큰 것으로 바꾸도록 지시
했다. 정작 고지 탈환에 공을 세운 해병은 대부분 전사했으며 부
근에 서성이던 6인의 해병이 동원됐다. AP통신의 조 로젠탈이
이를 사진으로 찍어 전 세계에 전했다."

참고문헌
김옥조, 〈미디어 윤리(2004)〉
가케하시 쿠미코, 〈이오지마에서 온 편지(2007)〉
귀도 크노프, 〈전쟁과 영웅(2000)〉

ㅈ

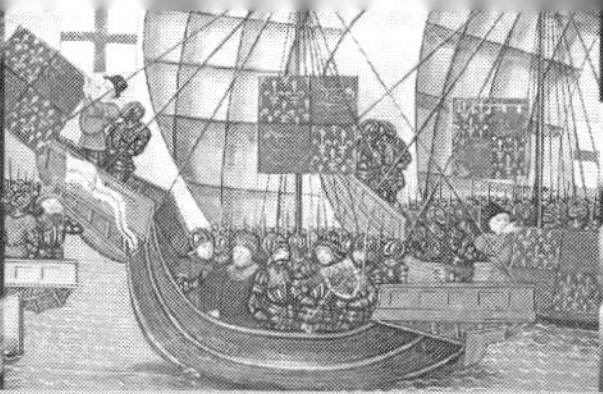
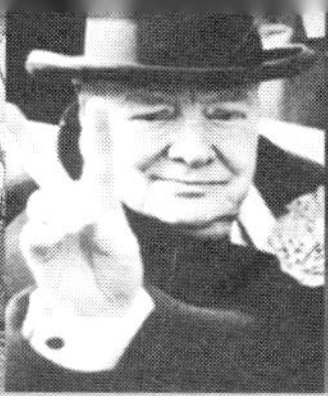
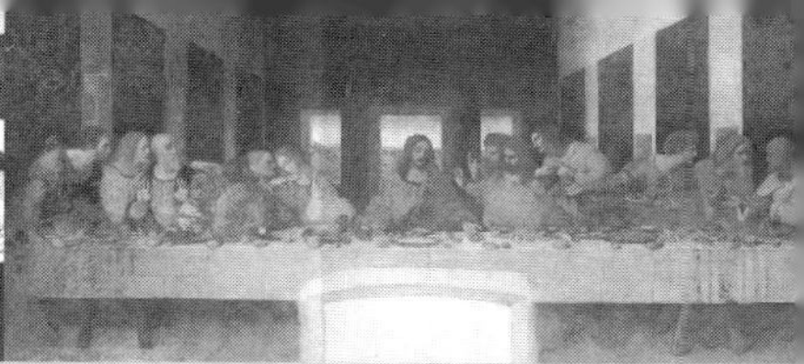

ㅊ

차이코프스키

처칠

천동설

철의 장막

초대 대통령

최초의 신문

최후의 만찬

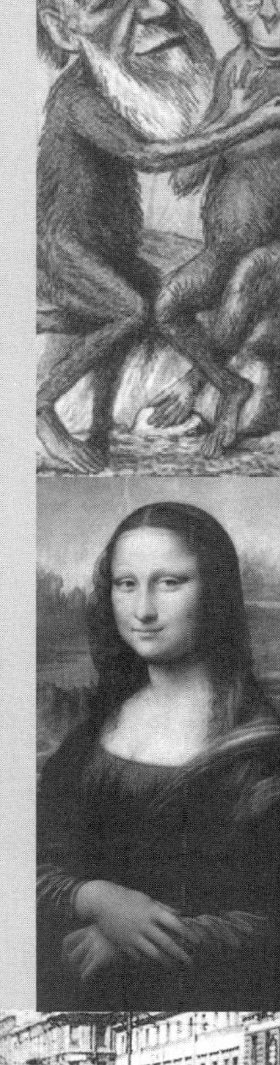

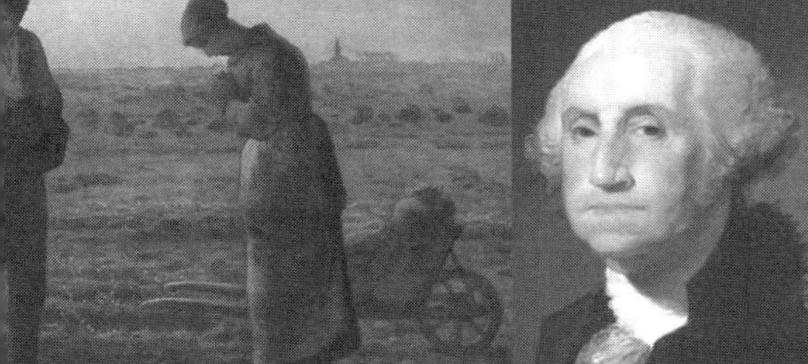

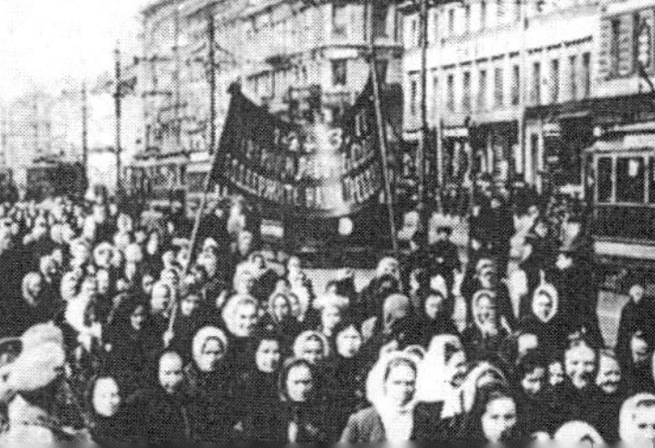

자유의 종

자유의 종은
미국의 독립과는 상관이 없다

미국은 거짓을 인정하는 것이 부끄럽다는 이유로
최악의 역사와 공모하는 거짓말쟁이가 되어서는 안 된다.
로웬 James Loewen, 미국의 저술가

'자유의 종'은 미국 독립전쟁의 상징물이다.[1] 인디펜던스 홀의 중앙 첨탑에 달려 있던 이 종은 독립선언 때 널리 울려 퍼졌던 것으로 유명하다. 이 종을 더욱 유명하게 만들었던 것은 종에 새겨져 있는 문구로, '전국 방방곡곡의 주민들에게 자유를 알려라'는 글이 새겨져 있다. 또한 자유의 종에는 사람들을 매료시킬 수밖에 없는 전설이 전해 내려져 오고 있다.

'푸른 눈'의 한 소년이 미국 의회대표들이 독립선언에 찬성했다는 소리를 듣고 백발의 노인에게 다가가 이 사실을 일러 주었다. 그러자 노인은 소년에게 "전국 방방곡곡의 주민들에게 자유를 알려라"고 외치면서 종을 백 번이나 쳤다는 것이다. 이에 더해 벨라이슬은 〈독립기념관의 역사〉에서 '백발의 애국자'가 종을 치자, 독립선언의 서명을 애타게 기다리던 군중들이 열렬하게

환호했다고 덧붙였다. 이
런 극적인 전설이 담긴
자유의 종은 사람들을 매
료시켰고, 애국 시민들은
앞장서서 자유의 종을 여
러 개 복제해 각 주에 보
내주었다.

그러나 이 그럴듯한 이
야기는 날조된 것이다.
전문가들에 의하면 이 이

야기는 19세기의 젊은 필라델피아 사람인 조지 리퍼드가 〈미국
독립의 전설〉이라는 책을 통해 지어낸 것이다. 그 후 자유의 종
에 대해서는 리퍼드의 날조된 이야기만 무성할 뿐 그 외에 알려
진 이야기는 없다.

자유의 종은 노예
폐지론자들이 지은 이름이다

자유의 종은 독립전쟁이
일어나기 전인 1753년에 새로 수립된 펜실베이니아 식민지 의사
당의 하원회의실에 걸려졌었다. 그러나 정작 1776년 종이 울렸
다는 증거는 없다. 자유의 종은 리퍼드가 꾸며내기 전까지는 역

---

1 자유의 종은 펜실베이니아 식민지 창립 50주년을 기념하여 런던에서 주조되었다.

사적인 유물은커녕 필라델피아에서는 천덕꾸러기 신세를 면치 못했다. 그래서 1828년 필라델피아 시는 이 종을 고철로 팔려고 내놓았는데 아무도 사겠다는 사람이 없어서 그대로 방치했었다. 독립선언을 더욱 화려하게 장식했다고 믿고 있는 종에 새겨진 문구는, 이미 독립선언을 하기 20년 전에 새겨져 있었다. 따라서 이 문구는 독립선언과는 아무런 상관이 없었다. 이 종이 '자유의 종'이라고 불리게 된 시기도 미국이 독립한 지 한참 지난 뒤였다.

이 종의 기원이 더욱 왜곡된 것은 자유의 종에 새겨진 문구에 서도 발견할 수 있다. 이 종에서 말하는 '자유'란 영국 식민지에 있던 백인의 자유가 아니라 백인 지주로부터 핍박받고 있는 흑인의 자유를 말하고 있는 것이다. 이 종의 이름인 '자유의 종'은 1839년 노예제도 폐지론자들이 만들어 낸 것이다.[2]

참고문헌
리처드 솅크먼, 〈미국사의 전설, 거짓말, 날조된 신화들(2003)〉
레이 라파엘, 〈미국의 탄생(2005)〉

2　미국은 독립기념일마다 자유의 종을 울리는 행사를 지속했다. 그러나 1846년 조지 워싱턴 탄생일에 종을 치다가 균열이 생겨 이후부터 사용하지 않았다.

다빈치의 자전거 스케치는 조작된 것이다

> 모든 경험을 통해 미지의 세계는 밝아 온다.
> 경험을 쌓아 올린 사람은 점쟁이보다 더 많은 것을 알고 있다.
>
> **다빈치** Leonardo da Vinci, 이탈리아의 화가

위대한 천재 레오나르도 다빈치는 화가로서의 명성뿐만이 아니라 건축, 물리학, 기계 발명, 해부학, 화학에 이르기까지 여러 방면에 능한 팔방미인이었다. 그가 남긴 유작 스케치북에는 그의 명성에 걸맞게 15세기에 그려진 작품이라고는 믿을 수 없는 그림들이 세밀하게 묘사되어 있다. 오늘날 트럼펫이나 섹스폰에 이용된 관악기의 키보드, 헬리콥터, 잠수함, 죽은 시체를 몰래 구해 그린 인체 해부도 등 그가 넘나드는 영역은 특정 분야를 가리지 않았다.

스페인 마드리드에서 발견된 다빈치의 스케치북에는 놀라운 그림이 한 점 있었다.[1] 다빈치가 1490년경 작성한 것으로 보여지는 이 그림에는, 체인과 페달까지 갖추고 있는 현대식 자전거가 그려져 있었던 것이다. 그 이전까지 자전거에 대한 그림은

1642년경에 건립된 영국 남부 시골 교회의 스테인드 글래스에 그려진 자전거 그림이 최고(最古)였다. 다빈치는 이보다 훨씬 앞서 자전거를 고안했던 것이다. 그러나 이 그림은 훗날 1960년대 행해진 필사본 복원 과정에서 누군가 고의로 그려 넣은 것으로 판명되었다. 처음 이 그림이 발견되었을 당시에는 자전거에 페달이 없었으나, 한 수도사가 거기에 페달을 그려 넣은 것이다. 이 의문의 필사본은 그 뒷면이 감추어져 있었는데, 1961년까지만 해도 이 필사본 위에는 스케치 그림 외에 두 개의 원만 그려져 있었다. 그러니까 나중에 누군가 그 그림에 페달과 바퀴살 등을 추가로 그린 것이었다.

사실 다빈치가 자전거를 발명했는지 아닌지에 대한 논쟁은 별 의미가 없다. 1800년대 이전까지 근대적인 형태의 자전거가 만

자전거의 최초 발상자는 드라이스이다

자전거의 최초 발상자는 1813년 독일 만하임에서 드라이스 남작이 선보인 '드레지엔'을 그 시초로 인정하고 있다. 방향 전환이 가능한 핸들이 달려 있는 이 자전거는 1817년 유럽 사회에서 꽤 인기를 끌었다. 그 후 '벨로시페드'라는 자전거가 등장했는데, 이 자전거는 앞바퀴 쪽에 달려 있는 페달을 밟아 이동이 가능했다. 이 페달은 1861년 에르네스트 미쇼가 아버지의 도움을 받아 발명했다. 그 뒤를 이어서 1868년 마르세유의 루소가 철사로 만든 자전거 바퀴살을 발명했고, 그 이듬해는 리옹의 테브농이 자전거에 고무 타이어를 부착했으며, 시계 제조업자인 파리의 쉬리레는 시계 제작 과정에서 착안하여 자전거에 볼베어링을 넣었다. 이로부터 약 10년이 지난 뒤 금속제 자전거가 완성되었다.

들어졌다거나 사용되었다는 증거는 어디에도 없기 때문이다. 다빈치 사후 거의 400년 동안 도로 여행은 수레를 끄는 말과 소 이외에는, 인위적으로 만든 기계나 발명품은 아무것도 없었다.

참고문헌
피에르 제르마, 〈세상을 바꾼 최초들(2006)〉
이석우, 〈그림, 역사가 쓴 자서전(2002)〉

---

1 1965년에 다빈치가 잃어버렸던 수첩 두 개가 마드리드 스페인 국립 도서실에서 발견되었다. 이 수첩에는 일기뿐만 아니라 기술적 원칙에 대한 방대한 연구 기록이 담겨 있었다. 이 수첩은 〈마드리드 코디시즈(Madrid Codices)〉란 제목으로 1974년에 출간되었다.

점성술사

천문학자 케플러는
점성술사로 생계를 유지했다?

하늘에 숨겨진 보물들이 너무 많아
인간의 마음은 새로운 영양 공급에 결코 부족함이 없다.
케플러 Johannes Kepler, 독일의 천문학자

코페르니쿠스의 지동설이 세상에 알려지는 데 가장 큰 공헌을 한 사람이 케플러이다. 현대 천문학의 아버지라 불리는 케플러는 처음에 신학을 전공했으나 코페르니쿠스의 지동설에 감동을 받아 천문학으로 전향했다. 그는 1595년 천체력을 발간하고, 이듬해 〈우주의 신비〉를 출간하여 행성의 수와 크기, 배열 간격에 대한 생각을 밝혀 뉴턴의 만유인력의 법칙을 만드는 데 밑거름이 되었다.

이런 위대한 천문학자인 케플러는 점성술의 신봉자이기도 했다. 그의 유명세는 당시 시대 상황에 맞물려 천문학자로서의 명성보다는 오히려 점성술사로 더 유명해졌다. 점성술 달력을 만드는 일은 케플러의 직위인 '지방 수학자'의 임무였다. 해마다 다음 해를 위해 달력을 만들고 별자리를 보면서 자연 현상을 예

측하는 것이었다. 즉 앞으로의 날씨와 농산물 수확 시기 등을 예측하고 전망을 제시해야 했다. 케플러가 점성술사로 유명해진 것도 그의 정확한 예측이 있었기 때문이었다. 케플러는 몇 십 년만의 혹독한 추위가 닥쳐올 것이고 터키의 침략이 있을 것이라고 예언하였는데, 이게 정확히 맞아떨어졌다.

16세기 천문학자는 점성술에도 능통했다

후대에 와서 케플러가 점성술로 생계를 유지했다는 것은 잘못 알려진 것이다. 16세기의 대부분의 천문학자는 점성술에도 능통했고, 또한 연금술에도 많은 관심을 가지고 있었다. 그래서 귀족들은 점성술사를 높은 보수로 고용해 자신의 정책 고문으로 삼는 일도 있었다. 프톨레마이오스의 천동설에 지대한 영향을 받고 있던 당시의 시대 상황은 천

문학의 올바른 이해보다는 별자리를 통해 일상 생활과 앞으로의
예측을 제시하는 데에 더 큰 비중을 두었다. 따라서 코페르니쿠
스나 갈릴레이 등의 혁신적인 이론이 대두될 때마다 교회는 그
의 과학적인 이론에는 별 관심이 없었고, 오직 '이단'임을 판명
하는 데만 주력했다. 케플러가 '천문학이라는 어머니를 먹여 살
리기 위해 점성술이란 딸이 빵을 벌어야 했다'는 말속에는 그가
점성술사로 가계를 꾸려가고 있지만, 천문학의 남다른 애정과
열정을 보여주는 한 예라고 할 수 있다.

참고문헌
야마모토 요시타카, 〈과학의 탄생(2005)〉
케네스 데이비스, 〈우주의 발견(2003)〉

중세 십자군 전쟁 때에는 정조대가 없었다

우리가 흔히 알고 있는 정조대란, 십자군 전쟁 당시 기사가 원정을 나갈 때 부인의 정조를 지키기 위해 만든 금속성 밴드를 말한다. 정조대는 철제와 은제로 만들어졌으며 일부만 가죽을 사용한 것도 있는데 이를 비너스대라고도 하고, 주산지로 알려진 이탈리아 벨가모 지방의 이름을 따서 벨가모식 자물쇠라고도 한다. 그러나 십자군 기사들이 집에 남아 있는 아내의 정절을 지키기 위해 정조대를 이용했다는 것은 전혀 근거가 없는 이야기이다. 중세에 정조대 같은 물건은 없었다. 중세 기사는 성에 대해 개방적이었으며, 여성에게 정조를 요구하지도 않았다. 오히려 정조대의 개념은 상인에게서부터 비롯되었다는 것이 정설에 가깝다. 당시 상인은 원거리를 이용했고 여성에 대한 소유욕이 발달해 있는 데다 사회적 지위나 권리가 확고하지 않아 정조대로

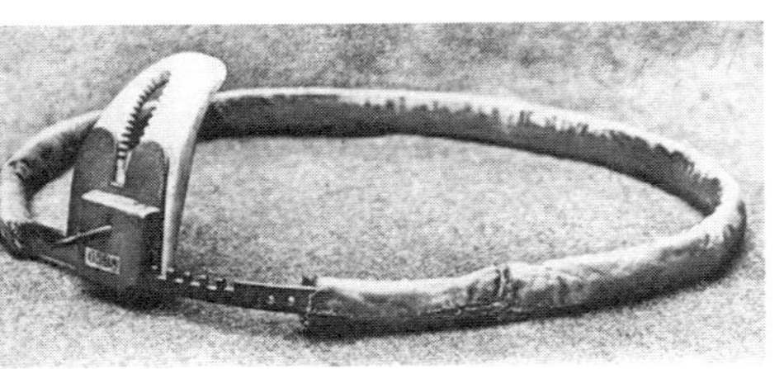

여자에 대한 소유권을 분명히 했을 가능성이 더 크다. 게다가 정조대의 실물에 대한 견해도 분명하지가 않다. 가장 오래된 정조대 그림은 십자군 전쟁이 끝난 지 한참 뒤인 15세기 것으로, 에로틱한 것에 대해서는 빠지지 않고 풍자했던 '데카메론(Decameron)'의 작가 보카치오도 정조대에 관해서는 전혀 언급이 없었다.[1]

혼자 남겨진 아내의 정절을 정조대로 지키고자 한 것은 훗날의 역사가와 문인들이 지어낸 이야기에 불과하다. 유럽의 박물

빅토리아 시대에는 남성용 정조대가 있었다

19세기 영국에서는 꽤 광범위하게 정조대를 차고 생활하는 남자들이 있었다. 당시 영국 사회는 퇴폐와 향락이 만연하는 분위기였다. 겉으로는 깨끗하고 도덕적인 분위기가 유지되었지만, 원래 성이라는 것이 억누르면 억누를수록 더욱 팽창하기 때문에 특단의 조치가 필요했다.

남성용 정조대는 일종의 걸쇠 삽입으로 사춘기 소년의 포피를 잡아당겨서 귀두를 덮게 한 뒤 포피 끝을 한데 모아 둘레에 4개의 구멍을 뚫고 2개의 잠금 고리를 끼워 채웠다. 이 잠금 장치는 자위 행위를 예방하기 위한 것으로 만들어졌는데, 성적 흥분에 의해 음경이 팽창하면 도리어 고통을 느끼게 된다. 그래서 애초부터 성적 용구는 사라지도록 고안되었다. 그러나 정조대가 항상 착안자의 뜻대로 금욕 생활에 도움을 준 것은 아니다. 오히려 정조대가 성인 장난감으로 변모하여 그 기본 목적이 쾌락의 방지가 아니라 되레 쾌락을 제공하는 물건으로 바뀌기도 했다.

관들은 십자군 전쟁 때부터 현대에 이르기까지 정조대를 수집했는데, 모든 정조대는 예외 없이 여성 봉쇄를 위한 것으로, 대부분이 철로 만들어졌으며 잠겨 있거나 용접되어 있었다.[2] 이 정조대들은 19세기 초 영국에서 만들어진 것이다. 당시의 정조대는 하녀들이 치근거리는 주인으로부터 자신을 보호하기 위해 착용하는 경우가 많았다. 그런데 오늘날 유럽의 박물관에는 정조대가 전시되어 있지 않다. 예전에는 전시품 가운데 정조대가 전시되었지만, 파리의 클리뉘 박물관, 런던의 대영 박물관, 독일 뉘른베르크의 국립 게르만 박물관 등에서는 정조대 전시물을 폐기해 버렸다.

참고문헌
임명수, 〈역사로 보는 세계의 성풍속(2004)〉
왕일가, 〈성과 문명(2001)〉

1　데카메론은 1351년에 발표된 단편소설집으로 '10일간의 이야기'라고 번역된다. 단테의 〈신곡(神曲)〉과 견주어 이 작품을 〈인곡(人曲)〉이라고 하며 수세기에 걸친 설화의 호색성(好色性)에 대해 상세히 묘사되어 있다.

2　1920년대 한 연구자가 이탈리아의 피렌체에서 르네상스 시대의 정조대를 발견한 적이 있는데, 소위 십자군 정조대는 모두 1890년대에 만들어진 가짜라는 사실을 밝혀냈다.

정화의 해외원정대는
정적을 색출하기 위한 작업이었다

정화의 원정은 영락제가 자신의 명예욕을 채우고
국력을 과시하기 위해 시도한 것이다.
양계초 梁啓超, 중국의 계몽 사상가

정화(鄭和)는 '중국의 콜럼버스' '바다 실크로드의 개척자'로
불리며, 중국의 대해양 시대를 연 인물이다. 그는 1405년부터
1433년까지 29년 동안 남해 항로를 개척하여 인도양을 건너 페
르시아 만과 동북 아프리카까지 진출해 중국인들의 활발한 해외
진출을 촉진시켰다. 정화의 남해원정은 역사상 가장 큰 규모의
해상선단으로, 당시 명나라의 위업을 널리 알렸다. 그렇다면 정
화는 무엇을 위해 목숨을 걸고 항해에 나섰을까?

그 이유는 당시 명의 황제에 오른 연왕(燕王, 후에 영락제가 됨)
에게서 찾을 수 있다. 연왕은 황제에 대한 모반을 꾀하여 건문제
(建文帝)를 몰아내고 스스로 황제에 오른 인물이다. 연왕은 '정난
의 변'을 일으켜 4년 간의 전쟁 끝에 건문제를 제거한 뒤 황제에
등극했다.[1] 황제 등극과 동시에 북경으로 수도를 옮긴 연왕은 스

스로를 명성조라 칭하고 연
호를 영락(永樂)으로 정했다.
그런데 황제에 오른 뒤에도
영락제는 고민에 빠지지 않
을 수가 없었다. 영락제의 군
사가 남경성을 포위하고 맹
공을 퍼부을 무렵 건문제가
감쪽같이 사라진 것이었다.
왕실과 조정은 건문제가 전
쟁 중에 사망했을 것으로 여
겼으나, 그의 시신은 끝내 발
견되지 않았다.[2] 연왕은 비

록 왕위를 차지하였지만 행방이 묘연한 건문제가 언젠가 흩어진
세력을 회복하여 다시 쳐들어올 것을 늘 염려하였다. 그런 연유
로 연왕은 사방으로 사람을 보내 건문제의 행방을 쫓았다. 정화
는 건문제를 찾기 위해 연왕이 파견한 여러 신하 중의 한 명이었
던 것이다.

---

1 정화는 정난의 변(1399~1402년) 당시 연왕을 따라 무공을 세웠다. 연왕이 건문
제의 뒤를 이어 황제에 즉위한 뒤 환관의 장관인 태감(太監)에 발탁되었으며 정(鄭)
씨 성을 하사받았다.

2 건문제는 연왕의 군사가 남경성을 포위하자 궁궐에 불을 지르고 스스로 분신했
다는 기록(太宗實錄)이 있으나, 〈명사본기(明史本紀)〉에는 신하들의 도움으로 은밀히
성을 빠져나갔다고 기록하고 있다.

건문제를 찾기 위한 해외원정이 황실에 막대한 이익을 가져왔다

그런데 정화의 대규모 해외원정은 본래의 목적과 관계없이 조정과 황실에 막대한 경제적 파급 효과를 가져왔다. 이와 같은 대규모 원정에서 배제될 수 없는 것은 정치적 명분이다. 연왕은 왕위 찬탈이라는 불명예에서 탈피하여 군주로서의 위상을 세우고자 했다. 따라서 건문제를 색출하기 위한 처음의 의도에서 벗어나 정화를 꾸준히 해외에 보내 명조의 막강한 기세를 만방에 과시했다. 연왕은 자신이 이룩한 태평성세를 유지하는 한편 반대파의 정치 세력을 와해시키려는 두 가지 의도에서 정화에게 해외원정을 지시했던 것이다.

후대의 학자들은 정화의 항해를 단계적으로 분석했는데, 첫 번째 목적은 건문제를 찾기 위한 것이었다. 둘째는 해외에 거주

유럽보다 백년이나 앞섰던 정화의 해외원정대

정화의 항해는 1405년부터 7차에 걸쳐 이루어졌다. 제1차~제3차가 카리카트, 제4차~제7차는 호르무즈를 최종 목적지로 삼았고, 별동대는 아프리카 동해안을 거쳐 홍해 연안에 진출했다. 그가 거느린 선단은 길이 150미터, 너비 60미터의 상선 60척으로 이루어졌으며 승무원 수도 2만 명을 넘었다.

〈중국역사강요(中國歷史綱要)〉에 따르면, 정화의 해외원정은 인도 등의 국가와 긴밀한 연계를 맺고 이를 통해 명조의 안위를 보장받으려는 정치적 의도가 있었다고 기록되어 있다. 〈정화전(鄭和傳)〉에 의하면 정화는 이역 땅까지 명조의 군사력을 과시하여 부강한 중국의 위상을 만방에 떨치고자 원정에 나섰다고 기록되어 있다.

하는 화교들의 사기를 진작시키는 동시에 국가의 위엄을 과시하고자 했다. 셋째는 광대한 해외 무역시장을 개발하고 남양의 국가와 연계를 맺어 남해양의 평화를 유지하고자 했다. 정화의 해외원정에 의해 이러한 목적은 대부분 달성되었다.

참고문헌
미야지마 히로시, 〈조선과 중국 근세 오백년을 가다(2003)〉
양승윤, 〈바다의 실크로드(2003)〉
양훼이, 〈중국역사 오류사전(2005)〉

제왕절개

제왕절개는
카이사르에서 유래된 말이다?

가장 행복한 죽음은 갑작스럽게 다가온, 예상치 못한 죽음이다.

카이사르 Julius Caesar, 로마 정치가

로마에서는 자궁절개로 태어난 아이들을 가리켜 '카에사르 (Caesar, 자르다)라고 했다. 로마의 초대 황제 카이사르의 경우도 이 카에사르라는 말에서 유래되었다.[1] 그러나 제왕절개 수술이 카이사르에서 유래되었다는 말은 틀린 것이다. 라틴어 '카에데 레(caedere)' 즉 '자궁을 절개하다'라는 말에서 직접적으로 유래 되었으며, 카이사르와는 단지 발음만 비슷할 뿐 아무런 관계가 없다. 그리고 카이사르가 정말 제왕절개로 태어났는지에 대해서 도 의견이 분분하다. 카이사르의 어머니가 수술 후에도 오랫동 안 생존해 있던 것으로 보아 신빙성이 없는 것으로 봐도 무방하 다. 당시 로마법에는 아기를 임신한 여자가 아기를 낳기 전에 사 망했을 때는 모태를 절개해서 뱃속의 아기를 끄집어내야 한다는 규정이 있었다. 이는 아기를 살리려는 것보다는 아기와 어머니

를 각기 따로 매장하기 위한 조치였다.

사실 제왕절개 수술은 오래 전부터 시행되어 왔다. 단 수술 대상은 죽은 산모로 한정되었다. 산 사람을 상대로 수술을 한 것은 16세기부터이다. 그러나 당시 많은 의사들이 잔인한 이 수술법을 반대했다. 19세기 전반까지만 해도 수술받은 산모 6명 중 5명은 목숨을 잃었다. 그러나 1880년에 이르러 방부술의 발달로 상황은 완전히 역전되었다. 제하정중선의 종절개가 흔해졌고, 뒤이어 하복부의 횡절개가 탄생하면서 산모가 생명을 잃는 위험은 거의 사라졌다.

참고문헌
시오노 나나미, 〈로마인 이야기(1996)〉
피에르 제르마, 〈세계의 최초들(2000)〉

1　카이사르라는 이름은 현재까지도 강력한 황제권을 상징하는 대명사로 받아들이고 있다. 로마 제국이 멸망한 후에도 이 명칭은 각 나라에서 다른 이름으로 많이 불려지게 되었는데, 영어의 시저(Caesar), 스페인과 이탈리아 등지의 케사르(Cesar), 독일의 카이저(Kaiser), 러시아의 차르(Czar) 등이 그 예이다.

조조의 무덤
72의총(疑塚)은 장하에 있다?

차라리 내가 세상을 저버릴지언정 세상이 나를 저버리게 하지 않겠다.

조조 曹操, 위나라의 시조

동서를 막론하고 대부분의 황제들은 사후에도 자신의 권력이 영원히 유지되기를 바랐다. 고대 이집트의 피라미드나 진시황의 병마용 무덤도 영생불사를 염원한 그들의 욕구에서 비롯되었다. 위나라의 시조인 조조도 예외가 아니었다. 조조는 죽기 전에 자기 무덤의 도굴을 방지하기 위하여 72개의 가묘를 만들라는 유언을 하였다. 선대의 왕들이 죽어서 무덤이 파헤쳐진 것을 잘 아는 그로서는 사전에 이를 방지하기 위한 묘책이었다. 그러나 역사서에는 조조는 유언을 통해 박장(薄葬)을 해달라는 기록이 있다.

"자고로 장례는 척박한 땅에 지내는 것이다. 서쪽 평원에 관을 묻도록 하여라. 지대가 높으니 사방을 가리지 말고 나무도 심지 말라. 입관한 후에는 절대로 금은보화로 치장하지 말라."[1]

그 다음의 기록은 72개의 의총(疑塚)이다. 조조는 임종 무렵에

창덕부 강무성 밖에 72개의 가짜 무덤을 만들어 묻힌 장소를 알지 못하게 했다. 이는 〈여도비고(輿圖備考)〉와 〈방여기요(方輿紀要)〉의 기록에 나타나 있다. 평소 의심 많기로 유명했던 조조의 성품이 엿보이는 대목

이다. 기록에 의하면 조조의 시신을 입관하던 날 외부로 통하는 모든 성문이 개방되었으며, 일시에 72개의 관이 성문 밖으로 옮겨졌다고 한다.[2] 이렇게 성문 밖으로 나온 72개의 의총은 각각 분산되어 서쪽으로 8리에 이르는 곳까지 도달했다고 한다. 백성들의 눈을 속이기 위해 주의력을 사방으로 분산시킨 것이다. 그러나 72개의 의총 기록은 〈삼국지연의(三國志演義)〉나 〈후한서(後漢書)〉, 〈자치통감(自治統監)〉 등의 정사에는 기록이 없다.

---

1 〈삼국지 무제전(武帝傳)〉에 의하면, 조조가 사망하기 2년 전인 서기 218년 자신의 사망 이후 장례 절차에 관하여 명시해 놓은 구절이 있다.
2 조조는 건안 25년(220년) 정월에 낙양에서 병사했으며, 그때 그의 나이는 66세였다.

조조의 가묘는 북조(北朝)에 만들어진 왕릉이었다

하지만 송, 원대 이후에는 이 72의총을 기록하기도 하고, 시로 읊기도 하는 사람도 있었다. '조조의 의총 72개는 장하 근처에 있다'는 시까지 유행할 정도였다.

살아서는 하늘을 속여 한나라의 정통을 끊고
죽어서는 사람을 속여 의총을 만들었네
어찌하여 쓸데없이 가짜 무덤을 만들었는가
즉시 의총 72개를 모두 파헤쳐 버리면
반드시 그 중 하나는 진짜 조조의 무덤이리라

과거의 무수한 문인과 묵객이 이 72개 의총에 대해 조사를 했지만 예외 없이 실망만 하고 돌아왔다. 청나라 말엽에 기근이 들어 굶어 죽는 농민들이 의총을 파헤쳤던 적이 있었는데, 무덤 속에는 뼈만 어지럽게 널려 있었다고 한다. 그 무덤 중의 하나는 제나라 왕릉이었고, 또 하나는 제나라 헌무제의 11번째 아들인 고양왕의 능이었다고 한다. 그럼에도 불구하고 명청(明清)의 학자들은 72개의 의총 중에 진짜 조조의 무덤이 있을 것으로 확신했다. 그런 확신은 오랫동안 학자나 일반 대중들 사이에서 회자되었다. 그러나 72개의 의총에 조조의 무덤은 없었다.

1988년 중국 〈인민일보〉는 '조조 72능의 비밀을 파헤치다'라는 제목의 특집 기사에서 조조의 무덤으로 알려진 72의총이 조조의 무덤이 아니라 북조(北朝)의 대형 왕릉이라고 확정 발표했다. 이 기사로 그 동안 베일에 가려져 있던 조조의 72능에 대한 세간의 의혹은 사라졌다. 이러한 의문은 도굴범들이 72개의 무덤을 모두 파헤치면서 자연스럽게 해결되었다.

참고문헌
김진철, 〈거꾸로 읽는 삼국지(1998)〉
최종세, 〈삼국지 풍류담(2001)〉

조지 워싱턴

조지 워싱턴의 '벚꽃 일화'는 떠돌이 외판원이 조작한 것이다

아무리 값싼 책이라고 해도 애국심을 고취시키는 책이라면
잘 팔릴 수 있을 것이다. 조지 워싱턴도 마찬가지다.
웜스 Locke Weems, 〈일화로 엮은 워싱턴의 생애〉의 저자

미국의 1달러 지폐에 그려진 인물이 조지 워싱턴이다. 그는 미합중국 헌법에 의해 선출된 최초의 대통령으로 미국인에게 존경받고 있는 '건국의 아버지'이다. 그는 건국 과정에서 국내 여러 세력을 단합시키고 헌법을 실제로 정치에 반영했으며, 여러 나라와 국교를 정상화하는 데 온 힘을 기울였다.

그러나 워싱턴은 실제 모습보다는 상상과 신화 속의 모습으로 더 잘 알려져 있다. 그는 영리한 사업가로서 변경 지역에 투기해서 재산을 축적했지만, 이런 사실과는 상관없이 언제나 '검소한 농부'로 기억되고 있다. 워싱턴 본인도 어머니를 싫어했다고 인정했고 어머니가 돌아가시던 그 해에 자주 찾아보지도 않았는데 사람들은 그의 어머니를 다정한 어머니로, 워싱턴을 효자로 기억하고 있다. 그리고 무엇보다 워싱턴의 일화 중에 가장 조작된

것 중의 하나가 '벚꽃 일화'이다.

워싱턴은 어린 시절 형들과 함께 정원에서 놀다가 아버지가 사랑하는 벚나무를 쓰러뜨렸다. 이를 뒤늦게 알아차린 아버지는 엄청나게 분노했지만, 워싱턴은 스스로 자신의 잘못을 인정하고 아버지에게 용서를 구했다. 그때 워싱턴의 나이는 고작 네 살이었다. 이 철없는 막내가 형들을 대신해서 벌을 받겠다고 나서며 자신의 잘못을 정직하게 고백한 것이다. 이 일화는 어른들이 아이들에게 정직에 대해 말할 때 자주 인용되는 일화이다. 1800년 출간된 〈일화로 엮은 워싱턴의 생애〉에 실린 이 글은 이솝의 동화만큼이나 유명하다. 그러나 이 이야기는 날조된 것이다.

떠돌이 외판원이 돈을 벌기 위해 지어낸 거짓말이다

이 책의 저자인 윔스는 돈을 벌 생각으로 한 출판업자에게 조지 워싱턴 이야기를 책으로 써서 팔면 잘 팔릴 거라고 제의하고 직접 책을 썼다. 1799년 봄 떠돌이 외판원 윔스는 미국인들이 워싱턴에 대한 일대기를 읽고 싶어한다는 사실을 알고 자료를 수집했다. 실제로 그는 1800년 2월 워싱턴이 사망한 지 넉 달만에 워싱턴의 일화에 대해 쓴 80쪽 분량의 소책자를 발간했는데 이는 예상보다 훨씬 많이 팔려나갔다. 그러나 이 책은 분량도 적었고 워싱턴의 일대기를 말해 주기에는 너무 부족했다. 윔스는 워싱턴에 대한 자료를 더 수집하고 가공하는 작업에 착수했다. 워싱턴의 벚꽃 일화는 바로 이 즈음에서 등장했다. 그는 초판에는 없었던 워싱턴이 벚꽃을 자른 이야기를 1806년 5판에 삽입했는데, '난 거짓말을 할 수 없어요'라는 제목으로 꾸며냈다. 1806년에는 책자를 늘려 정식 책으로 만들어 독립전쟁의 아버지를 미국인에게 소개했다. 윔스의 조작은 여기에서 그치지 않았다. 그는 이 책의 신빙성을 부여하기 위해 책의 표지에 자신의 신분을 마운트 버넌 교구의 전직 목사라고 밝혔다. 그러나 마운트 버넌 교구는 실제로 존재하지도 않았고, 그는 목사와는 상관이 없는 부흥회의 설교사를 지낸 외판원에 불과한 인물이었다. 윔스는 자신이 원하는 것을 손에 넣기 위해서는 아무리 조그만 단서가 되어도 이를 잘 꾸며냈다. 이 책은 저자가 죽기 전까지 무려 21쇄를 찍은 베스트 셀러가 되었다. 훗날 윔스는 조지 워싱턴 이외에도 벤저민 프랭클린, 윌리암 펜 등의 전기도 써서 팔았다. 한 사람의 거짓말에 전 세계가 200년 넘게 속아온 것이다

참고문헌
레이 라파엘, 〈미국의 탄생(2005)〉

스페인 종교재판소는
돈을 벌 목적으로 운영되지 않았다

가톨릭의 역사 속에서 씻을 수 없는 최대의 오점이자 죄악이었던 것이 종교재판이다. 이는 표면상으로는 이단자 숙청을 합법화하기 위해 만들어진 제도였으나 마구잡이로 활용하는 바람에 많은 부작용을 나았다. 스페인에서 왕 다음으로 권력을 가진 자는 종교재판소장이었다. 그러나 종교재판소장은 무소불위의 권력으로 인해 탐욕과 의혹이 더 조장되었으며, 심문관들은 종교에 대한 열정보다 물질적인 욕망에 더 집착하고 있다는 의혹을 불러일으켰다. 종교 재판은 그 누구도 예외를 두지 않았다. 어떤 부자라도 탄핵받을 위험에 놓여 있었으며, 비록 그가 종교 재판을 받는 동안 교회와 화해했을지라도 그의 재산은 몰수당하기 십상이었다. 이 제도는 이단자 처형이란 이름 아래 유대인, 이슬람교도, 개신교도, 재산가 등의 재산을 몰수하는 쪽으로 점점 확

대되어 갔다. 물욕으로 타락한 사제들과 일확천금을 노리는 잔인한 신도들이 유럽 방방곡곡에서 재산가들의 이단 행위를 색출하느라 여념이 없었다.[1]

종교재판소가 힘을 발휘할 수 있었던 것은 이단으로 낙인찍힌 사람들의 재산을 압류하고 소유할 수 있었기 때문이었다. 그러나 재산을 몰수하는 것으로는 자금 확보에 한계를 보이자, 정보원이나 심부름꾼들의 자리를 판매하여 금을 끌어 모으기도 했다.[2] 물론 스페인 정부가 종교재판소를 통해 많은 돈을 모으고 이단자의 재산을 몰수했던 것은 사실이다. 그러나 알려진 대로 스페인 정부가 종교 재판을 통해 자금을 확보하거나 이를 국가 재정에 충당하려고 했던 것은 아니다. 이단 재판은 결코 싸구려 재판이 아니었다. 이단자로부터 몰수한 재산은 재판비로 충당했을 뿐만 아니라 종교재판소의 운영비로 사용하는 데 따른 어려운 점을 겪었다. 사실 18세기 이후에는 재판 비용이 너무 많아

스페인 정부는 공개 처형을 취소해야 할 지경에까지 이르렀다. 교단에서는 처형이 끝난 뒤에 축제를 벌이는 바람에 정부 예산이 파탄 날 정도였다. 19세기 초에는 재정 상태가 최악이 이르렀으며 이때부터 종교재판소의 위력도 점점 약해졌다. 결국 1834년 종교재판소는 문을 닫고 말았다.

참고문헌
폴 존슨, 〈2천 년 동안의 정신(2005)〉
박종욱, 〈스페인 종교재판소(2006)〉

---

1 이단으로 기소된 자들 중에서도 비교적 가벼운 혐의를 받은 자는 화형을 면하는 대신 벌금을 내야 했고, 그것만으로도 재산을 박탈당했다.
2 이들의 자리가 매력적이었던 이유는 무엇보다 종교재판소에 체포되지 않는 특권을 누렸기 때문이다.

주사위

'주사위는 던져졌다'는
카이사르의 말이 아니다

이 강을 건너면 인간 세계가 비참해지고, 건너지 않으면 내가 파멸한다.
카이사르 Julius Caesar, 로마 정치가

갈리아를 평정하고 돌아온 카이사르는 루비콘 강을 앞에 두고 갈등에 빠졌다. 북방의 군사령관이 본국 이탈리아로 귀환할 때는 루비콘 강 이북에 군대를 남겨두고 혼자 로마로 입성하는 것이 로마의 오랜 전통이었다. 그것은 군인이 권력을 장악하는 것을 막기 위한 안전 장치였다. 그러나 로마에는 폼페이우스를 비롯한 카이사르의 반대파들이 그를 처단하기 위해 진을 치고 있었다.

"이 강을 건너면 인간 세계가 비참해지고, 건너지 않으면 내가 파멸한다."

호위할 군대도 없이 빈 몸으로 루비콘 강을 건너는 것은 곧 죽음을 의미하는 것이었다. 반대파가 장악한 로마로 들어가는 데는 결단이 필요했다. 결국 카이사르는 다음과 같은 명언을 남기

고 루비콘 강을 건너 로마로 진격했다.

"Jacta alea est!(주사위는 던져졌다)"

카이사르는 자신이 이 싸움에서 패하여 죽게 될지, 혹은 승리하여 지중해의 지배자가 될지 전혀 예측할 수 없었다. 그래서 천하의 카이사르도 결단의 순간에 '주사위는 던져졌다'고 운명의 순간을 암시했다. 결국 카이사르의 결정은 5백 년간 이어져 온 공화정 지배에 종지부를 찍었다. 그 후 카이사르의 군대가 로마를 지배한 것이다. 그런데 이 이야기는 실제로 있었던 것일까?

'주사위는 던져졌다'는 오래 전부터 로마에서 사용하던 말이었다

이 말은 카이사르가 존경했던 그리스 시인 메르난데스가 지은 시 중의 일부이다. '주사위는 던져졌다'라는 말은 그 이전부터 사용되었고, 그 당시에 흔히 사용하는 말이었던 것이다. 후대의 사가들은 전적으로 이 말이 카이사르의 머리에서 나왔다고 믿었다. 그러나 카이사르의 〈내전기〉를 보면 카이사르는 병사들이 결의를 외치는 것을 기술한 뒤 행을 바꾸어 "그들의 마음을 알고 군단과 함께 아리미눔으로 떠났다"고 적었을 뿐이다.

그리고 또 하나 흥미로운 것은 루비콘 강이 어디에 있는지 아는 사람이 거의 없다는 것이다. 후대 사람들이 알고 있는 것은 단지 루비콘 강은 아드리아 해안지대에 있는 갈리아와 이탈리아를 구분 짓는 강들 중 하나였다는 것뿐이다.

어찌됐든 루비콘 강을 건넌 카이사르는 폼페이우스가 이끄는 원로원파의 군대와 싸웠다. 폼페이우스는 그리스로 도망쳤고, 파르살루스에서 패해 이집트로 갔다가 그곳에서 살해당했다. 폼페이우스를 쫓아 이집트로 온 카이사르는 클레오파트라를 만나 사랑에 빠지게 되고, 그녀를 이집트의 여왕으로 세웠다. 그 뒤 카이사르는 아나트리아(소아시아)의 젤라에서 미트리라테스 대왕의 아들 파르나케스를 격파함으로써 소아시아의 패권을 잡았다. 그 승전 소식을 친구인 마티우스에게 전했는데, 그때의 편지 내용이 그 유명한 '왔노라, 보았노라, 이겼노라'였다.

또한 그가 죽을 때 "브루투스, 너마저도?"라고 소리쳤던 것도 사실이 아니다. 셰익스피어의 작품에 이 구절이 있기는 하지만 카이사르가 한 말은 "오, 나의 아들 브루투스!"였다. 당시 카이사르는 20년 동안 브루투스 어머니가 자신과 연인 관계였기 때문에 브루투스를 아들이라고 믿고 있었다. 그러나 당시의 사료에 보면 목격자들은 카이사르가 죽을 때 상대를 그냥 노려만 보았을 뿐 아무 말도 하지 않았다고 전해지고 있다.

참고문헌
시오노 나나미, 〈로마인 이야기(1996)〉
율리우스 카이사르, 〈카이사르의 내전기(2005)〉

중세 기사의
주요 목적은 돈벌이였다

중세 유럽을 이야기할 때 빠지지 않는 것이 기사 계급이다. 흔히 기사라고 하면 온몸을 무장하고 기사도의 계율을 따르는 말을 탄 전사로 그려진다. 기사는 출생 신분과는 상관없이 무력과 용맹에 의하여 귀족 지위에 오를 수 있었다. 당시 기사라는 계층이 가지는 사회적 위신은 대단히 높았을 뿐만 아니라 출신 성분에 좌우되지 않아 누구든 신분 상승을 위해 기사가 되기를 꿈꾸었다. 그러나 우리가 익히 알고 있는 고상한 직업으로서의 기사는 당시 유럽에는 거의 존재하지 않았다. 기사들은 이웃과 전쟁을 벌이거나, 힘없고 자신을 지킬 무기조차 없는 약자들을 노략질하는 데 대부분의 시간을 보냈다. 사람들이 이상적인 기사에게 부여한 감정은 경건함과 엄격함, 그리고 충실함이었지만 기사들은 난폭함과 탐욕에 물든 거칠고 잔인한 전사였다.

기사들의 생활은 무척 고되었다. 그들이 사는 성은 춥고 외풍이 심했다. 영화에 나오는 것처럼 곤경에 처한 처녀를 구하는 일은 거의 없었고, 오직 돈 버는 일에만 전력을 쏟았다. 13세기가 되면서 틀을 잡기 시작한 '기사도'는 반드시 기사들에 의하여 지켜지는 것은 아니었다. 지위가 낮은 기사일수록 기사도라는 이상보다는 직접적인 실리를 추구하려는 기사가 훨씬 많았다.

기사들이 가장 손쉽게 실리를 추구할 수 있는 것이 전쟁이었다. 유력한 제후들은 영토를 차지하기 위해 전쟁을 벌였고, 평기사는 전리품의 배분을 노리고 전쟁에 참가했다. 전쟁이야말로 기사들에게는 명예와 부를 차지할 수 있는 절호의 기회였던 것이다.

중세 기사는 전리품을 얻기 위해 전쟁에 참가했다 기사들이 전투를 승리로 이끌었을 때 얻을 수 있는 가장 큰 보상은 명예에 함께 영지를 하사받는 것이었다. 승리의 직접적인 보상으로는 적의 몸을 수색하여 얻는 전리품, 성과 마을을 함락시키고 얻는 약탈품, 전사자의 갑옷과 무기, 계급이 높은 포로의 몸값을 들 수 있다. 포로로 잡힌 기사들은 목숨을 건지기 위해서 몸값을 지불해야 했다. 역사적으로 가장 높았던 포로의 몸값은 십자군 원정에서 돌아오다 포로가 된 영국의 리처드 1세를 구하기 위하여 독일 왕자에게 지불한 몸값이다. 이 몸값은 현재의 화폐 가치로 환산하면 미화 2,000만 달러가 넘는 액수였다.

토너먼트의 기원은 마상시합이다

토너먼트(tournament)는 스포츠나 오락 경기 등에서 횟수를 거듭할 때마다 패자는 탈락하고 최후에 남는 두 사람 또는 두 팀으로 하여금 우승을 결정짓는 시합을 말한다. 이 말은 원래 중세 유럽의 기사들의 마상 시합을 가리키는 것이다. 토너먼트는 11세기경 프랑스에서 시작되어 이후 봉건 기사들의 가장 큰 행사 중의 하나가 되었다. 두 기사 집단이 단체로 싸워 상대편을 한 명이라도 더 많이 떨어뜨리는 쪽이 승리하는 시합이다. 이긴 쪽은 진 쪽으로부터 무기나 갑옷, 말 등을 빼앗거나 포로로 잡고 나중에 몸값을 받기도 했다. 그래서 이런 마상 시합만 전전하면서 돈을 버는 기사도 나타났다. 이후 이 난폭한 경기는 점차 일대 일 시합으로 바뀌었으며, 무기도 신체에 손상을 주지 않는 방식으로 변했다.

전쟁에서 승리한 기사들은 포로의 몸값을 계산하고 또 몸값을 흥정하는 데도 앞장섰다. 몸값이 정해지면 돈을 받고 난 뒤 포로를 석방했다. 그러나 몸값이 없다고 여겨지는 하급 포로들은 바로 처형하기도 했다.

그러나 이런 기사들에게도 변화의 조짐이 나타났다. 11세기 들어 전쟁이 뜸해지고 사회가 안정이 되자 돈벌이를 할 수단이 없어진 것이었다. 이런 변화를 반영한 것이 토너먼트, 즉 마상 시합이었다.

참고문헌
로베르 들로르, 〈서양중세의 삶과 생활(1999)〉
스다 부로, 〈중세기사 이야기(2000)〉

증기선

로버트 풀턴이 증기선을 발명했다?

산업혁명의 원동력이 되었던 것 중의 하나가 증기기관과 증기선이었다. 증기선이 출현하면서 내륙에서 이루어지던 수송이 수로와 바다에서도 혁신적으로 발달하였고 산업혁명의 발전 속도도 한층 탄력이 붙었다.

로버트 풀턴(Robert Fulton)은 처음으로 증기선을 상업적으로 이용해 성공한 인물이다. 따라서 자연스럽게 풀턴이 증기선의 발명자일 것으로 생각하기 쉽지만, 그는 단지 제임스 럼지나 존 피치와 같은 이들이 이룩해 놓은 업적을 상업적으로 잘 활용했을 뿐이다.

코네티컷 주의 기계 천재인 존 피치는 노 12개를 증기기관으로 작동시키는 증기선의 건조에 성공하여 1787년 델라웨어 강에서 최초의 항해를 했다. 그리고 1796년에는 세계 최초의 스크루프로펠러에 의한 증기선을 개발하였으나 당시 관련 업계에서는 그의 발명품을 받아들이지 않았다. 건강이 나빠지고 지갑이 빈 상태에서도 꾸준히 연구를 한 그는 결국 사업에 실패하자 1798년 독약을 먹고 자살했다. 한때는 프랑스에서 자신이 만든 증기선을 나폴레옹이 지켜보는 가운데 시운전을 했으나, 나폴레옹과 그의 과학자들은 그가 만든 프로펠러선의 실현성을 믿지 않았다.

제임스 럼지는 1774년부터 기선 연구에 착수해 1786년에 증기선을 만들었고, 1792년에 템스강에서 시운전에 성공하였다. 그의 배는 증기기관으로 펌프를 움직여 그 수류를 선미(船尾)에서 방사하여 추진하는 방식인데, 매시간 4마일의 속력을 얻을 수 있었다.

이들이 만든 배는 풀턴이 발명한 시점보다 20여 년 정도 앞섰다. 풀턴이 개량한 증기선은 1806년 허드슨 강이 흐르는 뉴욕에서 올리버 사이를 정기 항해하는 데 성공했다. 이 증기선은 속도가 시속 8킬로미터였고, 첫 운항에서는 62시간에 걸쳐 192킬로미터를 달렸다. 풀턴은 최초의 기선 발명자가 아니라 기선의 정기 항로를 처음 연 인물이었다.

참고문헌
헨드릭 반 룬, 〈배 이야기(2006)〉

증류주

증류주는
스코틀랜드인이 발명했다?

스코틀랜드는 세계적으로 유명한 스카치가 제조되고 있는 위스키의 고향이다. 그래서 많은 사람들이 스코틀랜드인이 증류주를 발명했다고 생각한다. 스코틀랜드인이 위스키를 발명한 것은 사실이나 증류주를 발명한 것은 아니다. 증류주란 발효된 술로서 알코올 농도가 비교적 높으며, 증류 방법에 따라 불순물의 대부분을 제거시킬 수 있다. 증류주는 인류가 만든 가장 후대의 술로서 스코틀랜드의 위스키, 러시아의 보드카, 럼, 데킬라 등이 여기에 속하며 이 술의 원형은 12세기경에 만들어졌다. 그렇다면 증류주의 원래 고향은 어디일까?

기원전 800년경 중국에서는 술을 증류하면 본질적으로 더 농축된 독한 술을 얻을 수 있다는 사실을 알아냈다. 쌀 술을 끓일 때 생기는 증기를 다시 액화하는 과정을 반복하다 보면 40%의 알코올을 함유하는 일종의 아라크 술이 된다. 이런 증류주는 동인도 제도로 건너가 사탕수수와 쌀의 재료인 아라크 술이 만들어졌다. 이 증류 방법은 아랍인들에게 전파되어 달콤하고 부드러운 맛의 와인을 증류하여 독주를 만들어 내게 된다. 19세기 초에 이르러서 이런 증류주는 프랑스와 영국에서 호황을 누리기 시작했고 오늘날의 증류주로 발전하게 되었다. 증류주는 스코틀랜드인들이 발명한 것은 아니지만 그들의 위스키가 이 세상에서 가장 많이 소비되고 있는 것은 사실이다.

위스키를 탄생시킨 것은 연금술이었다

이슬람 세계의 연금술사는 금속을 구성하는 근본 물질은 수은과 유황이며 양자의 증기가 결합하여 각종 금속이 합성된다고 믿었다. 이러한 과정에서 '증류'가 중요시되었다. 다양한 증류기가 고안된 것은 바로 이 때문이다. 이슬람 세계의 연금술은 아라비아 문헌이 라틴어로 번역된 12세기 중엽 서유럽에서 유행했다. 13세기 이후 연금술사들은 물질에 생명의 원천인 '정(精)'이 내재한다고 생각해 증류 기술을 이용하여 추출하고자 노력했다. 알코올은 증류에서 추출된 '휘발성분'을 가리키는 'alcohol'이라는 아라비아어에서 유래한다. 위스키의 어원은 '생명의 물'의 물을 가리키는 라틴어 '아쿠아비타'에서 생겨났다.

참고문헌

김준철, 〈양주 이야기(2004)〉

고경희, 〈알코올백과(2002)〉

지동설
·····················

지동설을 최초로 주장한
사람은 코페르니쿠스가 아니다

아리스타르코스와 코페르니쿠스 체계를 더듬어보면
나는 이들의 오성과 감성에 감탄을 하지 않을 수 없다.
갈릴레이 Galileo Galilei, 이탈리아의 물리학자

코페르니쿠스의 지동설 주장은 가히 혁명이라 불릴 만큼 신선하고 파격적인 것이었다. 150년경에 프톨레마이오스의 천동설 주장 이후 이에 대해 반기를 들거나 이의를 제기한 사람은 없었다. 그것은 곧 가톨릭 교회에 대한 저항으로 여겨왔고, 교회의 응징과 보복은 가혹했다. 코페르니쿠스는 자신의 저서인 〈천구의 회전에 대하여〉를 발표하면서 그동안 정설로 받아들였던 지구 천동설을 부정했다. 태양이 지구의 주위를 도는 것이 아니라, 지구가 다른 행성들과 마찬가지로 태양의 주위를 돈다는 새로운 우주론을 내놓은 것이다. 그렇다면 코페르니쿠스가 과연 처음으로 지동설을 주장했을까?

코페르니쿠스보다 1,700여 년이나 앞서 지동설을 주장한 사람은 고대 그리스의 천문학자 아리스타르코스(Aristarchos)였다. 아

리스타르코스는 지구가 태양 주위를 돌고 있다는 것을 최초로 주장한 인물이다. 그는 우주의 중심은 태양으로, 태양 주위를 지구와 별, 행성들이 돌고 있다고 주장했다. 또 지구는 하루에 한 번씩 자전을 한다고 믿었고, 오늘날 우리가 알고 있는 태양계의 구조를 거의 그대로 믿었다. 그는 지구, 달, 태양, 세 천체의 상대적인 크기와 거리를 계산해 내기도 했는데, 오늘날의 계산과 딱 들어맞지는 않지만 시대 상황을 참고한다면 그 계산 방법은 대단한 것이었다.

아리스타르코스는 코페르니쿠스의 이론에 지대한 영향을 끼쳤다

코페르니쿠스는 바로 이런 아리스타르코스의 이론에 상당한 영향을 받았다. 실제로 코페르니쿠스는 이탈리아의 파도바 대학 의학부에 유학한 일이 있었다. 그 당시 파도바 대학에서는 고대 그리스와 로마 시대에 씌어진 교과서가 있었는데 그 내용 안에는 아리스타르코스의 지동설도 있었다. 코페르니쿠스는 자신의 책의 원고 속에는 아리스타르코스가 지동설을 먼저 주장했던 일을 쓰고 있지만, 책으로 인쇄할 때는 그 부분을 삭제했다. 코페르니쿠스는 교황 바울 3세에게 보낸 편지에 이렇게 적었다.

"키케로는 니케타스가 지구는 움직이고 있다고 생각하고 있는 것 같습니다. 플루타크에 의하면 그밖에도 같은 의견을 가진 사

코페르니쿠스는 왜 지동설 발표를 꺼려했을까?

 코페르니쿠스는 죽기 직전까지도 자신의 이론인 지동설을 대중 앞에 내놓길 꺼려했다. 당시는 갈릴레이가 지동설을 주장하다가 종교 재판에 회부되었을 때와는 시대 분위기가 한참 달랐다. 코페르니쿠스의 이론은 너무도 황당해서 사람들에게 큰 관심을 끌지 못했을 뿐만 아니라 그런 주장이 가톨릭 교회에 상당한 반응을 일으킬 정도의 사건이 되지 못했다. 더군다나 고대 그리스의 아리스타르코스와 마찬가지로 그의 생각을 받아들일 만한 사회적 기반이 조성되어 있지 않았다. 하지만 그의 주변에는 응권군도 적지 않게 존재했다. 교황의 오른팔이라고 할 수 있는 니콜라스 션베르그 추기경은 코페르니쿠스의 학문을 좋아하여 그의 이론을 출판하라고 권할 정도였다. 그러나 코페르니쿠스의 고민거리는 자신의 소심하고 경계적인 성격, 즉 자기 학설이 출판되어서 논쟁의 대상이 되지나 않을까 하는 두려움에 있었다. 무엇보다 코페르니쿠스는 사람들로부터 과대망상증 환자라는 소리를 듣고 싶어하지 않았다. 도량이 좁고 겁이 많은 그의 성격은, 가톨릭 교회의 박해가 두려웠던 것이 아니라 그에게 쏟아질 비난을 더욱 두려워했다.

람이 있다고 합니다. 따라서 저는 그것에 관해 가능한지 어떤지를 생각했습니다. 그리고 저 자신은 지구는 움직인다는 것에 대해 생각하기 시작했습니다."

아리스타르코스는 피타고라스로부터 지구가 구형이라는 생각을 이어받았다. 그래서 그는 지구가 자전하면서 태양의 주위를 공전하고 있다는 가설을 세웠다. 그러나 당시 사람들은 그의 견해보다도 수정처럼 투명한 구체에 행성이 붙어 있다는 플라톤의 생각을 옳게 여겼다.

아리스타르코스 역시 코페르니쿠스와 마찬가지로 그의 이론이 받아들여지지 않았다. 아리스타르코스가 기원전 260년경에 이미 행성의 배치를 확실하게 완성하여 그려냈음에도 불구하고 그로부터 코페르니쿠스에 이르기까지 1,700년 간 그 누구도 행성의 정확한 배치를 알지 못했다

참고문헌
요헨 키르히호프, 〈브루노(1999)〉
오진곤, 〈과학자 360(2006)〉

진화론

진화론은
다윈의 단독 연구물이다?

나는 원숭이를 조상으로 가진 것은 부끄럽지 않지만,
진실을 거부하는 사람과 함께 있다는 것은 매우 부끄럽게 생각한다.
헉슬리 Thomas Huxley, 영국의 동물학자

'진화론'하면 당연히 떠오르는 인물이 영국의 생물학자 찰스 다윈이다. 당시 다윈의 '진화론'은 유럽인들에게 엄청난 충격을 주었다. 그것은 코페르니쿠스의 지동설만큼 충격이었고, 유럽의 정신적 기조 사상인 기독교의 가치관을 뒤엎는 매우 위험한 도발이었다. 그때까지만 해도 유럽 사람들은 성서에 나오는 천지 창조의 이야기를 당연하게 여겼고, 거기에 의문을 품는 사람은 거의 없었다. 1859년 다윈은 〈종의 기원〉을 통해 지구상에 존재하는 생물은 창조된 것이 아니라 오랜 세월에 걸쳐 다른 종으로부터 진화된 것이라고 주장했다.[1] 그러나 이런 주장은 다윈이 홀로 완성한 이론이 아니었다. 바로 월리스(Wallace)라는 젊은 생물학자가 있었던 것이다.[2] 월리스 역시 다윈이 한창 진화론에 몰입하고 있을 때 이미 〈종의 기원〉의 핵심적인 이론인 '자연선택

설'을 완성하고 있었다.

1858년 진화론 연구에 전력을 쏟고 있던 다윈에게 한 통의 편지가 도착했다. 말레이 군도에서 생물 연구를 하고 있는 월리스라는 젊은이의 편지였다. 월리스의 편지를 읽은 다윈은 깜짝 놀랐다. 편지에는 그 동안 평생을 바친 자신의 연구 내용이 거의 비슷하게 적혀 있는 것이 아닌가! 그 안에는 연구 결과를 체계적으로 정리한 월리스의 연구 논문까지 첨부되어 있었다. 다윈의 진화론은 맬서스의 〈인구론〉에서 착안한 것이었다. 그런데 월리스도 자신의 연구가 〈인구론〉에서 출발하고 있다고 적고 있었다.

다윈은 진화론의 기초가 된 '자연선택설'을 1858년 영국 린네 학회에 월리스와 공동 명의로 발표했다. 1년 후 다윈은 자신의 연구 결과를 묶어 〈종의 기원〉이란 제목으로 책을 출간했다.

---

1 진화론은 이보다 먼저 프랑스의 생물학자인 라마르크(Lamarck)에 의해 주장되어 왔다. 그러나 라마르크의 주장은 어디까지나 가설일 뿐 구체적인 증거 자료를 제시하지 못하는 한계점이 있었다.

2 월리스(Alfred Wallace)는 영국의 생물학자로, 맬서스의 〈인구론〉에서 힌트를 얻어 적자생존에 의한 자연선택의 이론을 성립하여 이 내용을 1858년 다윈에게 보냈다. 이 논문은 미발표였던 종의 기원에 관한 다윈의 구상과 내용이 일치하였으므로 다윈의 구상 요지와 함께 같은 해 7월 린네 학회에서 발표되었다.

월리스는 1848년 아마존 일대를 탐험하고, 1854년 말레이 군도를 탐험하여 그 이듬해 〈새로운 종의 도입을 조절하는 법칙에 관하여〉라는 소론을 출판했다.

다윈의 〈종의 기원〉은 월리스와 공동 연구물로 발표되었다

다윈은 월리스를 제쳐두고 홀로 자신의 이론을 발표할 수 없었다. 그는 자신에게 영향을 준 지질학자 라이엘과 상의한 뒤에 1858년 영국 린네 학회에 월리스와 공동 명의로 논문을 발표했다. 이렇게 해서 누가 먼저 자연선택설에 도달하였는가 하는 우선권 논쟁은 일어나지 않았다. 하지만 이 논문은 학계에 큰 주목을 받지 못했다. 1년 후, 다윈은 자신의 연구 결과를 묶어 〈종의 기원〉이란 제목으로 책을 출간했다. 지난해와는 달리 이 책은 출간되자마자 학계에 엄청난 파장을 일으켰다. 다윈은 이 책을 출간하면서 머리말에서 그간의 속사정을 솔직히 털어놓았는데, 월리스의 견해가 자신의 주장과 일치한다는 것과 자신의 건강 상태가 좋지 않아 출간을 서둘렀다고 밝혔다. 다윈의 겸손한 태도에 월리스도 다윈을 존경하는 학자라고 점잖게 그의 업적을 추켜 세웠다.

다윈은 〈종의 기원〉에서는 인간에 대해서는 서술하지 않았다. 인간이 신의 창조물이 아니라 원숭이로부터 진화한 동물이라는 주장이 엄청난 파장을 일으킬 것이라고 염려했기 때문이다. 마침내 다윈은 1871년 〈인간의 족보〉라는 책을 발표하여 인간의 진화에 대해 설명했다. 그 무렵 월리스는 〈자연도태설의 기여〉라는 책을 출간했는데, 이 책에서 월리스는 다윈과는 다른 주장을 펼쳤다. 다윈이 인간의 정신 역시 자연도태에 의해 생겨난 것이라고 본 반면, 월리스는 비생물학적인 어떤 작용에 의해 주어진 것이라고 하여 인간을 진화론이 적용되지 않는 특별한 존재로 보았다. 또한 화려한 색깔을 띤 수컷만이 암컷에게 선택된다는 다윈의 〈성(性)의 도태〉 이론에 대해서도 월리스는 반대했다. 이것이 월리스와 다윈의 차이점이었다.

다윈의 '진화론'으로 굳어진 이유는 무엇일까?

다윈과 월리스는 공동으로 '자연선택설'에 대한 생각을 발표했고, 같은 학회지에 나란히 논문이 실렸다. 그런데도 사람들은 자연선택설을 다윈의 이론이라고 기억한다. 어째서 다윈만이 명성을 얻었고, 월리스는 역사 속에 묻혀 버리고 말았을까? 여기에는 몇 가지 이유가 있다. 첫째, 다윈은 서둘러서 다음 해인 1859년에 〈종의 기원〉이라는 책을 출판해 널리 이름을 알리게 되었다. 둘째, 다윈은 월리스보다 나이가 많았고, 가문도 최고 상류층이었다. 셋째, 다윈은 월리스보다 훨씬 방대하고 충실한 자료와 증거를 그의 이론을 뒷받침하기 위하여 제시하였으나 월리스는 이에 미치지 못했다. 결국 이런 이유들로 월리스는 다윈의 그림자에 가린 과학자가 된 것이다. 그리고 무엇보다 '인간'을 보는 기준이 서로 달랐는데, 이것은 다윈의 진화론을 설명하는 결정적인 계기가 되었다.

참고문헌

박덕은, 〈세계를 빛낸 과학자(1997)〉

존 넬슨, 〈인문과학의 수사학(2003)〉

데이비드 쾀멘, 〈도도의 노래(1998)〉

차이코프스키의 사인은
콜레라가 아니다

비창은 지금까지의, 그리고 앞으로의 내 작품 중 최고이다.
차이코프스키 Ilyich Tchaikovsky, 러시아의 작곡가

차이코프스키의 불후의 명곡 〈비창〉이 초연된 것은 1893년 10월 28일이었다. 그로부터 8일 후 차이코프스키는 사망했다. 사인은 콜레라였다. 과연 그의 죽음은 역사에 기록된 대로 콜레라였을까?

차이코프스키는 너무나 신경이 날카롭고 감상적이었기 때문에 일생을 불안과 고독으로 지낸 불우한 인물이었다. 그는 늘 심한 우울증과 정서 불안, 신경쇠약 증세에 시달렸는데 그 이유는 자신이 동성애자라는 사실 때문이었다. 차이코프스키는 자신이 동성애자라는 사실을 몹시 부끄러워했다. 죄의식과 자기 혐오, 세상에 알려질지 모른다는 두려움, 이것이 차이코프스키의 내면 세계를 가득 메우고 평생 그를 억누른 어둠의 실체였다. 당시 러시아 사회에서 동성애는 분명 '죄악'으로 단죄받는 행위였다. 하

지만 실제로 동성애는 러시아뿐 아니라 유럽 전역에 널리 퍼져 있었다. 특히 일반 대중보다는 상류 사회에 만연되어 있었다.

차이코프스키는 1877년 7월에 자신보다 10년 연하의 음악학교 학생이었던 미류코바의 끈질긴 구혼 끝에 그녀와 결혼식을 올렸다. 그는 결혼한 지 얼마 되지 않아 그녀가 바람기가 있다는 것을 알고 이혼을 요구했으나 미류코바는 여전히 부부 관계를 원해 법률상으로 그들의 관계는 지속되었다. 차이코프스키가 이혼을 강력하게 주장하지 못한 것은 그녀가 그의 동성애를 폭로할지 모른다는 두려움 때문이었다. 차이코프스키는 아내의 성관계 요구에 자살을 기도하기도 했고, 그들의 생활은 점점 파국으로 치닫더니 마침내 아내는 정신병에 걸려 죽었다.

동성애가 차이코프스키를 죽음으로 몰아넣었다

차이코프스키는 이후 스위스와 이탈리아에서 요양 생활을 하며 오페라와 교향곡을 쓰기 시작했다. 이즈음 그의 작품을 좋아하던 폰 메크 부인이 그에게 경제적인 후원금을 내놓겠다는 독특한 제의를 해왔다. 차이코프스키는 이를 쾌히 수락하여 그 후 14년 동안 그들은 편지 왕래로만 정신적인 교제를 이어갔다. 그녀와의 교제가 끊어지고 3년 뒤 차이코프스키는 쓸쓸히 세상을 떠났다. 대부분의 사람들이 그의 사인을 콜레라라고 여겼으나, 훗날 그의 사인이 자살이었다는 사실이 밝혀졌다.

동성애자인 차이코프스키는 당시 권세가였던 스텐본크 툴몰 공작의 조카와 관계를 맺고 있었다. 공작의 조카는 근사한 청년이었다. 이들의 관계를 눈치챈 툴몰 공작이 황제에게 편지를 썼는데 조카를 유혹한 차이코프스키를 고소하는 내용이었다. 러시아 정교에서 동성애란 최대의 파렴치에 신을 모독하는 행위였다. 그런데 그 고소장은 검찰 부총장인 니콜라이 야코비의 손에 넘어갔다. 그는 다름 아닌 차이코프스키의 법률학교 동창이었다. 야코비는 차이코프스키의 명예를 생각하여 그에게 자살을 권했고, 차이코프스키는 명예를 지킨다는 조건으로 독극물을 먹고 자살했다.

차이코프스키는 사망하기 며칠 전까지 '쌀뜨물 같은 설사'를 했다고 한다. 이것은 차이코프스키가 콜레라로 사망했다는 가장 중요한 소견인데, 비소와 같은 독극물을 마셨을 때도 이와 흡사한 증상이 나타난다. 즉 차이코프스키는 비소가 들어간 독극물을 먹고 콜레라와 같은 증상을 보이며 사망한 것이다.

참고문헌
문국진, 〈명화와 의학의 만남(2002)〉
박준용, 〈세상의 모든 클래식(2004)〉

처칠

처칠은 노벨 평화상 수상자다?

그림은 내가 매우 괴롭고 무기력증에 빠져 있을 때
나를 구원해 준 여신이었다.
처칠 Winston Churchill, 영국의 정치가

처칠에 관하여 잘못 알고 있는 사실 중의 하나는 그가 노벨 평화상을 받았다는 것이다. 실제로 처칠이 노벨상을 받은 것은 사실이나, 그가 받은 부문은 평화상이 아니라 문학상이었다. 처칠은 2차 세계대전 때의 일을 회고한 〈제2차 세계대전(The Second World War)〉으로 노벨 문학상을 받았다.

처칠의 전기 작가의 글에 따르면, 1953년 처칠의 비서가 그에게 노벨상을 받게 되었다고 하자 처칠은 매우 흥분했었다고 한다. 그러나 그 상이 평화

상이 아니라 문학상이라고 하자 처칠은 실망한 표정을 숨기지 않았다고 한다. 어쨌든 처칠은 정치인으로서는 최초로 노벨 문학상을 받은 인물로 기록되고 있다. 또한 그는 문학뿐만 아니라 예술가로서도 탁월한 재능을 보였는데 특히 그림을 자주 그려 공무의 중압감에서 벗어났다고 한다.

참고문헌
존 램스덴, 〈처칠(2004)〉

프톨레마이오스의 천동설은 표절한 것이다

한 마디로 프톨레마이오스는 과학의 역사상 가장 성공한 사기꾼이다.

로버트 뉴턴 Robert R. Newton, 미국의 천문학자

천동설을 주장한 프톨레마이오스는 코페르니쿠스의 지동설이 탄생하기 전까지 서양의 천문학과 우주관을 대변한 그리스의 최고 천문학자였다.[1] 그러나 그가 주장한 천동설 이론은 그리스의 천문학자 히파르코스의 연구 결과를 마치 자신이 측정한 것처럼 표절하고 도용한 것이다. 이는 프톨레마이오스가 만든 천문 지도가 자신이 살던 알렉산드리아보다 위도가 더 높은 그리스에서 만든 것임이 밝혀지면서 들통이 났다. 미국 존스 홉킨스 대학의

1　프톨레마이오스(Ptolemaeos)는 127~145년경 이집트의 알렉산드리아에서 천체를 관측하면서 대기에 의한 빛의 굴절 작용을 발견하고, 달의 운동이 비등속 운동임을 발견하였다. 그의 저서 〈알마게스트(Almagest)〉는 코페르니쿠스 이전 시대의 최고의 천문학서로 인정받고 있다.

프톨레마이오스가 쓴 〈알마게스트〉의 표지.

물리학 교수 로버트 뉴턴(Robert Newton)은 그의 저서를 통해 프톨레마이오스를 사기꾼이라고 주장했다.

"프톨레마이오스가 자신의 저서에서 보여 준 모든 결과들은 가짜이고 거짓말이다. 또 그가 남긴 많은 천체 관측 결과도 조작된 것이다."

프톨레마이오스는 그의 우주관을 증명하면서 많은 관측 자료 결과를 제시했지만, 그것들은 거의 사실과 다른 가공의 데이터라는 것이다. 그의 주장에 의하면 프톨레마이오스는 자신이 갖고 있던 우주관을 뒷받침하기 위해 가공의 자료를 실제 관측한 것처럼 갖다 붙였다. 또한 1980년대에 프톨레마이오스의 자료를 엄밀히 분석한 캘리포니아 대학의 천문학자 데니스 롤린스 역시 프톨레마이오스의 관측은 그가 한 것이 아니라 선대 천문학자 히파르코스의 연구 결과를 표절한 것이라고 주장했다. 히파르코스는 시차를 이용하여 달까지의 거리를 구한 것으로도 유명한 천문학자이다. 히파르코스는 당시로서는 획기적으로 달까지의 거리가 지구 지름의 30배라는 놀라운 수를 얻었다.

롤린스가 지적하는 내용은 간단하다. 프톨레마이오스가 관측했다는 위도는 알렉산드리아가 아니라 그곳에서 5도 떨어진 로도스 섬과 일치하고 있다. 한 가지 예로 프톨레마이오스는 132년 9월 25일 낮 2시를 추분점으로 보았다. 그러나 그때 그 시간에 알렉산드리아에서 관측했다면 추분점은 하루 이상 이전인 9월 24일 오전 9시 54분이어야 한다. 따라서 프톨레마이오스는 실제로 관측했을 때 얻어지는 자료가 아니라 당시의 알렉산드리아 학파의 철학자들이 증명하고자 한 것을 뻔뻔스럽게 도용해서 제시했다는 것이다.

현대 학자들의 연구 결과 〈알마게스트(Almagest)〉는 프톨레마이오스의 천문학 업적을 정리한 것이기보다는 그의 선배들이 이루어 놓은 천문학의 연구 성과를 집대성한 것으로 받아들이고 있다. 특히 프톨레마이오스는 히파르코스의 연구 성과를 주로 정리했던 것이다.

참고문헌
하인리히 찬클, 〈과학의 사기꾼(2006)〉
이종호, 〈과학으로 파헤친 세기의 거짓말(2004)〉

'철의 장막'은 처칠보다
나치 정권의 괴벨스가 처음 사용했다

지금 독일 국민이 총을 내려놓는다고 해도
소련의 거대한 영토 앞에는 동유럽의 '철의 장막'이 드리워질 것이다.

괴벨스 Joseph Goebbels, 독일 나치 정권의 선전장관

1946년 3월 5일 윈스턴 처칠은 미국 풀턴 시의 웨스터민스터 대학의 초청 연설에서 '철의 장막(Iron Curtain)'이란 신조어를 만들어냈다.[1]

"발트해의 스테틴에서 아드리아해의 트리에스테까지 '철의 장막'이 대륙을 가로질러 드리워지고 있습니다."

이 말은 곧 소련에 대한 불신의 표현이었다. 이후 '철의 장막'은 제2차 세계대전 후 소련 진영에 속하는 국가들의 폐쇄성을 풍자하는 단골 수사로 사용되어 왔다. 처칠의 유머와 입담은 이처럼 진지한 연설 속에서도 유감 없이 발휘되었다고 해서 후대의 많은 사람들이 처칠의 지적을 '선견'이라고 추켜세우기도 했다. 당시 처칠은 2차 대전을 승리로 이끈 영웅이었음에도 불구하고 1945년 총선에서 패한 야인이었다. 그는 이날 '세기의 연설'을

통해 역사의 흐름을 정확히 읽어내는 지도자의 진면목은 물론 동서 냉전시대의 개막을 전 세계에 알린 메신저로 평가받았다. 처칠은 이 연설이 있기 전인 1945년 5월 독일 점령 이후, 미국 대통령인 트루먼에게 "소련 쪽 전선에 이미 '철의 장막'이 쳐지고 있으며 그 뒤에 무슨 일이 일어나고 있는지 모르겠다"라고 편지를 보낸 적이 있었다.

히틀러의 오른팔 괴벨스, 소련의 팽창을 경고하다

당시 처칠이 미국 동부지역 언론기관에 보낸 보도자료에는 이 연설 원고에 '철의 장막'이라는 용어는 없었다. 훗날 처칠은 이 용어가 연설을 한 시간 앞두고 떠오른 아이디어라고 했다. 그러나 철의 장막이라는 용어를 최초로 사용한 사람은 나치의 선전장관 요제프 괴벨스이다.[2] 1945년 2월 괴벨스는 처칠보다 한발 앞서 유럽의 '볼세비즘화'를 경고했다. 그는 제2차 세계 대전의 승전국인 루즈벨트와 처칠, 스탈린 사이에 합의가 이루어진다고 해도 소련의 팽창을 막기 힘들 것이라고 경고하면서 '철의 장막'이라는 용어를 썼다. 그러나

1　제2차 세계대전 이후 소련과 공산당의 팽창을 경고한 이 날의 연설은 '평화의 근력(sinews of peace)' 연설이라고도 한다.

2　괴벨스(Joseph Goebbels)는 독일 나치스 정권의 선전장관 자리에 올라 교묘한 선동정치로 1930년대 당세 확장에 크게 기여했다. 최후까지 히틀러에 충성하였으며, 히틀러가 자살한 다음날 총리 관저의 대피호에서 처자와 함께 자살하였다.

'철의 장막'이라는 말은 괴벨스가 처칠보다 앞서 유럽의 '볼셰비즘화'를 경고했다.

당시 괴벨스의 이 말은 크게 주목을 받지 못했고, 그로부터 1년이 지난 후 처칠에 의해 더욱 유명해졌다. 처칠의 풀턴 연설에 이어 그해 9월 슈투트가르트 회의에서 독일 처리 문제에 관한 소련 측 견해가 부인되어 미소 협조노선은 붕괴되었다. 이후 트루먼은 반소 반공노선을 표명하게 되었고, 이 말은 더욱 유행되어 구미 자유제국의 반(反)소련 선전 용어로 사용되었다.

'철의 장막'은 전후 세계 질서와 관련된 또 다른 말들의 뿌리였다. 무기를 사용하지 않는 자본주의 및 사회주의 간 싸움을 빗댄 냉전(Cold War), 공산 중국의 배타적인 정책을 중국 명산물인 대나무에 비유한 '죽의 장막(Bamboo Curtain)', 1970년대 동서 진영 간 긴장 완화를 일컫는 데탕트 등이다.

참고문헌
랄프 로이트, 〈괴벨스, 대중 선동의 심리학(2006년)〉
존 램스덴, 〈처칠(2004년)〉

미국의 초대 대통령은 조지 워싱턴이 아니다

미합중국의 가장 중요한 자리에 임명된 것을 축하드립니다. 존 핸슨 각하!

조지 워싱턴 George Washington, 미국의 정치가

조지 워싱턴은 미국 최초의 대통령이 아니었다. 최초의 영예는 워싱턴이 아닌 존 핸슨에게 돌아가야 한다. 메릴랜드의 한 가정에서 태어난 존의 조상들은 멀리는 스웨덴의 여왕 크리스티나와 인척 관계였다. 젊은 존은 남다른 정치 경력의 소유자였다. 1779년 선거 이전에 이미 제2차 대륙회의에서 필라델피아 대표로서 활동한 바 있다. 언제나 신생국 미국의 독립을 지지했고, 영국의 관세 정책에 반대했으며, 독립전쟁 기간 동안 군대를 조직해 영국과 싸웠다.

워싱턴이 헌법에 의해 최초의 대통령으로 선출된 것은 1789년이었다. 그 이전에 미국은 헌법이 제정되기 몇 해 전에 한 나라로 뭉쳐 있었다. 1781년 마지막 13개 정착지가 연방 조약을 비준했고, 새로운 나라가 공식적으로 탄생하기에 이르렀다. 그 후 의회

는 만장일치로 메릴랜드의 존 핸슨을 미국의 초대 대통령으로 선출했다. 그의 정식 직함은 '의회가 총의를 모은 미국의 대통령'이었다. 의회는 새로운 대통령에게 저택과 하인을 제공할 것을 가결했고, '미국의 모든 다른 사람보다 우선권을 갖는다'고 공표했다. 존 핸슨이 진정한 미국의 초대 대통령으로 불릴 만한 이유는 여기에 있다. 그는 재임 기간 동안 정부기관을 만들었을 뿐만 아니라 평화 조건을 창시했고 조약에도 서명했다. 하지만 핸슨의 재임 기간은 단 1년뿐이었다.

1781년에서 1789년까지 미국의 헌법이 비준되면서 조지 워싱턴이 대통령으로 선출되었다. 일곱 명이 의회 의장직을 맡아 조지 워싱턴을 미국의 첫 번째 대통령으로 추대했던 것이다. 따라서 엄밀히 말하자면 조지 워싱턴은 미국의 여덟 번째 대통령이 되는 것이다. 이를 반영하듯 조지 워싱턴이 존 핸슨을 공식적인 대통령으로 인정한 서명이 지금도 남아 있다.

참고문헌
케네스 데이비스, 〈미국에 대해 알아야 할 모든 것 미국사(2004)〉

최초의 신문은
르노도가 발행한 가제트다?

나는 총칼을 든 10만 대군보다 한 장의 신문을 더 두려워한다.

나폴레옹 Napoleon Bonaparte, 프랑스 황제

1631년 5월 30일 프랑스 저널리즘의 개척자 테오프라스트 르노도가 〈가제트〉창간호를 펴냈다. 이로써 그는 출판 간행물의 창시자로 불리고 있다. 그러나 이에 앞서 15세기 인쇄술이 발명된 직후부터 시사 문제를 다루는 '호외'가 발행되기 시작했다. 이 호외는 특별한 사건이 있을 때만 나오는 비정기물이었고, 기상천외한 일을 주로 다루는 인쇄물이었기 때문에 이 인쇄물들은 '카나르(Canard, 저질기사)'로 불렸다. 프랑스에서 가장 오래된 카나르의 기원은 1529년으로 거슬러 올라간다. 그러나 '호외'와 '카나르'는 가장 기본적인 요소, 즉 주기성이 결여된 인쇄물이었다. 이 간행물이 '최초'로 인정받지 못하는 이유도 바로 여기에 있었다.

정기 월간지를 펴낸 최초의 인물은 사무엘 딜바움이다. 뒤이

어 1605년 〈앙베르 소식〉이라는 표를 단 베르호벤의 '계간지'가 출간되었다. 1609년 스트라스부르와 아우구스부르크에서 각각 '주간지'가 탄생했으며 바젤, 프랑크푸르트, 베를린, 프라하, 암스테르담 등도 그 뒤를 이었다. 이렇듯 프랑스에서조차도 르노도는 첫 번째로 간행물을 제작한 인물이 아니다. 1631년 1월 1일 장 마르탱과 루이 방돔은 '일상 뉴스와 여러 곳'이라는 주간지를 펴냈다.

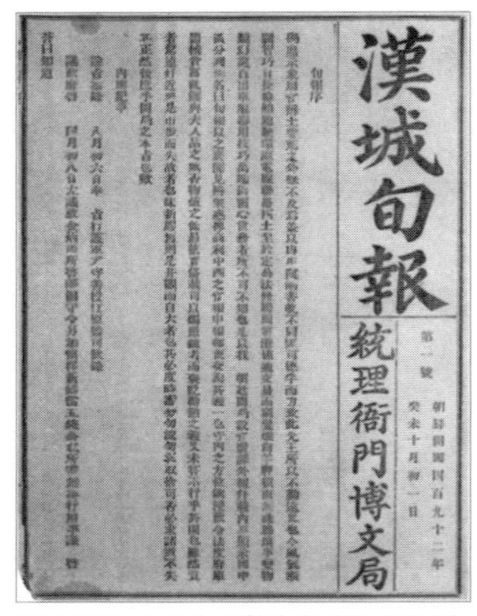
박문국에서 1883년 10월에 창간한 우리나라 최초의 근대식 신문 한성순보.

인류 최초의 신문은 고대 로마에 있었다

이 잡지는 얼마 후 르노도의 소송으로 인해 〈가제트〉지에 인수되었다. 덕분에 르노도는 정기간행물의 선구자라는 칭호를 얻게 되었다. 그러나 이 칭호에 대해서는 여전히 많은 논란이 제기된다.

인류 최초의 신문은 로마 시대에 등장한 '악타디우르나(Acta Diurna)'라고 할 수 있는데, 이는 집권자의 행정 방침과 포고령을 일반에 알리기 위해 발간되었다. 1609년 독일에서 세계 최초의 주간신문 ‘렐라치온(Relation)’이 등장하고, 이어 1660년 최초의 일간신문 ‘라이프치거 차이퉁겐’이 발간되었다. 영국 최초의 일간지는 1665년 11월 7일 헨리 머디맨이 펴낸 ‘런던 가제트’이고, 1702년 ‘데일리 쿠란트’가 그 뒤를 이었다. 한편 미국 최초의 정기물은 1704년 4월에 발간된 주간지 ‘보스턴 뉴스레터’이다. 이후 1783년 미국 최초의 일간신문 ‘펜실베이니아 이브닝포스트’가 등장했으며, 프랑스 최초의 일간신문은 1777년에 창간된 ‘주르날 드 파리’이다.

참고문헌
이상철, 〈신문의 역사(1999)〉
피에르 제르마, 〈세상을 바꾼 최초들(2006)〉

다빈치의 '최후의 만찬'의 메인 요리는 생선이었다

다빈치의 걸작 〈최후의 만찬〉에는 지금도 풀리지 않는 수수께끼가 곳곳에 남아 있다. 다빈치는 마치 수세기 이후를 내다보듯 이 그림이나 그의 스케치북에 수수께끼 같은 암호를 배치해 후대의 평론가들을 곤혹스럽게 만들고 있다. 최후의 만찬은 '다빈치 코드'라는 소설과 영화가 화제가 된 이후 줄곧 예수의 구도 배치와 성배(聖杯) 등에 초점을 맞추고 있지만, 이 그림 식탁에 있는 요리에도 관심을 기울일 필요가 있다. 이 역시 지금까지의 고정관념을 깨는 것이 그 안에 담겨 있기 때문이다.[1]

우선 이 그림의 식탁을 살펴보면, 유월절의 새끼 양이 보이지 않는다. 유월절 만찬의 상징인 새끼 양도 없고 약간의 음식들은 '카타르파'에서 허용한 것들뿐이다. 예수가 제자들과 최후의 만찬을 가진 날은 유월절이라는 유대인의 기념일이었다. 예루살렘

1999년에 복원 작업을 마친 〈최후의 만찬〉의 식탁 접시에는 생선 토막과 몇 마리의 생선이 담겨져 있었다.

신전에서는 그 날 희생물로 어린양을 신에게 바치고 그것을 통째로 구워 순례자들에게 나눠주었다. 따라서 예수와 제자들이 실제로 그 날 저녁에 먹은 요리는 양고기일 가능성이 높다. 그래서 다빈치 이전에 그려진 최후의 만찬 그림들에는 식탁에 양고기 요리가 주로 그려져 있었다.

1　다빈치는 요리 솜씨도 탁월한 것으로 알려져 있다. 그는 화가의 길로 들어서기 전 생계를 위해 요리사로 일했던 적이 있으며, 새로운 요리를 꾸준히 만들어냈을 뿐만 아니라 직접 연회를 준비하기도 했다.

〈최후의 만찬〉은 1977년 복원작업이 시작되기 전까지 그림은 거의 보이지 않을 정도였다고 한다. 이 작품의 복원작업이 완료된 건 22년이 지난 1999년이다. 그러나 이 대대적인 작업을 통해 그림은 원래의 색을 찾았지만, 일부 전문가들은 원본에 없는 색을 덧칠했다고 비판했다. 영국 언론은 '원상태로 돌려놓는다'는 것이 얼마나 위험한지를 지적했고, 이탈리아의 다큐멘터리 전문 방송에서는 "결국 복원이 원작을 파괴하고 말았다"고 지적해 충격을 던졌다. 제작 담당자는 "이 그림의 원작의 20%만이 살아 남았고, 나머지 부분은 복구자들이 그려 넣은 것"이라고 복구에 참여한 화가들을 비판했다. 특히 복원팀은 다빈치의 것인지 불확실한 드로잉을 참조해 예수의 얼굴에서 수염을 제거한 것으로 알려졌다. 어찌됐든 20년 간 되풀이된 덧칠 작업은 무엇이 '오리지널'이고 무엇이 '가공'한 것인지 구분할 수 없게 되었다.

1999년 복원된 그림에는 유월절의 상징인 새끼양 고기가 없었다

〈최후의 만찬〉은 미완성이었을 뿐만 아니라 손상된 부분도 많고 심하게 오염돼 있어서 만찬에 나온 요리가 무엇이었는지 알 수 없었다. 그러다가 1999년에 복원 작업을 마친 뒤 마침내 테이블에 있는 요리가 모습을 드러냈다. 칙칙해서 보이지 않았던 작은 접시 위에는 생선 토막이, 큰 접시에는 몇 마리의 생선이 담겨져 있었다. 그리하여 〈최후의 만찬〉에 오른 메인 요리는 생선으로 밝혀졌다. 그런데 다빈치는 왜 양고기 요리가 아닌 생선 요리를 그린 것일까?

그리스어로 물고기는 'ICHTHUS'인데 그것은 예수(Iesus), 그리스도(Christos), 하나님의 아들(Theon Uios), 구세주(Soter)라는 단어의 첫 글자를 연결해 만든 것이다. 이러한 단어의 조합으로 인해 기독교 미술에서 생선은 예수의 상징이 되었다고 한다. 특히 기독교가 로마제국의 박해를 받았던 시대에는 예수의 모습을 드러내놓고 그리지 못했기 때문에 기독교인들은 예수 대신 생선을 그려 받들었다고 한다.

최후의 만찬 식탁에서 예수는 빵과 와인을 자신의 살과 피에 비유하며 제자들에게 나누어주었고, 이로 인해 기독교의 성찬식에서 빵과 포도주를 나누어주는 전통이 생겨났다. 바로 여기에서 다빈치는 예수가 자신을 희생양으로 신에게 바친다면, 만찬의 요리는 예수 자신을 상징하는 생선이 어울린다는 발상을 했던 것이다. 〈최후의 만찬〉에 그려진 생선 요리에는 기독교 박해의 역사와 함께 예수 그 자신이 표현된 것이다. 다빈치는 실제로 예수와 제자들이 먹었을 가능성이 높은 양고기 요리 대신 생선을 그림으로써 '희생양'으로서의 예수의 이미지를 좀더 효과적으로 부각시키고자 했다.

참고문헌
드림프로젝트, 〈세계 명화의 수수께끼(2006)〉
마르코 카타네오, 〈유네스코 세계문화유산(2004)〉
박서림, 〈나를 매혹시킨 화가들(2004)〉

ㅋ

ㅌ
터키탕
통나무집
트로이

카사노바

카사노바는
최초의 공상과학 소설가였다

끈기 있게 도전하라.
이 세상에 끝까지 냉정한 여성이란 존재하지 않는다.
카사노바 Giovanni Casanova, 이탈리아의 문학가

카사노바는 '세기의 바람둥이'로 잘 알려진 인물이다. 실제로 그는 자신의 〈회상록〉에서 염문을 뿌린 여자들을 상세히 기록했는데, 국적과 나이를 가리지 않고 수많은 여자와의 성관계를 적나라하게 기록하고 있어 커다란 충격을 주었다.[1] 카사노바는 정력가나 엽색가로 널리 알려져 있을 뿐 그가 외교관과 재무관을 지냈으며, 법학박사를 지닌 인텔리라는 사실은 잘 알려져 있지 않다. 의학과 화학 그리고 수학을 공부하였고, 18세기 사람으로는 드물게 확률에도 능통하여 프랑스 국영 복권의 조직을 위탁받기도 했다. 더군다나 그는 당시로서는 획기적인, 공상 소설을 쓴 최초의 작가이기도 했다.

그의 작품 중 5부로 된 공상소설 〈20일 이야기〉는 최초의 SF 소설로 인정받고 있다.[2] 어느 평론가는 1818년 출간된 메리 셸

리의 〈프랑켄슈타인〉을 진정한 최초의 SF 소설로 뽑기도한다. 그러나 SF의 실질적인 창시자로는 쥘 베른의 〈지저탐험(1864년)〉, 〈달세계 여행(1865년)〉을 뽑는 데 주저하지 않는다. 쥘 베른의 작품속에 등장했던 가상의 비행 기, 잠수함, 압축공기 등은 현대 과학의 생산물로 이어졌는데 카사노바는 이보다 훨씬 앞서 공상과학 소설의 토대를 마련했다.

카사노바는 이 작품에서 사회를 직간접적으로 풍자하기 위해 가상의 문명을 내세웠다. 당시 그의 상상력은 시대를 초월하는 것으로 이는 후대의 작가들에게 영향을 끼쳤다. 카사노바는 자신의 소설 작품이 상업적으로 성공하기를 바랐고, 소설가로서의 입지도 튼튼하게 다질 수 있기를 기대했다. 그러나 출간 비용을 지원해 준 후원자는 350부를 출간할 수 있을 정도인 150명에 불과했다. 결국 그가 꿈꾸었던 불멸의 작가로서의 명성은커녕 적지 않은 비용만 떠 안게 되고 말았다. 이 작품의 실패로 의기 소

---

1   회상록은 전 12권으로 구성되어 있으며, 카사노바가 49세가 되던 1774년까지의 성생활을 묘사한 기록이다. 이 회상록에는 18세기 유럽의 사회 풍속을 아는 데 귀중한 자료가 되고 있다.

2   SF(Science Fiction)라는 용어는 1951년 프랑스에서 〈환상적인 빛〉, 〈예언〉 등이 편찬되면서 처음 사용되었다.

침해진 카사노바는 심신의 고통을 조금이라도 덜어 볼 요량으로 지난날을 돌이켜 보며 자서전 집필 작업에 착수했다. 카사노바가 이 작품을 발표했을 때는 1788년으로, 그가 말년을 보내던 보헤미아 둑스의 성에서 발트슈타인 백작의 도서관 사서(司書)로 지내고 있을 때였다.

참고문헌

지아코모 카사노바, 〈불멸의 유혹(2005)〉

코카콜라 병은 여자의
주름치마를 본 떠서 만들었다?

코카콜라 병의 디자인은 가장 아름답고,
가장 표현력 있는 산업디자인의 영원한 걸작이다.

베일리 Stephen Bailey, 영국의 디자이너

코카콜라 병의 독특함은 세계의 예술가들에게 영감을 주는 것으로도 유명하다. '모든 상품 포장의 어머니'라 불리는 코카콜라 병은 전 세계 200여 국가의 소비자가 이용하고 있으며, 현대 문화를 대표하는 이미지로 인정받고 있다. 이런 독특한 병은 어떻게 만들어졌을까?

대부분의 사람들은 코카콜라 컨투어병의 원형이 주름치마를 입은 여자의 모습이라고 알고 있다.[1] 미국 조지아 근교의 병 공장의 공원 루드는 여자 친구의 권유로 코카콜라 병 모양 현상 공모에 응시한다. 병 모양의 조건으로는 모양이 예쁘고, 물에 젖어

---

1 코카콜라 사는 '윤곽선'이라는 의미의 영어 단어 컨투어(contour)병이라고 부르는데, 이 단어에는 '몸(여자)의 곡선'이라는 의미도 포함되어 있다.

도 미끄러지지 않으며, 보기보다는 콜라의 양이 적게 들어가는 것이었다. 루드는 마침 여자 친구가 입고 있는 주름치마에 착안해 코카콜라 병을 만들었다. 루드가 여자의 몸매를 떠올려 오늘날 코카콜라 병을 본 떠서 만들었다는 것이다. 그러나 코카콜라 병의 진실은 코코넛 열매에 있다.

코카콜라 병은 1915년 인디애나 유리 공장의 사무엘슨과 딘에 의해 고안된 것이다. 당시 테네시 주 지역에서 첫발을 내딛은 코카콜라는 많은 유사품들의 등장으로 차별화할 수 있는 병의 디자인이 필요했다. 코카콜라 사는 무엇보다 어둠 속에서 병을 만져만 보아도 다른 회사의 병과 구별할 수 있는 것을 원하고 있었다. 딘은 병을 만들기 위해 고심하던 중 브리태니커 백과사전에 수록되어 있던 코코넛의 일러스트에서 힌트를 얻었다. 밋밋하고 직선적이었던 병을 코코넛 열매의 흐르는 듯한 세로 선을 사용해 코카콜라 병 특유의 모양을 만들어 낸 것이다.

코카콜라 병의 독창성은 코코넛 열매에 있었다

이후 딘은 사무엘슨과 함께 병 자체를 약간 가늘게 하여 디자인을 완성하고 후에 조지아 그린이라고 불리게 된 녹색을 가미하여 코카콜라 병을 완성시켰다.

미국 특허청에 디자인 특허로 등록되어 있는 서류에는 사무엘슨이 1915년 8월 18일 출원하여 1915년 11월 16일 등록된 것으로 기재되어 있다.[2] 여기에는 분명 루드라는 이름은 공동 발명자로 되어 있지 않다. 많은 책자는 루드라는 청년이 1905년 생이라

〈타임〉지의 표지를 장식한 현대 문명의 아이콘

코카콜라 병은 단순히 탄산 음료를 담는 용기(容器)가 아니다. 이 코카콜라 병은 시사주간지 〈타임〉의 표지를 장식하기도 했고 할리우드 유명 영화의 주인공이 되기도 했다. 코카콜라 병은 현대 문명 자체를 의미하는 하나의 아이콘이 되었다. 2007년 국제 브랜드 가치 조사 기관인 브랜드 파이낸스는 세계에서 브랜드 가치가 가장 높은 상품으로 코카콜라를 선정했다. 그 가치만 해도 40조 원이 넘는다. 특히 코카콜라 '컨투어 병'의 가치는 4조 원이 넘을 것으로 추정했다.

고 하는데, 1915년에 등록되어 있다면 열 살 짜리 꼬마가 요염한 애인을 가지고 있었다는 우스운 이야기가 된다. 이렇게 등록된 콜라 병은 당시 유행이었던 밑이 좁은 주름치마 '허블 스커트'를 닮았다고 하여 '허블 스커트 병'으로 불렸다. 이러한 대중적인 인기와 콜라 맛, 손으로 잡았을 때의 특유의 촉감과 상징성이 코카콜라 병을 오늘날까지 최고의 브랜드로 남아 있게 만들었다.

참고문헌

스티븐 베일리, 〈산업디자인의 역사(1985)〉

김낭주, 〈Good Company(2004)〉

2 최초의 디자인 특허는 권리 기간이 14년이었기 때문에 코카콜라 병의 디자인은 14년 후 권리가 소멸되었다. 1960년 입체상표가 도입되면서 병 모양이 상표로 등록되어서 반영구적으로 코카콜라사가 병 모양을 독점적으로 사용할 수 있게 되었다.

크리스마스는
예수가 태어난 날이 아니다

생일을 기념하는 것은 이교도들의 관습이기 때문에
기독교인들은 생일을 기념해서는 안 된다.

오리기네스 Orgines, 고대 그리스 신학자

예수의 탄생일로 기념되는 12월 25일 크리스마스는 실제로 예수의 탄생이나 기독교와는 아무런 관련이 없다.[1] 이 날은 기독교가 로마에 유입될 당시만 해도 페르시아의 미트라교에서 전래된 로마의 전통적인 축제일이었다. 예수가 탄생한 후 2백 년 동안이나 아무도 그 탄생일을 알지 못했고, 또 알려고 하지도 않았다. 4세기가 될 때까지는 보통 사람의 생일을 기억하는 의식은 없었다. 당시 보통 사람들은 생일보다 사망한 날을 기억하고 지켰다. 그래서 예수의 탄생일은 고대 역사상 많은 평범한 사람들처럼 잊혀져 버렸다. 초기 기독교인들은 죽음이 진정한 구원이고 영원한 낙원으로 가는 길이라고 생각했으므로 태어난 날보다 사망한 날을 더 기념하였다.

초기의 기록 가운데는 12월 25일이 아닌 다른 날짜가 예수의

생일로 등장한다. 가령 243년 작성된 '부활절의 날짜에 대해서'
는 천지창조가 3월 25일에 이루어졌고, 예수의 생일은 3월 28일
이라고 주장하였다. 어쨌든 예수의 탄생일도 모른 채 예수의 생
일은 12월 25일로 결정되었고, 로마에서 최초의 크리스마스를
기념하였다.[2) 그렇지만 여전히 동방의 교회들은 1월 6일을 '예
수의 출현일'로 기념하였고, 431년까지도 이집트의 신자들은 12
월 25일을 예수의 생일로 받아들이지 않았다.

동방의 교회는 예수 탄생일을 1월 6일로 삼았다

12월 25일이 예수 그리스
도의 탄생일이 된 것은 역사적으로 공론에 의한 것이다. 로마의
이교도들은 동지절(12월 24일–다음해 1월 6일)을 명절로 지키고 있
었는데, 고대 교회의 로마 주교는 기독교가 이교도들을 정복했다
는 의미에서 이교도의 축제일인 동지를 '예수의 탄생일'로 채택
했다. 고대 이교도들은 그들의 행사를 12월 21이나 22일경, 태양
이 적도서 남쪽이나 북쪽으로 가장 치우친 날인 극일점을 중심으
로 축제일을 치렀다. 당시 신교와 경쟁하던 로마 가톨릭은 12월
25일을 축제의 날로 지정해서 자기의 세력을 강화하고자 했던 것
이다. 354년 로마 리베리우스 교황은 다른 이교도들 사이에서 기

---

1 크리스마스(Christmas)는 '그리스도의 미사'라는 뜻을 가지고 있고, 고대 영어
인 'Cristes Maesse'에서 유래했다고 전해진다.

2 336년에 로마 교회에서는 역사상 최초로 12월 25일을 예수의 탄신일, 곧 크리
스마스로 경축하기 시작하였다. 4세기 이전에는 성탄절이 없었다.

성경은 예수의 탄생 날짜를 명확히 기록해 놓지 않았다. 별자리에 대한 언급은 있었지만, 그것만으로는 태어난 날짜를 판별할 수 없었다. 사실 예수의 생일을 정확히 알려는 연구는 일찍부터 시작되었다. 예수의 탄생일을 12월 25일로 정한 최초의 인물은 3세기 초 로마의 신학자인 히폴리투스였다. 그는 천사가 마리아에게 말해준 예수의 수태고지가 3월 25일이라고 판단한 뒤 아홉 달 뒤인 12월 25일이 예수의 탄생일이라고 결론을 내렸다. 그러나 수태고지일에 대해 의문을 표시한 동방 기독교인들은 1월 6일을 예수의 진정한 탄생일로 기념하였다.

독교의 세력을 강화하고, 기독교 내에서 여러 가지 왜곡된 관습과 형식을 일원화하려고 12월 25일을 예수의 탄생일로 정하였으나, 이 사실을 지지할만한 분명한 증거나 기초가 없었다.

또한 예수의 탄생 연도에 대해서도 이견이 분분하다. 최초로 예수의 탄생 연도를 계산한 사람은 525년경 교황의 명을 받아 '부활의 서'라는 책을 쓴 디오니시우스였다. 이것이 664년 영국의 위트비 종교회의에서 채택되었다. 그 후 로마의 건설을 기점으로 삼는 연대기와 서력 기원을 나란히 표기하였다. 가령 카이사르가 영국에 침입했던 것은 로마력으로 693년이지만 기원전 16년으로 표기하였다. 즉 실제 예수의 탄생은 1년이 아니라 기원전 4년경으로 추정하고 있는 것이다.

참고문헌

강창구, 〈미래의 신화(2005)〉

나카마루 아키라, 〈성서의 미스터리(1997)〉

이집트 여왕
클레오파트라는 그리스 사람이다

클레오파트라는 당대에 가장 위대했던 로마인 두 사람을 사로잡았지만
세 번째 사람 때문에 파멸하고 말았다.

카시우스 Cassius, 고대 로마의 역사가

클레오파트라는 고대 파라오 왕의 후예인 이집트인이 아니다. 우리가 잘 알고 있는 클레오파트라를 정확히 표현하면, 클레오파트라 7세이다. 이집트의 '클레오파트라'라는 이름을 가진 여왕은 한 명이 아니었다. 클레오파트라 가문인 프톨레마이오스 왕조나 그리스 마케도니아의 알렉산드로스 대왕의 왕가, 시리아 셀레우코스 왕가 등에서 '클레오파트라'라는 이름은 여왕의 이름이나 왕조의 이름으로 자주 사용되어 왔다.

클레오파트라를 낳은 프톨레마이오스 왕조는 원래 마케도니아 출신이다. 클레오파트라 시대의 이집트는 마케도니아 제국을 건설했던 알렉산드로스 대왕의 페르시아 정복과도 인연이 깊다. 당시 이집트는 페르시아의 식민지였다. 그러나 알렉산드로스가 페르시아와 전쟁을 벌이기 위해 동방으로 오자, 이집트인들은

알렉산드로스가 페르시아인들로부터 자신들을 해방시켜 줄 것이라고 믿고 그에게 왕위를 바쳤다. 그 후 알렉산드로스가 죽자 마케도니아 제국은 세 명의 장군들에 의해 세 갈래로 갈라졌다. 이집트의 권력은 알렉산드로스의 부장이었던 프톨레마이오스에게 돌아갔다. 이때부터 이집트의 파라오는 로마에 멸망하기까지 마케도니아 출신의 프톨레마이오스 왕조의 외국인이었다.

클레오파트라는 프톨레마이오스의 마지막 파라오였지만, 이집트인의 피는 물려받지 않았다. 즉 클레오파트라는 이집트 프톨레마이오스 왕조를 계승한 여왕으로, 고대 이집트의 고왕국 중왕국 그리고 신왕국 시대의 이집트와는 다른 것이다. 클레오

이집트 왕조에는 근친혼의 관습이 있었다

고대 이집트 왕가에서는 오빠와 여동생, 숙부와 조카 등과 결혼을 하는 오랜 관습이 있었다. 고대 이집트 사람에게서 '왕'이라는 존재는 곧 신의 아들이었고, 그런 신의 아들이 평범한 사람과 결혼을 해서는 안 된다는 것이 당시 이집트 왕가 사람들의 생각이었다. 따라서 왕은 같은 피붙이이거나 혈연으로 이어진 왕족과 혼인을 하였다. 이런 고대 이집트의 전통은 헬레니즘 시대에도, 프톨레마이오스 왕가에도 그대로 계승되었다. 이 왕가의 수대의 걸친 근친혼의 마지막에서 태어난 여자가 바로 클레오파트라이다. 그녀 또한 18세 때 10세인 동생 프톨레마이오스 3세와 결혼했다.

파트라는 프톨레마이오스 왕족의 일원으로 이집트를 정복한 알
렉산드로스 대왕을 따라 이집트에 왔다가 뿌리를 내린 그리스
왕족의 후예이다.

참고문헌
미하엘 그레고르, 〈역사의 비밀(2000)〉
비키 레온, 〈고대의 못 말리는 여자들(2005)〉

클레오파트라 2

클레오파트라는
로마의 귀족을 유혹한 요부였다?

클레오파트라의 코가 1인치만 낮았더라도
세계의 역사가 바뀌었을 것이다.
파스칼 Blaise Pascal, 프랑스 철학자

후대에 와서 클레오파트라와 관련된 이야기는 대부분이 잘못 전해진 것들이다. 로마의 역사가들은 클레오파트라를 자신의 야망을 성취하기 위해 뭇 남성들을 유혹하는 방탕한 요부로 묘사했다. 그들은 클레오파트라의 거침없고 무분별한 '애정 행각'을 끄집어내면서 "역사상 어느 여인보다 성욕이 뛰어나 하룻밤에 100명 이상의 로마 귀족을 상대로 변태적인 성행위를 했다"고 기술했다. 고대 로마인들은 클레오파트라를 '나일강의 마녀'라고 부르며 클레오파트라에 대해 온갖 비하하는 내용을 만들었다.[1] 그들은 클레오파트라가 섹스에 대해서 특수 훈련을 받았다는 말까지 지어냈다. 그러나 클레오파트라의 전기에 대해 쓴 학자들은 대부분 클레오파트라가 사랑한 사람은 카이사르와 안토니우스뿐이라고 지적한다.

클레오파트라는 예나 지금이나 미인의 대명사로 불린다. 할리우드에서 만든 클레오파트라의 영화에서는 비비안 리, 엘리자베스 테일러 등 당대 최고의 미녀 스타들이 클레오파트라로 분장해 남자들의 정신을 홀딱 앗아간 미인으로 묘사하고 있다. 고대역사학자인 카시우스도 클레오파트라를 '역사상 최고의 미인'으로 손꼽는 데 주저하지 않았다. 그런데 그녀가 정말 절세의 미인이었을까?

클레오파트라보다 100년 뒤의 사가인 플루타르코스는 "사람들이 말하듯 처음 보는 순간 시선을 확 끌 정도로 비할 데 없이 아름다운 여인은 아니었다"고 적고 있다.

누가 클레오파트라를 절세의 미인이라고 했는가

전문가들은 현대적 기준으로 미를 판단한다면, 클레오파트라는 결코 미인이 아니라고 평가하고 있다. 그녀는 어느 시대의 기준으로 봐도 그저 평범한 얼굴이라는 것이다. 당시 안토니우스가 클레오파트라를 위해 발행했던 동전을 보면 그녀는 매부리코에 큰 입을 하고 있으며 살이 적당히 오른 통통한 얼굴이었다. 그런 그녀가 어떻게 카이사르와 안토니우스를 사로잡았던 것일까? 후대의 역사가들은 그녀가

---

1   고대 로마인들은 카이사르와 안토니우스를 유혹한 그녀를 곱게 보지 않았다. 특히 그들이 클레오파트라를 싫어했던 이유 중의 하나는 그녀가 마케도니아 알렉산드로스의 혈통을 이어받은 그리스인이었기 때문이다.

클레오파트라로 분장한 할리우드의 여배우 엘리자베스 테일러. 그러나 실제로 클레오파트라는 당시대의 기준으로 볼 때도 미인이 아니었다.

말하는 방법이나 몸놀림에 독특한 매력이 있었다고 한다. 그리고 박식한 지식과 재치로 그들의 마음을 빼앗았다고 한다.

클레오파트라는 지성을 갖춘 뛰어난 인텔리였다. 그녀는 문학과 철학 그리고 역사학 등 다방면에 걸쳐 해박한 지식을 갖고 있었다. 특히 그녀의 비범한 말솜씨와 재치는 많은 남성들의 마음을 사로잡기에 충분했다. 그녀는 그리스 문화의 전통을 이은 이집트 왕가였기에, 호메로스의 서사시, 유리피데스의 비극, 메난드로스의 희극, 헤로도토스와 투키디데스의 역사서 등 그리스 문학 전반을 배웠다. 과학과 기하, 천문학과 의학 수업을 받았고 예능 교육으로는 그림 그리는 법, 노래하는 법, 현악기 연주법에 승마까지 배웠다.[2]

2001년 런던 브리티시 박물관에서 나온 클레오파트라는 결코 미인이 아니었다. 이 박물관에서는 로마 시대의 진귀한 보물과 함께 '클레오파트라 특별전'을 열었다. 클레오파트라의 보석과 프레스코, 그림 등 그녀와 관련된 모든 분야가 전시되었는데, 클레오파트라의 조각상도 있어 눈길을 끌었다. 그런데 검정 대리석으로 제작된 조각상은 평소 알려진 대로 클레오파트라가 미인의 모습을 하고 있지 않았다. 엄숙하고 평범한 얼굴에 불과 150센티미터 남짓한 작은 키, 뚱뚱한 몸매와 엉망인 치아를 지니고 있었다. 특히 미모를 얘기할 때 흔히 비유되는 그녀의 코도 뾰족한 매부리 모양을 하고 있다.

또한 2007년 2월 영국의 뉴캐슬대학 연구팀이 기원전 32년에 제작된 로마시대 은화(銀貨)를 연구한 결과 클레오파트라는 좁은 이마에 뾰족한 턱, 얇은 입술, 날카로운 코 등 미인형과는 거리가 있는 모습이었다고 밝혔다.

참고문헌

벳시 프리올뢰, 〈유혹의 기술2(2004)〉

미하엘 그레고르, 〈역사의 비밀(2000)〉

2 기하학 전문가인 포틴은 자신의 저서 제목을 〈클레오파트라 법전〉이라고 붙일 정도로 클레오파트라는 다방면에 뛰어난 재능이 있었다.

스코틀랜드인은
18세기 이전에는 킬트를 입지 않았다

킬트(kilt)는 스코틀랜드 사람이 전통적으로 착용해 온 스커트 형의 남자용 하의다. 이 격자 무늬의 스커트가 스코틀랜드를 대표하는 전통 의상으로 여기고 있으나, 사실 킬트를 고안한 사람은 영국인이다. 이 킬트 의상에는 뼈아픈 스코트랜드의 역사가 담겨 있다. 스코틀랜드인들의 노동력을 필요로 한 영국인이 옷감을 절약하기 위해 만든 옷이 바로 킬트였던 것이다.

킬트의 역사는 매우 짧다. 킬트가 처음 만들어진 것은 1727년 인데, 스코틀랜드인은 18세기 이전에는 킬트를 입지 않았다. 더군다나 이 킬트를 고안한 사람은 스코틀랜드와 반목 관계에 있는 영국인 토머스 로린슨이었다. 그렇다면 어떻게 이 킬트가 스코틀랜드의 민족 의상으로 자리잡았을까?

로린슨은 잉글랜드–스코틀랜드 통합 이후에 스코틀랜드에 제철소를 세우고 스코틀랜드인들을 고용했다. 그는 스코틀랜드인이 너무 가난해서 바지 한 벌 살 여유가 없다는 이유로 재봉이 간단한 킬트를 고안했다. 킬트는 잉글랜드인이 스코틀랜드 의 노동자를 위해 만든 저가 의류인 것이다. 이 옷은 스코틀랜드에서 대중적으로 대단한 성공을 거두었다.

그러나 1745년 잉글랜드 의회는 킬트 금지령을 내렸다. '스코틀랜드인이 잉글랜드인과 다르게 보인다'는 이유 때문이었다. 영국은 세상 사람들이 자신들과 같은 옷을 입고 똑 같은 언어를 사용하며 같은 음식을 먹게 하려고 줄기차게 노력해 왔다. 이런 그들이 스코틀랜드 사람들만이 입고 있는 킬트를 금지하는 것은 당연한 일이었다. 당시 킬트는 스코틀랜드 사람들만 입고 있었다.

잉글랜드에 대한 반발심이 킬트를 민족 고유 의상으로 만들었다

그런데 의회의 금지령이 선포되자 뜻밖의 광경이 벌어졌다. 이때부터 아무도 신경 쓰지 않던 킬트가 순식간에 스코틀랜드의 민족 정신을 상징하는 의상으로 변신하게 되었다. 이유는 오직 하나, '잉글랜드가 금지했기 때문'이었다. 당시 스코틀랜드의 상류층은 킬트를 입지 않았는데 영국인들의 반발로 시작된 킬트는 주요 씨족들도 합세해 스코틀랜드에 광범위하게 퍼져갔고, 이 옷이 오랜 전통 의상이라고 주장하게 이르렀다.

킬트는 원래 스코틀랜드의 벌목 노동자들에게 입히려는 '근대적 사고'의 산물이었다. 그러나 19세기 이후 민족의 원형을 찾는 낭만주의 바람이 불면서 스코틀랜드의 전통 의상으로 변모했고, 거기에 방직업자들의 농간이 합세해 스코틀랜드의 민족 의상이 되고 만 것이다.

참고문헌
에릭 홉스봄, 〈만들어진 전통(2004)〉

터키에는 터키탕이 있다?

인도에는 카레가 없고, 비엔나에는 비엔나 커피가 없다. 그렇다면 터키에는 터키탕(증기탕)이 있을까? 터키에는 퇴폐 문화의 산실인 우리나라 터키탕과 같은 의미의 터키탕은 없다. 터키에서는 공중 목욕탕을 하맘이라고 부른다. 하맘은 이슬람 문화의 영향인데 대리석 벽돌로 웅장하게 지었고 내부에는 탈의실과 넓은 휴게실까지 갖추고 있다.

실제 제대로 된 어원을 쓰자면 이 터키탕은 '그리스탕' 혹은 '로마탕'이라고 불려야하는 것이 정답이다. 고대 그리스에서 밀실에 열기를 잔뜩 불어넣은 상태에 들어가 그 증기로 몸의 땀을 빼던 한증법이 로마로 건너갔다. 당시 화산재로 날아가 버린 폼페이에서는 시영 목욕탕이 있었는데, 제법 체계적인 목욕법이 전래되었다. 로마에서 이를 계승 발전하게 되면서부터 본격적인

터키의 목욕 문화는 정보 교환의 산실이다

터키의 목욕탕은 엄격하게 남녀를 분리할 뿐만 아니라 동성끼리도 치부를 가리는 예의를 지킨다. 실제로 물을 담은 탕은 없고 뜨거운 대리석 위에 앉아 땀을 낸 다음 수도꼭지에서 나오는 물을 받아 땀을 닦아 내는 정도이다. 탕 속에 들어가는 것은 일반 목욕탕이 아니라 온천장일 경우가 대부분이다. 이 온천은 류머티스와 피부병에 탁월한 효과를 주기도 한다. 또한 터키탕은 터키 사람들에게는 정보 교환의 장(場)이다. 여론 형성도 이곳에서 조성되고 온갖 주제로 서로 담소를 나누는 대화의 장소이기도 하다.

'증기탕' 문화가 유럽에 전파되었다. 또 이탈리아에서는 18세기 말엽부터 증기탕을 하기 시작했다.

그런데 어떻게 이런 증기탕 목욕이 터키탕으로 불리게 되었을까? 이는 독실한 이슬람교도인 터키인들이 목욕을 대단히 중요하게 여겨 그것을 하나의 종교 의식으로 발전시킨 것이 주요 원인이었다. 다른 하나는 19세기 중반 터키의 목욕 풍습이 유럽인들에게 이상적으로 떠받들어져 너도나도 '터키탕'을 지으려 했던 것이 또 하나의 원인이다.

참고문헌
이희철, 〈터키(2002)〉
이희수, 〈이슬람(2002)〉

링컨의 통나무집은
돈을 벌기 위해 만든 복제품이다

한 가지의 거짓말을 참말처럼 하기 위해서는
항상 일곱 가지의 거짓말을 필요로 한다.
루터 Martin Luther, 독일의 종교개혁가

링컨의 생가라고 알려진 통나무집은 켄터키주 호젠빌에 있다. 이곳은 미국인들에게 역사적인 명물이 되었을 뿐만 아니라 역사의 현장을 직접 보기 위해 관광객들의 발길이 끊임없이 이어지고 있다.

링컨의 사후 미국 역사는 그를 가장 위대한 대통령으로 미화하는 데 온 전력을 쏟았다. 링컨이 태어난 생가도 예외는 아니다. 미국은 링컨의 생가를 공식적으로 '역사적 유물'이라고 기록하고 있다. 하지만 링컨의 생가는 실물이 아닌 복제품이다. 링컨이 태어난 원래의 통나무집은 1840년 화재로 소실되었다. 게다가 타다 남은 통나무는 하나도 구하지 못해 흔적조차 남아 있지 않았다. 이와 같은 사실은 링컨의 아들인 로버트가 직접 증언했다. 그런데 이 가짜 통나무집의 유래에는 '돈벌이'의 목적이 숨어 있

링컨 기념관 안에 있는 통나무집.

었다. 존 데이번포트는 링컨 대통령의 명성을 이용해 돈을 벌 생각으로, 링컨의 생가 터 근처에서 구한 통나무로 가짜 통나무집을 짓고 링컨의 생가라고 대대적인 선전을 했다. 우습게도 1865년 죽은 링컨은 사후 30년 뒤 한 오두막에서 다시 태어난 꼴이 되어 버렸다. 그는 가짜 통나무집을 알프레드 데넷에게 팔아 넘겼고, 데넷은 이 통나무집을 내쉬빌로 옮겨서 1897년 테네시 박람회에 전시했다. 그 후 이 통나무집은 유적 보호자들에게 인수되어 연방정부에 넘겨졌다. 내무부에 들어간 통나무집은 호젠빌로 보내져 다시 조립되었고, 기념관 내부에 설치되었다.

링컨의 아들도 가짜라고
주장했던 '역사적 유물'

이 링컨의 통나무집의 진위에 대해 의문이 없던 것은 아니었다. 그러나 미국정부는 국가적인 차원에서 진행된 가짜 통나무집을 진짜로 둔갑시키려고만 했지 진실을 밝히는 데는 애써 외면했다. 그들은 통나무집이 사실이라는 맹세를 동네 유지로부터 받았고, 그런 맹세를 통해 학계의 권위자로부터 통나무집의 진위를 평가하기에 이르렀다. 그리고 그들은 마침내 링컨 생가의 통나무가 여지없는 '진품'이라고 주장했다. 그러나 당시 동네 유지들이 링컨의 통나무집이 의심할 바 없는 진품이라고 맹세했던 기록은 전해지지 않는다. 또한 통나무집의 고증에 참여했던 학자들의 진술도 남아 있는 게 없다. 링컨의 아들이 이 통나무집은 진품이 아니라 복제품이라는 기록만이 남아 있을 뿐이다.

참고문헌
이종호, 〈세계를 속인 거짓말(2002)〉
제임스 로웬, 〈미국의 거짓말(2005)〉

트로이는 존재했지만
트로이 목마는 없었다

나는 트로이를, 그리고 언젠가
그곳을 발굴하겠다고 한 맹세를 한시도 잊은 적이 없다.
슐리만 Heinrich Schliemann, 독일의 고고학자

그리스 신화는 유럽 여러 나라의 미술과 문학의 원천이 된 고전 중의 고전이다. 그리스 신화 중에서도 단연 백미라 할 수 있는 부분이 바로 트로이 신화이다. 수많은 영웅들의 지략과 용기가 응집되어 있는 이 신화는, 호메로스나 베르길리우스, 아이스킬로스 등 위대한 고대 그리스 작가들의 상상력을 자극했고 무수히 많은 작품으로 세상에 나왔다. 그러나 이는 어디까지나 신화일 뿐 그 실체는 존재하지 않는다. 트로이 전쟁의 영웅인 아킬레우스가 호령하던 곳은 단지 그 시대를 믿고 싶어하는 사람들의 바람일 뿐이다. 호메로스의 서사시 〈일리아스〉가 나온 이래 수천 년이 흘렀지만, 오늘날까지 그가 묘사한 전쟁이 일어났었다는 증거를 찾아낸 사람은 아무도 없다. 한때 트로이가 실제로 있었던 것은 사실이다. 19세기에서 20세기 초에 걸쳐 트로이의 유적

에서 발굴된 유물을 볼 때, 적어도 9개의 트로이가 존재했던 것은 사실로 보인다. 그러나 아름다운 스파르타의 여왕 헬레네, 그리스군이 타고 있던 거대한 목마가 등장하는, 그리스와 트로이 사이에 전쟁이 있었다는 증거는 없다. 훗날 역사학자는 그리스가 흑해 연안의 상권을 확보하기 위해 트로이에게 전쟁을 일으켰다고 기술하고 있으나, 이는 어디까지나 추측일 뿐이다. 10만여 명이 되었다는 엄청난 그리스 군대는 말할 것도 없고, 어떤 군대도 트로이 성벽 밖에서 진을 치고 있엇다는 고고학적 증거는 발견되지 않았다. 특히 전쟁이 10년간 계속되었다는 것부터가 믿을 수 없는 일이다. 당시의 어떤 전쟁도 몇 개월 이상 지속된 적이 없다. 게다가 그리스 병사들이 왕과 함께 10년 동안 해안에서 야영을 했다는 것은 납득할 수 없는 일이다.

그러나 진실게임은 아직 끝나지 않았다

트로이 목마 이야기도 증명할 수 없기는 마찬가지다. 여러 차례 거듭된 트로이의 발굴을 통해 모습을 드러낸 수천 개의 유물 중에서 거대한 목마의 존재를 뒷받침해 줄 만한 증거는 하나도 없다. 트로이의 이야기가 사실이라고 주장했던 그리스 역사가 투키디데스는 전쟁이 일어난 후 8백 년이 지난 뒤에 살았던 사람이다.

이처럼 고고학자들이 트로이 전쟁에 대해 회의적일 때, 누구보다 이를 믿는 사람이 있었다. 그가 바로 호메로스에 미쳐 있던 하인리히 슐리만(Schliemann, Heinrich)이다. 1870년에 발굴에

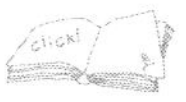

슐리만은 어렸을 때부터 호메로스의 이야기를 진실로 믿고 트로이 전쟁의 사실을 발굴, 확인하는 것이 꿈이었다. 1864년 러시아로 이주하고 난 뒤 거부가 되자, 1866년 파리로 이주하여 고대사 연구에 착수하였다. 1870~1873년 히사를리크 언덕의 대규모 발굴 작업을 통해 그것이 트로이 유지(遺趾)라는 것을 증명함으로써 전 세계에 충격을 주었다. 슐리만이 새로운 유적을 발굴할 때마다 전 세계 매스컴은 이를 대대적으로 보도했고 고고학을 모르는 사람들조차도 그의 발굴 소식에 열광했다. 그는 상인으로 보낸 시기가 길었기 때문에 참다운 고고학자로 인정받지 못하였으나, 지금은 그리스 선사고고학(先史考古學)의 시조로 보고 있다. 슐리만의 위대성은 선사시대를 일반 대중의 것으로 만들어 놓았다는 데 있다.

들어간 슐리만은 트로이 유적과 함께 엄청난 양의 유물을 발견했다. 그때 그는 보물상자도 발견하게 되는데(이때 발견한 보물상자는 트로이보다 1000년 전의 유물이다) 이 상자에는 수천 개의 유물과 금붙이로 만든 왕관까지 있었다. 그는 트로이가 신화의 성(城)이 아니라 실제 현재 터키의 히사를리크라는 지점에 있는 성이라고 주장했다. 그러나 이 발굴은 트로이 신화를 밝혀주기에는 결정적인 단서가 되지 못했다. 제3차 트로이 유적 발굴 계획을 세웠던 슐리만은 1891년 심장마비로 사망했다.

슐리만이 사망하자 그가 찾고자 했던 전설의 트로이가 어디인지 관심이 모아졌다. 결국 그가 발굴한 건물 유적에서 발견된 미케네 양식의 도자기들이 실마리를 주었다. 그것은 호메로스의 트로이가 히사를리크 언덕의 경계에서 훨씬 더 뻗어 발전했다는 사실을 의미했다. 그런데 슐리만이 발굴한 히사를리크 언덕의 제2층은 트로이 시대의 것이 아니고, 제6층이 그것에 해당한다는 것을 몇 년 뒤의 발굴로 밝혀졌다. 즉 트로이는 존재했지만 '트로이 전쟁'이 있었다는 것은 시기적으로 일치하지 않는다는 것이다.

1990년대 중반에 다시 히사를리크에서 독일 고고학자 만프레드 코프만(Manfred Korfman)이 새로운 원격 탐지 기술을 사용하여 도시의 성벽을 추적했다. 코프만은 분석을 통해 트로이 성벽이 호메로스가 그곳을 방문했을지도 모를 기원전 8세기경에도 여전히 사라지지 않고 있었음을 밝혀냈다. 그러나 오늘날의 대부분 학자들은 트로이 전쟁이 있었는지 성급히 결론을 내리지 못하고 있다. 진실 게임은 사실과 신화 속에서 여전히 진행 중인 것이다.

참고문헌
하인리히 찬클, 〈지식의 사기꾼(2006)〉
하인리히 슐리만, 〈하인리히 슐리만 자서전(2004)〉
폴반, 〈고고학 탐정들(2003)〉

ㅍ

ㅎ

포카혼타스

월트 디즈니 만화
포카혼타스는 조작된 실화이다

디즈니 만화영화 '포카혼타스'를 본 사람들은 가장 먼저 무엇을 떠올릴까? 아마 대부분의 사람들은 17세기 영국의 아메리카 개척 시대에 있었던 백인 개척자(스미스)와 인디언 추장 딸(포카혼타스)과의 애절한 사랑 이야기를 떠올릴 것이다. 이 영화는 실제 있었던 사건을 영화화한 것이다. 실제로 1616년 6월 인디언 족장 포우하탄의 딸 포카혼타스는 영국인 남편 존 롤프와 아들 토마스와 함께 런던에 도착했다는 기록이 있다. 포카혼타스는 아버지 포우하탄에게 읍소하여 백인과 인디언 사이의 전쟁을 막은 평화주의자, 첫눈에 반한 백인 청년 존 스미스와의 애절한 사랑에 눈물짓는 로맨스의 여주인공으로 우리의 머릿속에 기억되고 있다. 과연 실제 사건을 기초로 했다는 이 영화는 어디까지가 진실일까?

이 영화에 등장하는 존 스미스, 포카혼타스 그리고 포우하탄 등은 실존 인물이다. 하지만 그런 인물을 제외한 나머지 상황 설정은 전적으로 허구이다. 포카혼타스는 존 스미스와 열애를 나눈 적도 없을

뿐만 아니라, 그녀의 생애는 백인과 인디언의 평화 대신에 비극적인 인디언 멸망사를 예고한 인물에 지나지 않았다.

존 스미스와 포카혼타스의 사랑 이야기는 없었다

존 스미스는 영국의 모험가이자 사업가이며, 작가로서도 활동해 여행 기록을 여러 책으로 남겼다. 그는 버지니아 주에 최초로 영국 정착촌인 제임즈 타운을 세울 목적으로 1607년 출발한 영국 원정대의 일원이었다. 존 스미스는 1608년에서 1609년까지 제임즈 타운의 대표로서 뛰어난 지도력을 발휘했다고 전해진다. 그는 척박하고 낯선 아메리카 대륙에서 기력을 잃어 가던 영국 이주민들을 다독거리고 때로는 가혹하게 이끌었다. 그는 1609년 제임즈 타운이 화재로 불타자 영국으로 돌아갔다.

그런데 존 스미스는 포카혼타스와의 극적인 인연을 여행 기록에 남겼다. 제임즈 타운을 습격한 포우하탄 부족이 존 스미스를

납치했고, 죽음의 위기를 맞은 그들을 포카혼타스가 눈물로 호소하여 자신을 구해 냈다는 것이다. 그러나 영화의 중심 줄거리이며 오래 전부터 전해져 오는 이 이야기는 존 스미스가 지어낸 거짓말이다. 그 이유 중의 하나는 존 스미스가 아메리카를 떠난 지 십 수년이 지난 후였고 포카혼타스가 숨진 뒤 7년 후인 1624년에 와서야 포카혼타스와의 극적인 인연을 공표했다는 것이다. 이렇게 발표 시점이 애매한데다 진술의 일관성도 없기 때문에 존 스미스의 술회를 사실로 여기는 사람은 거의 없다. 이 즈음 포카혼타스는 이미 영국에서 유명 인물이 되어 있었다.

영화에서 두 사람은 애절한 사랑을 나누었고 가슴 미어지는 이별을 감내해야 하는 연인이었다. 이 두 사람의 사랑은 인디언과 백인의 평화를 상징하는 사건이기도 했다. 하지만 그 사랑도 평화도 모두 거짓이다. 포카혼타스가 백인 남성과 사랑에 빠진 것은 사실이지만 그 대상은 존 스미스가 아니었다. 포카혼타스는 1613년 새뮤엘 아겔이라는 영국인에게 납치되어 제임즈 타운에 억류되었다. 그녀는 영국인들이 인디언들과 협상할 때 유리한 자리를 차지하려고 잡아 놓은 볼모의 몸이었던 것이다. 즉 존 스미스가 만들어낸 포카혼타스의 신화는 그 자신이 지어낸 것에 불과했다.

영국으로 돌아온 포카혼타스는
왕실로부터 극진한 환대를 받았다

제임즈 타운에서 지내던 포카혼타스는 영국에서 놀라운 적응력을 보였다. 1614년

버지니아 대농장 주인 존 롤프와 사랑에 빠져 결혼한 그녀는 아들을 낳은 후에 기독교로 개종하고, 또한 레베카란 이름으로 개명해 영국으로 건너갔다. 그녀는 런던에 도착하자 영국 왕실로부터 극진한 환대를 받았다. 영국은 그녀를 공주 신분으로 대우했으며 영국 국교회의 런던 주교까지 포카혼타스와의 만남에 직접 나설 정도였다.

포카혼타스가 유명인이 된 배경에는 인디언 부족의 추장 딸이었다는 점과 포카혼타스의 놀라운 변신과 적응에 있었다. 영국인들은 인디언이 미개인이라고만 생각했는데 포카혼타스는 백인 문화에 참으로 놀라운 속도로 동화된 것이다. 그러나 영국인들은 포카혼타스에게는 관대했으면서도 인디언에게는 퇴거 명령과 학살을 반복했다. 포카혼타스는 런던을 방문한 이듬해인 1617년 3월에 신대륙으로 귀국하는 배 위에서 천연두에 걸려 죽었다. 천연두는 면역력이 없었던 수백 만의 인디언들을 죽음으로 몰고 간 최악의 질병이었다.

참고문헌

지아우딘 사르다르, 〈증오 바이러스, 미국의 나르시시즘(2003)〉

앨런 브링클리, 〈있는 그대로의 미국사(2005)〉

풍차의 기원은 네덜란드다?

증기기관이 출현하기 이전의 주요 에너지원으로서 '물레방아'와 '풍차'가 있었다. 최초의 풍차는 644년에 페르시아에서 발명되었다. 7세기 전까지만 해도 풍력은 수력보다 이용하기가 불편하기 때문에 바람의 힘을 이용하려는 시도는 거의 없었다. 그러던 것이 페르시아에서 우연히 풍차를 개발했는데, 이것은 수직 방향의 축을 가지고 있어서 바람의 힘을 에너지로 활용했다. 즉 바람으로 동력을 생산해 낸 최초의 풍차였던 것이다. 그 후 풍차가 유럽에서 모습을 드러낸 것은 네덜란드가 아닌 12세기 프랑스에서였다.

참고문헌

G.I.브라운, 〈발명의 역사(2000)〉

프랑켄슈타인은
괴물이 아니라 과학자의 이름이다

일반적으로 〈프랑켄슈타인〉은 할리우드의 고전 영화를 통해 흉측하고 지능 낮은 인조 괴물의 이름으로 알려져 있다.[1] 하지만 실제로 소설 속 프랑켄슈타인은 인조 괴물을 만든 박사의 이름이다. 메리 셸리가 쓴 〈프랑켄슈타인〉의 부제는 〈현대의 프로메테우스(The Modern Prometheus)〉인데, 인간에게 불을 전해준 프로메테우스를 끌어들인 데서 알 수 있듯이 프랑켄슈타인은 앞날을 바꾸고 싶은 과학자의 이름이다. 물론 프랑켄슈타인 박사

---

1 최초로 프랑켄슈타인을 소재로 영화를 만든 사람은 1910년 발명왕 토머스 에디슨이다. 그 후 메리 셸리의 소설에 기초한 영화 〈프랑켄슈타인〉(1931)이 성공을 거뒀고, 이어 〈프랑켄슈타인 유령〉, 〈프랑켄슈타인 신부〉(1935) 등의 속편이 쏟아졌다.

는 진정한 프로메테우스가 되지 못했으며, 그저 자신의 이름을 본뜬 괴물을 만들어냈을 뿐이다.

프랑켄슈타인은 인간의 오만함을 상징하는 대표적인 고유 명사처럼 여겨진다. 그런데 프랑켄슈타인을 창조한 작가가 메리 셸리라는 여성이었음을 기억하는 사람은 드물다.[2] 이 소설은 1816년 여름에 심한 악몽을 꾼 셸리가 꿈속에서 프랑켄슈타인의 아이디어를 처음 구상하게 되었다고 알려져 있다. 셸리는 어째서 괴물을, 그것도 남성 괴물을 창조한 것일까.

메리 셸리가 활동한 18세기 말과 19세기 초는 낭만주의의 열정과 산업혁명을 등에 업고 새로운 사상을 요구하던 시기였다. 메리의 삶은 남성 신화에 대한 우회적인 도전이었다. 여성의 잉태 없이 태어난 괴물은 신의 창조 과정을 비유한 것이지만 궁극적으로 여성의 존재가 사라진 남성 문화의 구성물이었다. 셸리가 스무 살의 나이에 쓴 〈프랑켄슈타인〉은 소설적 세련미보다는 당대의 급진적 여성주의를 아우르며 남성 중심 문화에 던진 은근한 도전장이었던 것이다. 그러나 이후에 발명된 영화에서 이런 그녀의 급진적 의지는 거의 무시됐다.

프랑켄슈타인은 실존 인물이었을까?

〈프랑켄슈타인〉을 소설로 출간한 메리 셸리는 주위 사람들이 '어떻게 이런 이야기를 창작해낼 수 있는가'는 질문을 자주 받았다. 그때마다 그녀는 '친구들과 밤에 귀신 이야기를 하다가 잠든 후 악몽에서 나온 장면을 책으로 쓴 것뿐이다'는 주장을 했다. 정말 그런 것일까?

실제로 1977년 보스턴 대학의 역사학 교수 라두 플로레스큐가 저술한 책 〈프랑켄슈타인을 찾아서〉에는 메리 셸리의 책에 등장하는 프랑켄슈타인 박사가 실존 인물이었다는 주장을 하여 세상 사람들을 깜짝 놀라게 했다.

1673년 독일에서 성직자의 아들로 태어난 콘래드 디펠은 프랑켄슈타인 성에서 유년기를 보낸 뒤 스트라스부르그의 대학에

다니면서 자신의 이름을 디펠 프렝켄슈타이나(프랑켄슈타인 성의 디펠)이라고 부르게 된다. 어려서부터 주위에서 사람들이 죽는 모습을 많이 본 디펠은 의과대학을 다니는 동안 살아 있는 동물의 사체를 잘라 붙이기도 했고, 의학 실험용으로 제공된 사람의 시신을 마음대로 해부하고 뼈와 피와 살을 가지고 해괴한 실험을 했다. 이런 그의 엽기적인 행각은 학교 당국에 적발되어 그는

---

2   메리 셸리의 부모는 영국의 급진적인 사상가였다. 특히 어머니 메리 월스턴크래프트는 〈여권의 옹호〉를 쓴 여권 운동가이자 자유 사상가였다.

스트라스부르그 의과대학에서 쫓겨나게 된다. 대학에서 퇴학당한 뒤 죽은 사람을 살려내는 방법만을 연구한 그는 평생 동안 독일을 돌아다니며 기괴하고 경악할 일만을 벌이다 1734년 병으로 사망했다.

1814년 독일의 유명한 중세 시대의 성을 여행한 메리 셸리는 프랑켄슈타인 성을 방문했을 때 무엇인가 알 수 없는 이상한 느낌을 받았다고 한다. 가이드의 양해를 얻어 성의 구석구석을 탐색 해본 그녀는 과거 독일의 귀족이었던 디펠에게 관심을 쏟았다. 그로부터 4년 후 소설 〈프랑켄슈타인〉이 태어난 것이다. 메리 셸리는 바로 여기에서 〈프랑켄슈타인〉의 영감을 받은 것으로 보인다. 그녀는 불로영생의 비법만을 찾다가 결혼도 못하고 죽은 디펠의 캐릭터를 '괴물을 만드는 데 성공하고, 자신이 만든 괴물에게 죽는 엉뚱한 과학자'로 그려냈다. 셸리의 캐릭터 프랑켄슈타인의 괴물은 1816년부터 드라큘라와 함께 유럽 사람들이 가장 무서워하는 가상적인 괴물로 군림하였다.

참고문헌
메리 셸리, 〈프랑켄슈타인(2004)〉
장 클로드 카리에르, 〈프랑켄슈타인(2004)〉
존 모로, 〈정치사상사(2000)〉

갈릴레이는
피사의 사탑에서 낙하실험을 했다?

갈릴레이가 피사의 사탑에서 추를 떨어뜨려서 아리스토텔레스의 생각이
잘못임을 입증했다고 하지만, 이 이야기는 사실 무근임에 틀림없다.

호킹 Stephen Hawking, 영국의 우주물리학자

이탈리아 피사(Pisa)의 사탑은 세계에서 가장 기묘한 건축물 중
하나이며, 1년에 1밀리미터씩 기운다고 해서 사람들에게 궁금증
을 자아내게 하는 탑이다. 이 탑이 더욱 유명해진 이유는 갈릴레
이가 낙하 실험을 한 곳이 바로 이 피사의 사탑이기 때문이다.

갈릴레이의 〈낙하 운동에 관한 법칙〉은 피사의 탑에서 실험한
것으로 알려져 있다. 그런데 정말 갈릴레이는 이곳에서 낙하 실
험을 했을까? 결론적으로 말하면 그 증거는 어디에도 없다. 그러
니까 이 실험 이야기는 꾸며진 이야기일 확률이 매우 높다. 비비
아니(Viviani)가 저술한 갈릴레이 전기에 의하면, 갈릴레이는
1590년에 피사의 사탑에서 낙하실험을 했다고 한다.[1] 그는 갈릴
레이가 높이 55미터의 탑에서 일반 시민, 철학자, 피사 대학의
교수와 학생들이 지켜보는 가운데 공개 실험을 했다고 기술했

다. 갈릴레이는 군중을 둘러보면서 무게가 10배 차이가 나는 서로 다른 2개의 공을 동시에 낙하시켰고, 공들은 동시에 땅에 떨어졌다. 이로써 2천년 동안 부동의 진리로 여겨지던 아리스토텔레스의 이론이 거짓임이 밝혀졌으며, 이 실험에서 사용했다는 공은 오늘날까지 남아 있다고 한다.

그러나 많은 과학 사학자들은 갈릴레이가 피사의 사탑에서 실험했다는 것은 허구일 가능성이 높다고 지적한다. 갈릴레이의 저서 〈신 과학의 대화〉 속에는 높이 100미터 정도의 탑에서 포탄과 작은 총알을 같이 떨어뜨리면 약 20센티미터 정도의 차이만 보일 뿐 거의 같이 떨어진다는 설명이 있지만, 이 탑이 피사의 사탑이라는 기록은 없다. 또한 이 사건이 꽤 유명했던 일이라면 당시 다른 사람의 기록이 있어야 하는데 그 당시에 저술된 어느 책에도 피사의 사탑에서 갈릴레이가 한 실험에 대한 기록은 없다.

피사의 사탑 실험은 갈릴레이의 신봉자들이 지어낸 것이다

아마도 피사의 사탑에서의 실험 이야기는 갈릴레이의 전기 작가이자 신봉자였던 비비아니가 만들어 낸 이야기일 확률이 높다. 그리고 네덜란드의 물리학자 스테빈(Stevin)의 실험도 여기에 한몫 거들었다. 스테빈은 1587년 부루헤스에 있는 자신의 집 2층에서 몸을 바깥으로 내밀고 10배 정도의 무게 차이가 나는 두 개의 공을 떨어뜨리는 실험을 하였고, 이때 아래에 모여 있던 사람들은 공들이 같이 떨어지는 소리를 들었다는 기록이 있다. 갈릴레이가 피사에 살았다는 이 실험은 일정한 높이에서 무게가 다른 물체일지라도 같은 속도로 떨어진다는 원리를 실험한 것이다. 갈릴레이는 일정 시간에 물체가 낙하하는 거리를 세밀하게 측정한 결과, 물체가 아래로 떨어져서 통과하는 거리는 낙하하는 초(秒) 수의 두 배에 정비례한다는 것을 발견했다. 이 발견(가속의 일정 비율)은 그것 자체가 매우 의의가 있다. 갈릴레이가 일련의 실험 성과를 수학의 공식이나 수학적 방법에 확대해서 활용했다는 것은 향후 현대 과학을 발전시키는 계기가 되었다.

사실과 갈릴레이의 책 속의 설명, 그리고 스테빈의 실험을 잘 알고 있는 비비아니는 이를 묶어 피사의 사탑 이야기를 만들었을 것이다.

갈릴레이의 실험이 사실이 아니라는 근거는 또 있다. 만일 이 공개 실험이 사실이었다면, 갈릴레이는 매우 위험한 상황에 처하게 되었을 것이다. 당시 교회는 아리스토텔레스의 자연 철학을 받아들이고 있었으므로, 그의 주장을 뒤엎는 공개 실험은 로마 교황의 체면을 깎아 내리는, 대단히 위험한 모험일 것이다. 갈릴레이가 대공이나 교황 등의 정치 권력에 편승하여 출세하였던 처세의 대가였음을 염두에 둔다면, 그가 그렇게 위험한 일을 했

---

1 비비아니(Viviani)는 이탈리아의 물리학자이며 '갈릴레이의 마지막 제자'로서 기하학에 뛰어났다. 갈릴레이의 전집 출판을 원했으나 뜻을 이루지 못하였고, 오늘날 갈릴레이에 관한 전설은 대부분 그가 구술한 것이다.

다고는 생각할 수 없다. 영국의 우주물리학자인 스티븐 호킹(Stephen Hawking)도 다음과 같이 갈릴레이의 실험에 대해 회의적으로 지적하고 있다.[2]

"갈릴레이가 피사의 사탑에서 추를 떨어뜨려서 아리스토텔레스의 생각이 잘못임을 입증했다고 하지만, 이 이야기는 사실 무근임에 틀림없다. 다만 갈릴레오가 그와 비슷한 취지에서 실험을 한 것은 사실이다. 그는 매끄러운 경사면에서 서로 다른 무게의 공을 굴렸다."

참고문헌
사마키 타케오, 〈과학자의 진실 그리고 뒷모습(2001)〉
윌리엄 쉬어, 〈갈릴레오의 진실(2006)〉

---

2 스티븐 호킹(Stephen Hawking)은 영국의 우주물리학자로 '블랙홀은 검은 것이 아니라 빛보다 빠른 속도의 입자를 방출하며 뜨거운 물체처럼 빛을 발한다'는 학설을 내놓았다. '특이점(特異點) 정리' '블랙홀 증발' '양자우주론(量子宇宙論)' 등 현대 물리학에 3개의 혁명적 이론을 제시하였고, 세계 물리학계는 물리학의 계보를 갈릴레이, 뉴턴, 아인슈타인 다음으로 그를 꼽고 있다.

콜럼버스의 달걀은
한스의 이야기를 모방한 것이다

신대륙을 발견하고 고국에 돌아온 콜럼버스는 날마다 축하 잔치에 초대를 받았다. 콜럼버스의 명성이 점점 드높아지자, 그의 탐험을 시샘하고 과소평가하는 사람도 늘어났다. 그러던 어느 날 한창 잔치를 진행하던 도중 제법 신분이 높은 사람이 일어나 콜럼버스에게 물었다.

"배를 타고 대서양을 향해 서쪽으로 가면 새 섬을 발견하는 것은 당연한 것 아니오. 대체 그게 무슨 대단한 공로란 말이오? 당신이 아니더라도 누구나 할 수 있는 일이 아니오?"

그러자 콜럼버스가 삶은 달걀을 내놓더니 그에게 이 달걀을 세워볼 수 있느냐고 물었다. 그 사람이 머뭇거리자 콜럼버스는 말없이 달걀 아래를 깨고 탁자 위에 달걀을 세웠다.

"이렇게 달걀을 세우는 것은 알고 보면 쉬운 일이고 남이 하고 난 다음에는 더욱 쉬워 보입니다. 그러나 누구든 처음으로 그 일을 하는 것은 쉽지 않습니다. 제가 탐험한 것도 이처럼 처음 한 일이라 쉽지 않았습니다."

'콜럼버스의 달걀'은 발상의 전환을 나타내거나 고정관념을 깨고자 할 때 자주 인용되는 일화이다. 즉 언뜻 보기에 어려운 문제 같으나 막상 그 해답을 알고 보면 너무나 간단해 보일 때 자주 거론되는 이야기다. 그러나 이 이야기는 콜럼버스가 독자적으로 생각해낸 아이디어가 아니다.

달걀 끝을 깨서 세우는 이 방법은 당시 아랍권에서 흘러 들어온 '한스의 달걀 이야기'를 인용한 것이다. 어느 날 아랍의 귀족들이 탁자에 빙 둘러앉아 달걀을 똑바로 세우는 놀이를 하고 있었는데 도무지 달걀이 세워지지 않았다. 그때 마침 한스라는 하인이 이를 보고 있다가 달걀 끝을 깨뜨려 세웠다. 한스의 달걀 이야기는 아랍에서 스페인으로 흘러 들어온 것으로 전해지는데, 콜럼버스는 이를 남보다 먼저 알고 잘 활용했을 뿐이다.

참고문헌

조재선, 〈세계 역사를 뒤흔든 인물 오류사전(2003)〉
발터 크래머, 〈상식의 오류 사전(2000)〉

햄버그의 원조는 몽골제국이다

성을 쌓고 사는 자는 반드시 망할 것이며
끊임없이 이동하는 자만이 살아남을 것이다.

칭기즈칸 Chingiz Khan, 몽골제국 창시자

세계 역사상 최대의 정복자인 몽골 제국의 원동력은 말이었다. 몽골군은 키가 작은 몽골 말을 타고 정복 전쟁에 나섰는데, 매일 이 말을 갈아타면서 하루에 약 70킬로미터를 진격하고 때에 따라서는 이 말을 죽여 식량으로 삼았다. 그들이 주요 식량으로 삼은 것도 역시 말고기였다. 그들은 말고기를 다져서 채소와 소금을 첨가하여 말안장 아래 깔아두고 다니면서 부드럽게 만든 다음에 고기를 먹었다. 이것이 바로 '타르타르 스테이크'이다.

오늘날 햄버거의 원조는 함부르크에서 전래된 음식으로 알려져 있지만, 사실은 그 이전에 이미 몽골제국에서 애용하고 있었다. 유라시아 정복으로 거대 제국을 건설한 몽골족의 고유 음식은 헝가리 등지의 동구권에 전해졌다. 이렇게 헝가리에 뿌리를 내린 타르타르 스테이크는 함부르크를 중심으로 활동하던 독일

상인들에 의해 독일로 전파되었다.

헝가리에서 전래된 타르타르 스테이크는 함부르크를 무대로 상류층의 유럽인들에게 호기심과 함께 별미 음식으로 인기를 얻었고 일명 독일식 스테이크(German steak)라는 별칭도 얻게 되었다. 결과적으로 타르타르 스테이크는 고기를 잘게 다진 육회에서 둥근 모양의 가장자리를 노릇노릇한 형태로 굽는 요리법으로 정착되었다. 이때를 계기로 명칭도 함부르크 음식이라는 뜻에서 함부르크 스테이크(Hamburg steak)로 바뀌었다. 19세기가 끝날 무렵 타르타르 스테이크는 함부르크에서 불에 굽는 요리법으로 변화 정착된 것에 연유해 햄버그(hamburg)라는 명칭을 얻기에 이르렀다. 햄버거는 1904년 미국 세인트루이스 세계박람회 때 처음으로 상업화하는 데 성공했다.

참고문헌

허윤정, 〈N세대를 움직이는 마케팅의 귀재들(2000)〉
미야자키 마사카츠, 〈하룻밤에 읽는 물건사(2003)〉

허드슨 만은 베라차노가 최초로 발견했다

북서항로를 가장 광범위하게 탐사한 사람은 헨리 허드슨 (Henry Hudson)이다. 영국 탐험가인 허드슨은 1610년 4월 17일 디스커버리호를 타고 런던을 출항해 아이슬란드에 잠시 정박한 뒤 해협을 통과하여 바다처럼 드넓은 만(灣)으로 진입하였다. 허드슨이 통과한 해협과 만은 이후 허드슨 해협과 허드 슨만으로 알려지게 되었다. 그러나 이를 처음 발견한 인물은 이탈리아 탐험가 지오바니 다 베라차노(Giovanni da Verrazzano)이다. 베라차노는 허드슨보다 85여 년 앞서 1523년 프랑스 프랑수아 1세 후원으로 원정대를 조직해 노스캐롤라이나에서 뉴펀들랜드에 이르는 북미 연안을 탐험하였다. 1524년 뉴욕 만, 내러갠셋 만 등을 발견하였고, 그 해 7월 프랑스로 돌아와 신대륙에 대한 소유권을 프랑수아 1세에게 바쳤다.

허드슨은 네 차례에 걸쳐 북미 연안 지역을 탐험했다. 그가 이룬 탐험을 바탕으로 현재의 뉴욕이 생겨났다.

그런데 베라차노가 발견한 이 강과 만을 '허드슨'이라 명명하게 된 데는 허드슨의 마지막 항해에서 비롯된 것으로 보인다. 북미 연안을 탐험하던 허드슨은 동해안을 따라 남쪽으로 항해하였지만, 태평양으로 향하는 출구를 발견하지 못했다. 허드슨은 그 강이 자신이 찾아나선 북서항로의 일부가 아니라는 것을 알고 탐험을 그만두었다. 결국 허드슨 일행은 바다 위에서 겨울을 나야 했는데, 그 사이에 허드슨과 선원들 간에 불화가 발생하였다.

평소 허드슨은 의심이 많고 부하들을 혹사하는 독재자 기질이 있었다. 선상에서 사소한 시비로 시작된 일이 점점 커져서 허드슨은 항해사를 강등시켰고, 이에 불만을 품은 선원들이 공모하여 반란을 일으켰다. 1611년 6월 영국으로 귀환하던 도중 반란자들은 허드슨과 그의 아들 존, 7명의 선원을 작은 보트에 태워 허드슨 만에 떨어뜨렸다. 1631년경에 다른 탐험대가 허드슨 일행이 피신했던 은신처의 잔해를 발견했으나 허드슨과 그의 일행의 생사는 확인되지 않았다.

허드슨은 4차례에 걸쳐 미지의 해역을 탐험함으로써 베라차노, 데이비스, 바렌츠 등의 선배 탐험가들이 이룩한 성과를 더욱 확대시켰다. 허드슨 해협을 통과하여 허드슨 만을 광범위하게 탐험하였고, 그가 이룬 탐험 성과를 바탕으로 네덜란드는 허드슨 강 유역에 뉴홀랜드를 개발하여 현재의 뉴욕에 뉴암스테르담이라는 식민도시를 건설하였다.

참고문헌
김성준, 〈해양탐험의 역사(2007)〉
다니엘 라포르니, 〈탐험의 시대(2006)〉

헨리의 연설 '자유가 아니면 죽음을 달라'는 창작품이다

나에게는 앞길을 밝혀 주는 등불이 하나밖에 없다.
그것은 경험의 등불이다.
헨리 Patrick Henry, 미국 독립혁명 지도자

'자유가 아니면 죽음을 달라!'

이 말은 패트릭 헨리(Patrick Henry)가 1775년 3월 버지니아 의회가 해산되자, 리치먼드에서 개최된 비합법 민중대회에서 행한 연설에서 마지막으로 한 말이다. 그의 연설은 당시 커다란 반향을 일으켜 아메리카 주민들의 불만을 무력으로 다스리려던 영국에 대한 혁명의 도화선이 됐다.

당시 헨리는 39세 변호사로 버지니아 식민지의회 의원으로 있었는데 당대 최고 웅변가로 통했다. 미국 독립전쟁 중에는 버지니아 민병대 총사령관 겸 버지니아 주지사로 활약했으며, 미국 독립 후 그는 조지 워싱턴 대통령으로부터 국무장관직 제의를 받았으나 사양하고 고향인 버지니아 주지사로만 네 번이나 연임했다. 그는 또 미국 헌법의 권리장전 채택에도 공헌이 많았던 인

물로 기록되어 있다.

당시 헨리의 연설은 대단히 감동적이었지만 헨리가 실제로 한 것과는 다르다. 이 내용은 한참 뒤에 그 자리에 있었던 사람들의 희미한 기억에 의해 새롭게 만들어진 것이다. 헨리의 연설이 감동적이었다는 데는 이견이 없지만, 그의 연설문에 대한 사료나 원본은 존재하지 않는다. 그렇다면 어떻게 이 유명한 연설이 후세에 전해진 것일까?

헨리의 명연설은 작가의 상상에 의해 만들어졌다

그것은 1817년 워트 변호사의 저작물인 〈패트릭 헨리의 생애와 인물에 관한 개요〉가 계기가 되었다. 1805년 워트는 헨리에 대한 전기를 쓰기로 결심하고 자료 수집에 착수했다. 그러나 헨리는 웅변가였지 작가가 아니었다. 그의 명성을 드높여줄 연설을 채록한 사본이나 자료는 하나도 남아 있지 않았다. 오직 그에 대한 전설적인 이야기들만이 회자되고 있을 뿐이었다. 특히 헨리의 가장 중요한 시기인 1763년부터 1789년 동안 그가 행한 연설문이 인쇄된 기록이나 필사본도 존재하지 않았다. 워트는 헨리의 연설 내용을 당시 교회에서 들었다는 조지 터커 판사로부터 입수하였지만, 터커가 제공한 연설 내용은 기록이 아니라 터커의 회상에 전적으로 의지한 것이었다. 이에 대해 심각하게 고민했던 워트는 책 출간을 앞두고 미국 젊은이들의 애국심을 고취시킨다는 명분을 내세웠다. 그는 역사적인 사료에 근거하기보다는 헨리의 공백을 자신의 상상력

으로 채운다는 목표를 세우고 책을 집필하기 시작했다. 워트는 출간을 앞두고 존 애덤스에게 보낸 편지에서도 자신의 상상력 대신 애국심 고취를 강조했다.

"우리나라의 현 세대와 미래 세대는 혁명의 아버지들이 제시한 모델을 연구하는 데 심혈을 기울여야 할 것입니다."

워트가 책을 출간한 시기는 1817년으로 헨리가 실제로 그 연설을 한 지 42년, 그리고 그가 사망한 지 18년이나 지난 시점이었다. 워트의 책은 대중적으로 성공했을 뿐만 아니라 미국 젊은이의 본보기가 되었다.

참고문헌
레이 라파엘, 〈미국의 탄생(2005)〉
케네스 데이비스, 〈미국에 대해 알아야 할 모든 것 미국사(2004)〉

히포크라테스 선서는
현대판 '제네바 선언'이다

지식은 학문을 낳고 무지는 신앙을 낳는다.
히포크라테스 Hippocrates, 고대 그리스 의학자

'히포크라테스 선서'는 환자에 대한 의사의 책임, 사회적 신분에 관계없이 누구나 치료해야 할 의사의 의무, 의사와 환자간의 신뢰 등이 담겨 있다. 우리나라에는 이 선서가 1956년 처음 도입되었다. 오늘날 의대생들이 대학 생활을 마치고 하는 선서는 히포크라테스의 선서라고 알고 있으나, 사실은 1948년 제네바에서 세계의사협회가 만든 '제네바 선언(Declaration of Geneva)'이다.[1]

히포크라테스 선서는 히포크라테스 학파에서 그 제자들에게 전통적으로 요구했던 것으로 실제로 어디서 어떻게 기원했는지

---

1 제네바 선언은 1948년 제22차 세계의학협회에서 개정된 것으로, 의학이 추구하는 인간적인 목표에 대한 의사들의 공헌을 표현한 헌장이다. 제네바 헌장은 현 시대와 잘 맞지 않는 히포크라테스 선서를 현대화하기 위하여 시도되었으며, 의사들의 나치 범죄 참여를 반성하는 뜻에서 제정되었다.

는 알려져 있지 않다. 다만 선서의 내용으로 추측할 때 시대적으로는 기원전 5세기에서 1세기 사이에 만들어진 듯 하다. 또 이 선서는 선서라기보다는 장인과 도제간의 계약서와 같은 내용을 담고 있는데, 실제 중세에 이르기까지 이 용도로 널리 사용되었다.

선서의 내용에는 여러 가지 혼동되는 점이 있다. 결석 치료를 위한 절개를 금지한 구절은 기독교 시대의 선서에는 생략되었다. 또한 '독약의 투여를 금지'하는 내용은 실제로는 '치명적일 수 있는 약들의 신중한 투여'로 해석되어지며 현대식으로 말하자면 치명적인 용량을 투여해서는 안 된다는 내용이라고 할 수 있다.

히포크라테스 선서는 환자보다 의사들의 권익을 더 많이 담고 있다

사실 히포크라테스는 위의 선서를 전혀 낭독하지도 않았고, 그런 선서가 있는지

히포크라테스의 전집의 진짜 저자는 누구일까?

히포크라테스는 생을 마감할 때까지 170여 편의 논문을 남겼다. 그의 그런데 그의 논문을 집대성한 것으로 알려진 〈히포크라테스 전집〉은 사실 그의 작품이 아니다. 그의 사후 알렉산드리아 의학자들은 기원전 4세기경부터 백년 동안 그의 저서와 관련 자료를 수집하여 히포크라테스 전집을 발간한 것이다. 이 전집은 질병을 증세에 따라 계통적으로 분류하고, 각 질병의 치료 방법, 의사의 사명과 자세 등 의료 윤리에 기초를 세워 후세에 큰 영향을 주었다. 이 전집은 내용이 방대하고 군데군데 서로 모순되는 내용이 실려 있기도 하다. 따라서 이 전집은 히포크라테스가 홀로 쓴 것이 아니라 전집을 만들던 시기에 여러 의사들이 그때까지 알려진 모든 의학적 지식을 집대성한 것이다.

조차 몰랐다. 이 선서는 의사가 환자를 위한 선서라기보다는 히포크라테스 가문에 수련하러 들어오는 의사들에게 일종의 '계약'의 형태였다.[2] 또한 이 선서의 원문에는 환자의 이익이나 건강을 보호한다는 내용보다는 의사들의 이익과 권리를 더 많이 담고 있다.

히포크라테스가 활동하던 시기의 의사들은 자신의 능력을 자랑하기 위해 능수능란한 언변을 중요하게 여겼으며 질병을 신과 연결시켜 대중의 무지와 두려움을 이용하였다. 지금은 히포크라테스를 비롯한 그의 학파만 잘 알려져 있지만, 당시에는 다른 의사 집단들도 명성을 떨치고 있었다. 다른 의사 집단들이 질병의 즉각적인 치료를 중시한 것과 달리 히포크라테스 학파의 의사들은 자연과 조화롭게 살면서 병에 걸리지 않는 것을 강조하였다. 오늘날 의대생들이 히포크라테스 선서를 하는 것은 당시 자신의 권익을 앞세운 의사들의 행동을 비판하고 환자에게 최선을 다한다는 의미가 담겨 있기 때문이다.

참고문헌
반덕진 〈히포크라테스 선서(2006년)〉
이종훈, 〈세계를 바꾼 연설과 선언(2006)〉

2　히포크라테스의 선서 1항에는 '의료 관습에 따라 선서하고 계약한 학생들에게만 교범과 강의와 다른 모든 가르침을 전하고 다른 사람들에게는 전하지 않겠다'는 내용이 실려 있다.

참고문헌

차기벽, 〈간디의 생애와 사상(2005)〉 | 김삼웅, 〈역사를 움직인 위선자들(1996)〉

아시아네트워크, 〈우리가 몰랐던 아시아(2003)〉 | 장 피에르 랑탱, 〈과학의 숨겨진 이야기(2000)〉

핼 헬먼, 〈과학사 속의 대논쟁(2000)〉 | 윌리엄 쉬어, 〈갈릴레오의 진실(2006)〉

러셀 마틴, 〈게르니카, 피카소의 전쟁(2004)〉 | 남경태, 〈종횡무진 서양사(1999)〉

데이비드 도날드, 〈링컨(2003)〉 | 게리 윌스, 〈게티즈버그 연설 272 단어의 비밀(2004)〉

마르코 카타네오, 〈유네스코 세계고대문명(2004)〉 | 김복희, 〈고대 올림픽의 세계(2004)〉

송희식, 〈인류의 정신사(2001)〉 | 현공숙, 〈인물세계사(1999)〉

양훼이, 〈중국역사 오류사전(2005)〉 | 이창위, 〈일본제국 흥망사(2005)〉

강형기, 〈향부론(2002)〉 | 김상운, 〈세계를 뒤흔든 광기의 권력자들(2005)〉

김현종, 〈유럽인물열전(2002)〉 | 루이스 기번, 〈탐험의 역사(2004)〉

에드위 플레넬, 〈정복자의 시선(2005)〉 | 박은봉, 〈세계사 뒷 이야기(1994)〉

홍사중, 〈히틀러(1997)〉 | 에릭 두르슈미트, 〈날씨가 바꾼 전쟁의 역사(2006)〉

최용범, 〈13인의 변명(2002)〉 | 홍진경, 〈인간의 얼굴, 그림으로 읽기(2002)〉

이저 윌로치, 〈나폴레옹의 싱크탱크들(2001)〉 | N.S.류지, 〈영웅 나폴레옹(1998)〉

앨런 브링클리, 〈있는 그대로의 미국사(2005)〉 | 유종선, 〈한 권으로 보는 미국사 100장면(2001)〉

리처드 웨스트폴, 〈프린키피아의 천재(2001)〉 | 하인리히 창클, 〈과학의 사기꾼(2006)〉

와츠 와커, 〈괴짜의 시대(2005)〉 | 이종호, 〈과학으로 파헤친 세기의 거짓말(2004)〉

프리츠 푀크틀레, 〈노벨(2000)〉 | G.I.브라운, 〈발명의 역사(2000)〉

김광우, 〈다비드의 야심과 나폴레옹의 꿈(2003)〉 | 박지향, 〈영웅 만들기(2005)〉

구드룬 슈리, 〈피의 문화사(2002)〉 | 배원준, 〈화폐로 배우는 세계의 문화(2004)〉

김현수, 〈이야기 영국사(2004)〉 | 스테파니 드라이버, 〈세계를 뒤흔든 독립 선언서(2005)〉

레이몬드 맥널리, 〈드라큘라 그의 이야기(2005)〉 | 차병직, 〈인권(2006)〉

리처드 솅크먼, 〈미국사의 전설, 거짓말, 날조된 신화들(2003)〉 | 최내경, 〈프랑스 문화 읽기(2002)〉

에릭 홉스봄, 〈만들어진 전통(2004)〉 | 존 리드, 〈세계를 뒤흔든 열흘(2005)〉

안성일, 〈혁명에 배반당한 비운의 혁명가들(2004)〉 | 이완종, 〈10월 혁명사(2004)〉

이윤희, 〈에세이 세계사(1994)〉 | 유시민, 〈거꾸로 읽는 세계사(2004)〉

리처드 솅크먼, 〈세계사의 전설, 거짓말, 날조된 신화들(2003)〉

필리프 반덴베르크, 〈네로 광기와 고독의 황제(2003)〉 | 시오노 나나미, 〈로마인 이야기(1998)〉

권터 클라인, 〈역사의 지배자(2002)〉 | 다이애나 수하미, 〈셀커크의 섬(2004)〉

마우리에 필립, 〈롬멜(2003)〉 | 바이센슈타이너, 〈역사의 거울에 비친 세기의 자살자들(2002)〉

폴 존슨, 〈지식인의 두 얼굴(2005)〉 | 게오르크 홀름스텐, 〈루소(1999)〉

김신, 〈극한의 탐험가(2005)〉 | 페터 슈테판 〈세상을 바꾼 사진(2006)〉

이종호, 〈세계를 속인 거짓말(2002)〉 | 원종록, 〈Runner's High(2002)〉

한스 외르크 바우어, 〈상거래의 역사(2003)〉 | 로빈 브라운, 〈마르코폴로의 동방견문록(2006)〉

홍성수, 〈아빠가 만나 본 산타클로스(2003)〉 | 한스 크리스티안 후프, 〈역사의 비밀(2001)〉

쓰루마 가즈유키, 〈중국 고대사 최대의 미스터리 진시황제(2004)〉

정재승, 〈과학 콘서트(2003)〉 | 외르크 마이덴바우어, 〈발견과 발명으로 보는 과학의 역사(2004)〉

프레드 왓슨, 〈망원경으로 떠나는 4백 년의 여행(2007)〉 | 마이클 비디스, 〈질병의 역사(2004)〉

최영순, 〈경제사 오디세이(2002)〉 | 고종희, 〈르네상스의 초상화 또는 인간의 빛과 그늘(2004)〉

지오르지오 바사리, 〈르네상스의 미술가 평전(2000)〉 | 드림프로젝트, 〈세계명화의 수수께끼(2006)〉

기류 마사오, 〈위험한 세계사(1997)〉 | 이덕희, 〈음악가의 만년과 죽음(2003)〉

오해수, 〈신의 소리를 훔친 거장(2002)〉 | 김형곤, 〈미국의 적색공포(1996)〉

역사학연구소, 〈메이데이 100년의 역사(2004)〉 | 김종근, 〈달리, 나는 세상의 배꼽(2004)〉

윤선자, 〈이야기 프랑스사(2005)〉 | 이브 코아, 〈바이킹, 바다의 정복자들(1997)〉

김성준, 〈유럽의 대항해시대(2001)〉 | 이은경, 〈발레 이야기(2001)〉

미우라 마사시, 〈무용의 현대(2004)〉 | 남경태, 〈인간의 역사를 바꾼 전쟁이야기(1998)〉

프리드리히 실러, 〈빌헬름 텔(1998)〉 | 세이바인 구드, 〈중세의 전설(2002)〉

장 폴 브리겔리, 〈사드의 삶과 전설(2006)〉 | 티모 에이락시넨, 〈사드의 철학과 성윤리(1997)〉

제프 긴, 〈산타클로스 자서전(2005)〉 | 이윤기, 〈그리스 로마 신화(2002)〉

김병도, 〈코카콜라는 어떻게 산타에게 빨간 옷을 입혔는가?(2003)〉

안토니오 피가페타, 〈최초의 세계일주(2004)〉 | 피에르 제르마, 〈세상을 바꾼 최초들(2006)〉

김안나, 〈서양음식에 관한 사소한 비밀(2004)〉 | 모리모토 데츠로, 〈소크라테스 최후의 13일(1997)〉

이찬승, 〈리딩튜터(2003)〉 | 박종호, 〈불멸의 오페라(2005)〉

정수일, 〈실크로드 문명기행(2006)〉 | 전인초, 〈돈황(2006)〉

엘리노어 허먼, 〈왕의 정부(2004)〉 | 폴 카루스, 〈악마의 역사(2003)〉

조셉 캠벨, 〈신화의 이미지(2006)〉 | 조르주 타트, 〈십자군 전쟁(1998)〉

아민 말루프, 〈아랍인의 눈으로 본 십자군 전쟁(2002)〉 | 자와할랄 네루, 〈인도의 발견(2003)〉

요시다 요이치, 〈0의 발견(2002)〉 | 어니스트 볼크먼, 〈전쟁과 과학, 그 야합의 역사(2003)〉

안정효, 〈신화와 역사의 건널목(2002)〉 | 김신, 〈탐험의 역사(1999)〉

한스 후프, 〈역사의 비밀(2001)〉 | 폴반, 〈고고학 탐정들(2003)〉

로버트 스콧, 〈남극일기(2005)〉 | 폴 비릴리오, 〈속도와 정치(2004)〉

페르디난트 피에히, 〈폴크스바겐 스토리(2004)〉 | 존 맨, 〈세상을 바꾼 문자, 알파벳(2003)〉

질 존스, 〈빛의 제국(2006)〉 | 우르술라 무쉘러, 〈건축사의 대사건들(2005)〉

데이비드 하비, 〈에펠(2005)〉 | 크리스 슈타트랜더, 〈베토벤과 그의 여인들(2002)〉

루드비히 베토벤, 〈베토벤 불멸의 편지(2000)〉 | 루스웨스트 하이머, 〈스캔들의 역사(2004)〉

기류 마사오, 〈악녀대전(2006)〉 | 데이비드 데이, 〈정복의 법칙(2006)〉

피에르 마르크, 〈제임스 쿡(2005)〉 | 스티븐 컨, 〈시간과 공간의 문화사(2004)〉

윌리엄 위어, 〈세상을 바꾼 전쟁(2005)〉 | 이인식, 〈세계를 바꾼 20가지 공학기술(2004)〉

다치바나 다카시, 〈21세기 지의 도전(2003)〉 | 김옥조, 〈미디어 윤리(2004)〉

가케하시 쿠미코, 〈이오지마에서 온 편지(2007)〉 | 귀도 크노프, 〈전쟁과 영웅(2000)〉

이석우, 〈그림, 역사가 쓴 자서전(2002)〉 | 레이 라파엘, 〈미국의 탄생(2005)〉

야마모토 요시타카, 〈과학의 탄생(2005)〉 | 케네스 데이비스, 〈우주의 발견(2003)〉

임명수, 〈역사로 보는 세계의 성풍속(2004)〉 | 왕일가, 〈성과 문명(2001)〉

미야지마 히로시, 〈조선과 중국 근세 오백년을 가다(2003)〉

양승윤, 〈바다의 실크로드(2003)〉 | 이종훈, 〈세계를 바꾼 연설과 선언(2006)〉

김진철, 〈거꾸로 읽는 삼국지(1998)〉 | 최종세, 〈삼국지 풍류담(2001)〉

폴 존슨, 〈2천 년 동안의 정신(2005)〉 | 박종욱, 〈스페인 종교재판소(2006)〉

율리우스 카이사르, 〈카이사르의 내전기(2005)〉

로베르 들로르, 〈서양중세의 삶과 생활(1999)〉 | 스다 부로, 〈중세기사 이야기(2000)〉

헨드릭 반 룬, 〈배 이야기(2006)〉 | 김준철, 〈양주 이야기(2004)〉

고경희, 〈알코올백과(2002)〉 | 요헨 키르히호프, 〈브루노(1999)〉

오진곤, 〈과학자 360(2006)〉 | 박덕은, 〈세계를 빛낸 과학자(1997)〉

존 넬슨, 〈인문과학의 수사학(2003)〉 | 데이비드 쾀멘, 〈도도의 노래(1998)〉

문국진, 〈명화와 의학의 만남(2002)〉 | 박준용, 〈세상의 모든 클래식(2004)〉

존 램스덴, 〈처칠(2004)〉 | 미하엘 그레고르, 〈역사의 비밀(2000)〉

랄프 로이트, 〈괴벨스, 대중 선동의 심리학(2006년)〉 | 존 램스덴, 〈처칠(2004년)〉

케네스 데이비스, 〈미국에 대해 알아야 할 모든 것 미국사(2004)〉

이상철, 〈신문의 역사(1999)〉 | 박서림, 〈나를 매혹시킨 화가들(2004)〉

이희철, 〈터키(2002)〉 | 이희수, 〈이슬람(2002)〉

제임스 로웬, 〈미국의 거짓말(2005)〉 | 하인리히 찬클, 〈지식의 사기꾼(2006)〉

하인리히 슐리만, 〈하인리히 슐리만 자서전(2004)〉 | 나카마루 아키라, 〈성서의 미스터리(1997)〉

지아코모 카사노바, 〈불멸의 유혹(2005)〉 | 스티븐 베일리, 〈산업디자인의 역사(1985)〉

김농주, 〈Good Company(2004)〉 | 강창구, 〈미래의 신화(2005)〉

비키 레온, 〈고대의 못 말리는 여자들(2005)〉 | 벳시 프리올뢰, 〈유혹의 기술2(2004)〉

지아우딘 사르다르, 〈증오 바이러스, 미국의 나르시시즘(2003)〉

메리 셸리, 〈프랑켄슈타인(2004)〉 | 장 클로드 카리에르, 〈프랑켄슈타인(2004)〉

존 모로, 〈정치사상사(2000)〉 | 사마키 타케오, 〈과학자의 진실 그리고 뒷모습(2001)〉

윌리엄 쉬어, 〈갈릴레오의 진실(2006)〉 | 조재선, 〈세계 역사를 뒤흔든 인물 오류사전(2003)〉

발터 크래머, 〈상식의 오류 사전(2000)〉 | 허윤정, 〈N세대를 움직이는 마케팅의 귀재들(2000)〉

미야자키 마사카츠, 〈하룻밤에 읽는 물건사(2003)〉 | 김성준, 〈해양탐험의 역사(2007)〉

다니엘 라포르니, 〈탐험의 시대(2006)〉 | 반덕진, 〈히포크라테스 선서(2006년)〉